사회복지 프로그램 개발과 평가

3판

이봉주 김기덕 신원우 공저

Social Welfare Program
Development and Evaluation

3판 머리말

PREFACE

『사회복지 프로그램 개발과 평가』는 1판 출간 이후 11년, 2판 출간 이후 6년 만에 3판 개정판을 출간하게 되었다. 본 교재의 집필에 있어 저자들이 지속적으로 중점을 두어 온 목표는 '수요자 중심적' 관점에서 현장 실무에 활용할 수 있는 이해하기 쉬운 내용을 제공하는 것이었다. 이에 대해 독자들로부터 학생들의 이해도를 높이고 현장 적용 가능성이 높다는 평가를 받아왔으며, 이는 일정 부분 성과를 거둔 것으로 판단된다.

2판 출간 이후 전 세계적으로 정치, 경제, 외교, 산업, 복지, 보건, 과학기술 등 다양한 영역에서 큰 변화가 발생하였다. 특히 코로나19 팬데믹은 인류의 삶 전반에 심대한 영향을 미쳤으며, 비록 팬데믹은 종식되었으나 그 여파는 여전히 지속되고 있다. 더불어, 빅데이터 및 생성형 인공지능의 발전은 인류 사회에 긍정적 · 부정적 변화를 동시에 초래하고 있으며, 기후 변화와 전쟁 등은 인류의 현재와 미래를 위협하는 중요한 요인으로 자리하고 있다.

이러한 급변하는 환경에서 사회복지 현장 역시 빠르게 변화하고 있다. 국내외 정치 · 경제 상황 변화 속에서 복지 예산의 확대 및 사회복지 투자의 증가 등 양적 성장은 이루어지고 있으나, 저출산 · 고령화, 노인 빈곤, 자살, 사회적 불평등 등 사회복지가 해결해야 할 구조적 문제들은 더욱 심각해지고 있다. 이로 인해 사회복지 현장에 대한 사회적 기대와 요구는 한층 증대되고 있으며, 이에 따라 사회복지 분야의 책무성과 전문성 강화는 필수적인 과제로 부각되고 있다.

예를 들어, 2024년부터 사회복지공동모금회는 신청사업 배분신청서에 '신청기관 신뢰성 점검표' 작성을 의무화함으로써 신청기관의 사회적 책무성 확인을 강화하고 있다. 또한 코로나19 이후 비대면 사회복지 프로그램의 증가, 챗GPT 등 생성형 인공지능의 발달은 사회복지 전문가들에게 새로운 기술에 대한 학습과 역량 개발을 요구하고 있다.

본 3판에서는 이러한 최근의 환경 변화와 사회적 요구를 반영하여, 사회복지 현장의 현실과 실무에 적합한 내용을 강화하고자 하였다. 4장 '프로그램 기획의 기초작업'에서는 프로그램 기획자가 정보를 탐색하는 방법으로 인터넷 자료 활용, 특히 챗GPT를 활용한 프로그램 기획 방안을 추가하여 실무적 활용도를 높였다. 10장 '논리모델을 이용한 프로그램 평가'에서는 '중기성과'를 성과 유형에 추가함으로써 논리모델 설명을 보다 정교화하여, 프로그램 기획 및 평가에서의 이론 적용과 실천적 활용을 구체화하였다.

또한 11장과 12장에서는 사회복지사들이 사회복지공동모금회의 프로그램 제안서 및 결과보고서의 최신 양식을 반영하여 실무에 적용할 수 있도록 작성 방법을 수정하였으며, 실제 사회복지기관의 최신 사례를 수록하여 예비 사회복지사들에게 실질적인 참고 자료를 제공하였다. 아울러 부록에는 사회복지공동모금회 신청사업(성과중심형 프로그램) 신청 양식을 포함하여 학습자 및 실무자가 참고할 수 있도록 하였다.

본 교재는 2판과 마찬가지로 사회복지 현장의 실무자를 위한 실무 지침서로, 또한 예비 사회복지사 교육을 위한 대학 교재로도 활용될 수 있도록 구성하였다. 1부에서 3부까지의 10개장은 약 10~11주차 강의에 적합하도록 설계하였으며, 4부는 학습한 내용을 종합하여 적용해 보는 단계로 약 2~3주차 강의에 활용할 수 있도록 하였다.

끝으로, 본 개정판 출간에 있어 사회복지 프로그램 제안서 및 결과보고서 예시 제공을 위해 자료 수록을 허락해 준 여성노숙인 자활시설 열린여성센터 소장님 및 직원 선생님들께 감사를 표한다. 또한 3판 출간이 원활히 이루어질 수 있도록 협조해 준 도서출판 신정의 최용구 사장님, 장만동 전무님을 비롯한 관계자들께도 깊이 감사의 뜻을 전한다.

2025년 5월

저자 이봉주, 김기덕, 신원우

1판 머리말

PREFACE

프로그램의 기획과 평가에 관해 《사회복지 프로그램 기획의 이해와 적용》이라는 제목의 책을 낸 지 5년여 만에 다른 제목의 또 하나의 책을 낸다. 내용적으로는 지난번 책을 보완한 개정판에 해당하지만, 평가에 대한 내용을 대폭 보강하여 책 제목을 《사회복지 프로그램 개발과 평가》로 정하다 보니 신간이 되었다.

프로그램은 이제 사회복지의 대표적인 개입방법이다. 전통적인 사회복지의 개입이 주로 개인 사회복지사의 전문성에 기반하여 개별적으로 이루어지는 형태였다면, 현대 사회복지의 개입은 주로 정형화된 프로그램이라는 형태로 이루어진다. 프로그램을 모르고는 사회복지 실천현장에서 생존할 수 없다는 말이 그리 과장된 표현은 아닐 것이다.

어느 사회복지 실천현장에서든 사회복지사들이 가져야 할 가장 중요한 지식과 기술이 무엇이냐고 묻는다면 돌아오는 대답은 아마 프로그램의 기획과 수행, 그리고 평가일 것이다. 하지만 사회복지사들이 가장 어려워하고 더 교육받고 훈련받아야 하는 분야가 무엇이냐고 묻는다면 그 대답 역시 프로그램의 기획과 수행 그리고 평가일 것이다. 왜 프로그램은 모두가 중요하다고 하지만 동시에 잘 안되고 있다는 것일까? 이 책은 그런 질문에 대한 해답 찾기에서 출발하였다.

그 첫 번째 해답은 사회복지사들이 공통적으로 하는 말이 학교에서 배운 프로그램 기획과 평가는 과목으로 있는 것이고 실제로 적용할 수 있는 지식과 기술은 실무에서 따로 배운다는 고백에서 힌트를 얻었다. 사회복지는 실천학문이다. 프로그램은 더욱 그렇다. 그럼에도 불구하고 지금까지의 프로그램의 기획에 대한 교재나 교과목이 너무 이론적이고 학술적인 면을 강조하다 보니 실천현장에서 적용될 수 있는 산 지식을 제공하지 못했다는 문제점을 해결해 보고자 하는 것이 이 책을 쓰게 된 첫 번째 동기이다.

그런 이유로 첫 번째 책의 최우선 집필 원칙은 쉽게 쓰는 것으로 정했다. 물론 이번 신간에서도 그런 원칙은 고수했다. 일반 사회복지사가 프로그램 기획과 수행, 평가의 실무에서 굳이 알 필요가 없는 이론적이고 학술적인 군더더기는 과감히 삭제했다. 책의 문투도 딱딱하고 학술적인, 그리고 때로는 번역문인 것 같은 표현에서 탈피하여 읽기 쉬운 우리의 목소리를 그대로 전하고자 했다. 이 책의 궁극적인 목적은 사회복지학과 학생들이나 사회복지사 자격증을 소지한 일선 사회복지사들이 실제로 하나의 프로그램 기획을 완성하는 데 있어 손쉽게 활용할 수 있는 효율적인 안내자의 역할을 하는 것이다.

두 번째 해답은 사회복지사들이 프로그램을 '돌리기는' 하지만 왜 이런 프로그램을 돌리는지, 또 프로그램을 통해서 과연 우리의 클라이언트에게는 어떤 변화가 오는지에 대하여 의문을 가지는 경우가 많다는 독백에서 힌트를 얻었다. 프로그램은 그 자체가 생존력을 가진다. 한번 프로그램이 만들어지면, 그래서 몇 번이 지나면, 그냥 아무 생각 없이 어차피 무엇인가를 하여야 하기 때문에 그 프로그램이 반복적으로 진행되는 것을 우리는 실천현장에서 자주 보게 된다. 프로그램이 사회복지기관과 사회복지사들의 일거리를 제공하는 도구로 전락한 경우이다. 이 책은 프로그램의 원래 목적에 충실하고자 하였다. 프로그램의 궁극적인 목적은 클라이언트의 삶의 질 향상이다. 이 책에서는 프로그램 기획과 평가의 절대적인 지향점을 프로그램을 통하여 클라이언트의 어떤 삶의 질을 어떻게 향상시킬 수 있을 것인가에 대한 답을 구하는 것으로 설정하였다. 이 책에서는 공급자 중심적인 프로그램 기획과 평가에서 탈피하여 클라이언트 중심적인 시각을 강조하고자 하였다.

저자들이 첫 번째 책을 집필하면서 가졌던 의도는 어느 정도 성공했던 것으로 보인다. 여러 곳에서 지난번 책이 교재로 쓰기 편하다거나 실무에 도움이 된다는 평가를 접했다. 그런데 얼마 지나지 않아 내용이 조금 보완됐으면 좋겠다는 평가도 듣게 됐다. 특히, 사회복지 프로그램에 대한 이론적인 설명과 평가 부분이 보강될 필요가 있다는 의견이 지배적이었다.

저자들도 그런 의견에 동의했다. 평가 부분이 취약했던 점은 지난번 책의 제목에서 평가를 언급하지 않은 것에서도 알 수 있다. 그럼에도 불구하고 차일피일 보완을 미루다 보니 5년이라는 시간이 지났다. 모두 저자들의 나태함 탓이다.

그동안 보다 완결된 책을 기다렸던 분들께 죄송한 마음을 전한다. 신간에서는 두 개의 장을 추가해 지난 책의 미진한 점을 개선하고자 했다. 새로 추가된 1장에서는 사회복지 프로그램에 대한 개념적인 소개를 보강했다. 평가 부분에서는 9장을 추가해서 일반적인 프로그램 평가에 대한 개념과 방법을 비교적 자세히 소개했다. 그렇게 장들을 보강하고 보니 책 전체의 내용을 크게 세 파트로 나눌 수 있었다. 1부는 「사회복지 프로그램 기획에 대한 이해」로 사회복지 프로그램에 대한 개념 소개와 기획의 개념과 의의를 포함한다. 2부는 「프로그램 개발에 대한 이해」로 기획과정, 기획의 기초, 문제분석, 목표설정, 활동내용 구성, 예산수립까지를 다룬다. 3부 「프로그램 평가에 대한 이해」에서는 프로그램 평가의 개념과 방법의 소개와 함께 논리모델을 이용한 프로그램 평가방법을 제시한다. 마지막으로 부록에서는 이러한 과정을 통해 완성된 사회복지 프로그램 기획서의 모범 사례를 제시함으로써 앞서 학습한 일련의 작업이 어떻게 구현되는지를 실제로 파악할 수 있게 했다.

이 책의 가장 기본적인 활용방안은 사회복지 현장의 일선 실무자를 위한 실무지침서이다. 이 책의 두 번째 활용방안은 대학교육의 교재로 활용하는 것이다. 이 책의 전체 10개의 강의와 1개의 부록은 전체 내용을 약 12주 혹은 13주 정도의 대학 강의에서 소화할 수 있게 구성되어 있다. 학생들과 강의자의 편의를 돕기 위하여 각 장의 끝부분에는 그 장의 요점정리와 연습문제를 제공했고 필요한 곳에는 연습과제를 제시했다. 이 책을 강의실에서 활용할 때에는 그러한 연습문제와 연습과제를 이용하여 학생들이 실제로 배운 지식과 기술을 적용해 볼 수 있는 기회를 주는 것도 좋은 방법이다.

비록 늦어진 감은 있지만 이제라도 보다 충실한 새 책을 내게 되어 어느 정도 마음의 빚을 덜게 됐다. 도서출판 신정 장만동 전무님의 독촉과 격려가 있었기 때문에 가능했던 일이다. 감사드린다. 책이 시간에 맞춰 나올 수 있도록 꼼꼼히 챙겨주신 도서출판 신정의 최용구 사장님과 다른 관계자분께도 깊은 감사를 드린다.

2014년 2월

저자 이봉주, 김기덕

차례 CONTENTS

PART 2 프로그램 개발에 대한 이해

PART 4 프로그램 개발과 평가의 실제

PART 01

사회복지 프로그램 기획에 대한 이해

CONTENTS

CHAPTER

01

사회복지 프로그램에 대한 이해

1. 프로그램과 사회복지 프로그램
2. 사회복지 프로그램의 목적, 의의, 성격, 유형

이 장의 학습목표

이 장의 학습목표는 사회복지 프로그램 기획을 위한 기초를 닦는 것이다. 사회복지 프로그램을 개발하고 평가하는 활동을 충분히 파악하기 위해서는 무엇보다 개발과 평가의 대상이 되는 사회복지 프로그램 자체에 대한 이해가 선행되어야 한다. 이러한 목적에서 이 장에서는 사회복지 프로그램의 개념, 유형, 특성 등에 대해 명확하게 이해함으로써 이후 이어질 사회복지 프로그램 기획의 필수 토대를 분명히 하고자 한다. 이 장의 달성하여야 할 세부 학습목표는 다음과 같다.

- 프로그램의 어원, 개념과 의의를 이해한다.
- 사회복지 프로그램의 개념, 유형, 특성을 이해한다.
- 사회복지 프로그램의 목적과 의미를 이해한다.

01 CHAPTER

사회복지 프로그램에 대한 이해

현재 우리는 프로그램의 홍수 시대에 살고 있다. 우선 사회복지 분야를 살펴보자. 여러분들이 지금 당장 우리나라에 존재하는 어떤 사회복지기관을 방문해서 “이 기관에서는 무슨 일을 하나요?” 하고 묻는다면, 대체로 “우리 기관은 이런저런 프로그램을 합니다.”라는 대답을 들을 것이다. 또 그 기관의 사회복지사를 만나 “무슨 일을 주로 하시나요?” 하고 묻는다면 십중팔구 “이런저런 프로그램을 돌립니다.”라는 대답을 들을 것이다.

실제로 사회복지 분야에서 행해지는 대부분의 활동은 프로그램을 통해서 이루어지게 된다. 이런 현상은 비단 사회복지 분야뿐이 아니다. 여러분들 주위를 돌아보라. 학교에는 ‘대학생활 지원 프로그램’과 ‘장학금 프로그램’이 있다. 대학교육의 활성화를 위하여 시행되고 있는 많은 국가사업 역시 그 자체가 ‘프로그램’이며 하나의 사업 아래에는 다수의 ‘프로젝트’와 ‘프로그램’들이 체계적으로 구성되어 있음을 알 수 있다. 일반 사기업 역시 이런저런 ‘프로젝트’와 ‘프로그램’들을 통해서 일을 해나가고 있다. 이렇듯 우리는 프로그램의 사회에 살고 있다고 해도 과언이 아니다.

이렇듯 프로그램은 우리 주위에 매우 흔하다. 하지만 우리 주위를 돌아보면 잘된 프로그램 내지는 제 기능을 다하는 프로그램을 찾기는 그렇게 쉽지 않다.

오히려 실패한 프로그램, 원래 제 기능을 발휘하지 못한 채 계속 반복되는 프로그램, 생색만 내는 프로그램이 더 자주 눈에 띈다. 그렇다면 과연 성공적인 프로그램, 제 기능을 다하는 프로그램의 출발점은 어디일까? 그러한 질문에 대한 해답은 프로그램의 기획이다. 잘 기획된 프로그램은 그만큼 성공할 확률이 크다. 다시 말해 엉성하고 잘못 기획된 프로그램이 성공할 것이라고 기대하기는 매우 힘들다.

그런데 성공적인 프로그램의 출발점이 잘된 기획이라고 한다면 잘된 기획의 출발점은 과연 무엇일까? 그것은 다름 아니라 기획의 대상인 프로그램 그 자체를 명확하게 이해하는 것이다. 우리는 프로그램이란 과연 무엇일까? 프로그램은 어떠한 목적과 의의를 가지고 있으며 어떠한 종류와 유형들이 있는가? 그리고 좋은 프로그램이라는 어떠한 프로그램인가? 라는 질문에 대해 적절하게 대답할 수 있어야 한다.

이 책에서 다루고자 하는 것은 프로그램 가운데에서도 사회복지 프로그램이다. 따라서 프로그램에 대한 일반적인 지식에 더하여 최종적으로는 이 책이 다루고자 하는 핵심 대상인 사회복지 프로그램에 대해서 충분한 이해를 하여야 한다. 우리는 이 장을 마무리하면서 사회복지 프로그램은 어떠한 것이며 무슨 목적에서 존재하는 것인가 라는 질문들에 대해서도 정확한 해답을 마련할 수 있어야 할 것이다. 이 장은 그러한 질문들에 대한 해답을 찾아보고자 하는 노력이다.

1. 프로그램과 사회복지 프로그램

앞서 언급한 바와 같이 사회복지 프로그램을 기획한다는 것이 무엇을 의미하는지를 명확하게 이해하기 위해서는 먼저 사회복지 프로그램이 무엇인지에 대한 파악이 이루어져야 한다. 사회복지 프로그램은 사회복지와 프로그램의 합성어이다. 여기서 사회복지라는 단어가 프로그램을 설명하는 형용사적 용도로 쓰이고 있으니 사회복지 프로그램은 프로그램 중에서도 사회복지와 관련된 프로그램이란 뜻이다.

그렇다면 프로그램이 사회복지와 관련되었다는 것은 무슨 뜻인가? 아마 여러 가지로 해석이 가능할 것이다. 가령 예를 들면 사회복지 프로그램은 사회복지기관에서 하는 프로그램이란 뜻이거나 사회복지사들이 수행하는 프로그램이라고 풀이될 수도 있을 것이다. 하지만 엄밀하게 이야기하면 사회복지 프로그램은 사회복지라는 목적을 달성하기 위하여 행해지는 프로그램이라는 것이 가장 타당할 것이다.

일단 여기서는 사회복지 프로그램을 사회복지의 목적을 달성하기 위한 프로그램이라고 정의해 두자. 그리고 사회복지 프로그램이 무엇인지에 대한 해답을 찾기 위한 선결 작업으로 먼저 프로그램이 무엇인지에 대한 이해로부터 시작하여 보자.

1) 프로그램이란 무엇인가

우리가 지금 널리 사용하고 있는 프로그램(program)이란 용어는 과연 어떠한 어원을 가지고 있을까? 프로그램이란 단어가 가진 사전적 의미를 따져

보면 프로그램이란 의제(agenda), 공적 언명(public notice)을 의미하던 프랑스어 programme가 영어로 굳어진 단어이다. 그리고 이 programme란 용어는 그리스어 prographein이란 단어에서 그 유래를 찾을 수 있다고 한다.

흥미로운 것은 이 prographein이란 단어는 '앞서', '미리', '사전에 하는 것'을 의미하는 pro(before)란 단어와 '기록하다', '적어 두다'라는 단어인 graphein(to write)의 합성어라고 한다. 결국 프로그램이라는 용어가 가진 본래의 뜻은 어떤 일이나 행동을 하기 전에 미리 기록하고 적어 둔 계획안이나 그러한 계획안을 만드는 행위를 의미하는 것이라고 볼 수 있을 것이다.

이러한 맥락에서 현대 행정학이나 조직학 분야에서 프로그램을 연구하는 학자들도 프로그램을 '특정한 목표를 달성하기 위한 일련의 활동들의 집합'이나 '목표를 달성하기 위한 일련의 상호의존적인 활동'들로 규정하고 있다(York, 1983; 정무성, 2005: 23에서 재인용). 특히 프로그램은 그 어원에서 본 바와 같이 앞으로 진행될 일에 대한 예정 또는 계획을 체계적으로 정리한 목록이며 이의 진행순서를 의미하는 내용과 실천이 포함된 것이라고 볼 수 있다(우수명, 2005: 18).

이러한 설명들을 종합해서 이 책에서는 프로그램을 '일정한 목적을 달성하기 위해 계획된 활동들의 구조화된 집합체'라고 정의하기로 한다.

2) 프로그램은 정책, 서비스, 사업과는 어떻게 다른가

우리는 흔히 사회복지 실천현장에서 프로그램과 유사한 단어들이 다양하게 사용되고 있는 것을 목격할 수 있다. 그 대표적인 것들로는 정책, 서비스, 사업 등을 들 수 있을 것이다. 이들 개념들 역시 공통적으로 특정한 목표나 목적을 달성하기 위해 사전에 기획된 것이라는 측면에서 보자면 프로그램과 매우 유사하지만 그 내용이나 성격을 찬찬히 살펴보면 몇 가지 측면에서 상이한 점도 발견된다.

먼저 정책(policy)과 프로그램의 차이에 대해 알아보자. 흔히 정책은 정부나 공공기관이 주체가 되어 사회복지와 관련된 사회문제해결을 위해 법률과 규정으로 대략적인 방향과 행동지침을 제시한 것으로, 주로 광범위한 지역적 범위와 모든 클라이언트 집단을 대상으로 개입하는 경우를 말한다. 반면 프로그램은 일선의 개별 사회복지기관을 중심으로 지역사회의 한정적이고 구체적인 문제해결을 위해 체계적이고 계획적으로 접근하는 것을 의미한다(황성철, 2005: 23). 이러한 구분에 따른다면 정책은 프로그램보다 행정이나 법률상 상위의 개념이며 그 대상과 활동 역시 프로그램보다 광범위하다고 볼 수 있다.

다음으로 프로그램과 가장 많이 혼돈되는 개념으로 서비스(service)를 들 수 있다. 흔히 사회복지를 휴먼서비스전문직(Human Service Profession)으로 칭하는 것을 보면 사회복지의 핵심 구성요소는 단연 서비스이다. 그뿐만 아니라 사회복지사들 역시 스스로를 상담이나 교육과 같은 서비스를 기획하고 제공하는 전문적인 역할을 맡고 있다고 언급하기도 한다.

그렇지만 서비스는 프로그램보다 협소한 개념으로서 사회복지 실천활동의 가장 기본적인 단위로 간주하는 것이 바람직할 것으로 보인다. 다시 말해 프로그램은 서비스들의 조직적 집합이라고 보아야 할 것이다. 따라서 하나의 프로그램은 하나 이상 여러 개의 서비스와 관련 활동들이 체계적이고 조직적으로 결합되어 특정한 목표를 수행하고자 하는 것으로 보는 것이 타당하다. 이러한 측면에서 볼 때 사회복지 프로그램은 사회복지 서비스보다, 보다 상위의 넓은 개념으로 정의되어야 하며 사회복지 서비스는 사회복지 프로그램을 구성하는 대표적인 요소이자 내용의 일종으로 보아야 한다(황성철, 2005: 25).

마지막으로 사업과 프로그램은 어떻게 구별될 수 있을까? 일반적으로 어떤 일을 일정한 목적과 계획을 가지고 짜임새 있게 지속적으로 수행하는 것을 사업(事業, business, work)이라고 한다면 사업은 프로그램보다 훨씬 포괄적인 개념으로서 사회복지실천이나 활동 전체를 의미하는 것으로 사용될 수 있을 것이다. 만약 우리가 Social Work을 사회사업이라고 번역할 경우 사업은 바로 이와 같은 용도로 사용되고 있는 것이다.

그리고 사업은 그 규모나 성격에 따라 전체 사업과 개별사업 등으로 분류될 수도 있을 것이다. 따라서 사회복지실천에서 이야기하는 사업이란 '비영리적인 일정한 목적을 가지고 지속하는 조직적인 사회활동'을 의미하며 이는 프로그램보다 상위의 개념으로 이해하는 것이 바람직할 것이다(김상곤 외, 2012: 28). 달리 표현하자면 사회복지의 목적을 수행하기 위하여 우리는 규모나 크기가 다양한 여러 가지 사업을 수행할 수 있고 이러한 사업수행에 있어 가장 유효한 실천 수단이 바로 사회복지 프로그램이라고 볼 수 있다.

이상의 논의들을 고려하여 정책과 프로그램, 그리고 서비스의 관계를 전체적으로 살펴보면, 정부나 공공기관의 정책결정은 관련 사업을 만들어 내고 해당 사업은 구체적인 프로그램으로 구성된다고 볼 수 있다. 그리고 하나의 프로그램은 프로그램의 목적을 달성하기 위한 수단이자 구성요소인 다양한 서비스의 조직적 결합으로 이루어진다고 생각할 수 있다. 따라서 이들 개념들의 위계질서와 규모를 고려해 본다면 정책, 사업, 프로그램, 서비스의 순서로 위치가 정해진다고 볼 수 있다([그림 1-1] 참고).

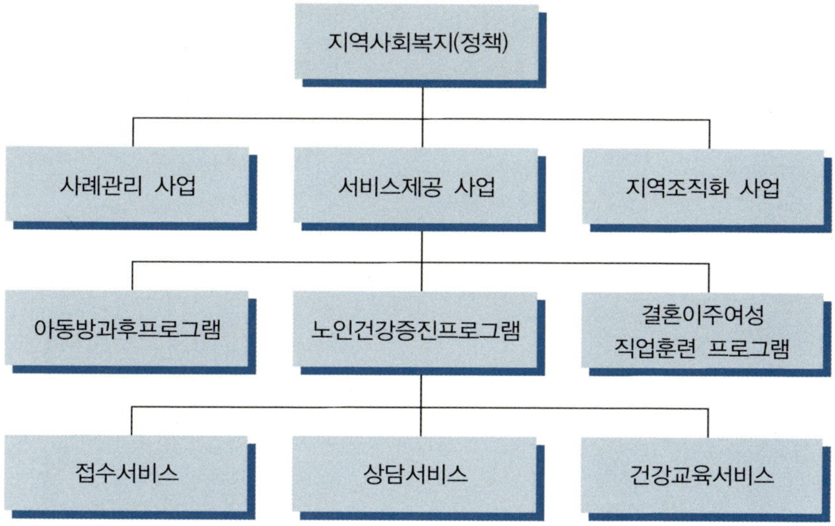

그림 1-1 정책, 사업, 프로그램, 서비스의 위계 예시

3) 사회복지 프로그램이란 무엇인가

앞서 우리는 사회복지 프로그램을 사회복지와 프로그램의 합성어로 이해하였으며, 프로그램이란 일정한 목적을 달성하기 위해 계획된 활동들의 구조화된 집합체라고 정의하기로 하였다. 이러한 설명을 따른다면 사회복지 프로그램은 사회복지의 목적을 달성하기 위해 계획된 활동들의 구조화된 집합이라고 정의할 수 있을 것이다. 달리 말해 사회복지 프로그램에서 사회복지라는 개념은 프로그램의 추구하는 궁극적인 목적이나 목표를 제시하고 있다고 볼 수 있고, 프로그램은 이러한 목적을 달성하기 위하여 고안된 수단들의 조직체라고 할 수 있다.

이상의 내용들을 종합한다면 사회복지 프로그램이란 사회복지가 추구하는 특정한 목적과 목표를 성취하기 위해 설계된 조직적인 활동으로서 사회복지사와 사회복지조직의 사명을 실현하는 수단이라고 정의할 수 있다(김상곤 외, 2012: 26). 그리고 이러한 내용들을 그림으로 표현하면 [그림 1-2]와 같다.

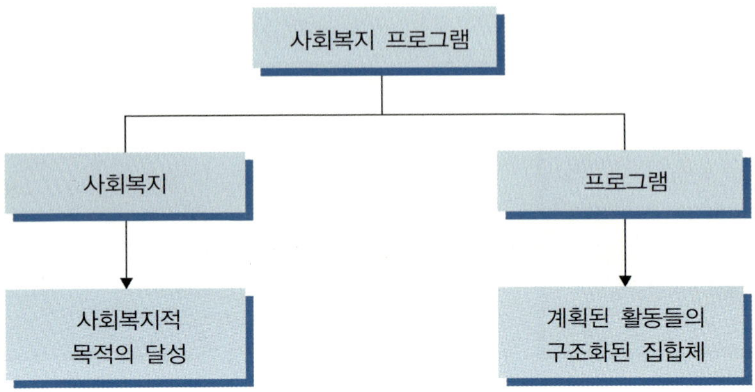

그림 1-2 사회복지 프로그램의 개념

2. 사회복지 프로그램의 목적, 의의, 성격, 유형

여기에서는 본격적으로 사회복지 프로그램에 대해 보다 자세히 알아보고자 한다. 이를 위해 사회복지 프로그램의 궁극적인 목적은 무엇이며 어떻게 구분될 수 있는지 그리고 사회복지의 전체적인 실천을 고려할 때 프로그램을 개발하고 평가하는 것이 어떠한 의미를 가지고 있는지를 사회복지 프로그램의 목적, 의의, 성격, 유형으로 구분하여 차례차례 살펴보도록 하자.

1) 목적: 사회복지 프로그램은 궁극적으로 무엇을 위해 존재하는가

사회복지 프로그램의 본질을 이해하기 위해서는 우선 목적성에 대한 이해가 중요하다. 즉 우리가 어떤 프로그램을 사회복지 프로그램이라 할 때의 첫째 조건은 그 프로그램이 사회복지적인 목적을 달성하기 위한 것이어야 한다. 그렇다면 사회복지적인 목적이란 무엇인가? 사회복지의 정의 자체가 다양한 만큼 사회복지의 목적도 다양할 수 있지만 여기서는 가장 명료하고 궁극적인 사회복지의 목적을 생각해 보자.

사회복지의 궁극적인 목적은 인간의 삶에서 긍정적인 변화를 추구하는 것이다. 다시 말해 사회복지를 통하여 궁극적으로 지향하고자 하는 것은 사회 구성원 각자의 삶이 보다 나아지도록 하는 것이다.

그렇다면 사회복지 프로그램의 목적은 프로그램이 대상으로 하는 클라이언트 삶의 긍정적인 변화, 즉 삶의 질 향상이라고 이해될 수 있다. 이러한 사회복지 프로그램의 목적성은 일견 너무나 평범하고 당연한 말처럼 들린다. 하지만 조금 더 생각해 보면 이러한 목적성에 대한 이해는 사회복지 프로그램의 이해에서 무척 중요한 시사점을 준다.

사회복지 프로그램은 그 프로그램이 대상으로 하는 클라이언트의 삶의 질을 향상시키는 프로그램이므로, 그 정의를 역으로 대입해 보면 클라이언트의 삶의 질을 향상시키지 못하는 프로그램은 사회복지 프로그램이라고 할 수 없다는 이야기이다. 즉 사회복지 프로그램의 궁극적인 판단 기준은 그 프로그램이 과연 클라이언트의 삶의 질을 향상시키는 데 기여하고 있느냐는 것이다.

사회복지 프로그램은 클라이언트의 삶의 질 향상을 달성하기 위하여 계획된 활동들의 구조화된 집합체이다. 그리고 사회복지 프로그램의 궁극적인 성과는 해당 프로그램이 클라이언트의 삶의 질을 변화시키는 데 얼마나 기여를 할 수 있는지의 여부로 판단되어야 한다. 만약 사회복지 프로그램이 클라이언트의 삶의 질을 향상시키고 있지 못하다면 그러한 사회복지 프로그램은 사회복지 프로그램이라고 할 수 없다.

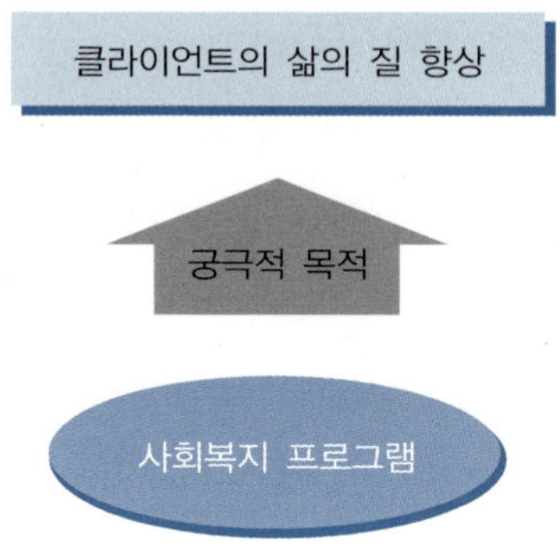

그림 1-3 사회복지 프로그램의 목적

그렇다면 현재 우리의 현실은 어떠한가? 앞에서 언급한 대로 우리는 프로그램의 홍수 속에서 살고 있다. 우리 주위에서 볼 수 있는 그 많은 사회복지 프로그램들은 과연 얼마나 클라이언트들의 삶의 질을 보다 긍정적으로 변화시키고 있는가? 혹시 그 많은 프로그램들이 클라이언트들의 삶의 질을 향상시키고 있다는 뚜렷한 증거도 없이 그냥 지금까지 해왔던 프로그램이니까, 선배가 하던 프로그램이니까, 남들이 하고 있는 프로그램이니까, 프로그램비가 책정되어 있으니까, 어차피 무엇인가는 해야 하니까, 그냥 타성에 젖어 반복되어 돌아가고 있는 것은 아닌가? 만약 그렇다면 우리는 사회복지 프로그램이라 할 수 없는 '프로그램'들을 반복적으로 하고 있는 셈이 된다.

그렇다면 그러한 프로그램들의 최대 수혜자는 누구인가? 우선 클라이언트는 아니다. 왜냐하면, 클라이언트의 삶의 질을 긍정적으로 바꾸지 못하고 있으므로 당연히 클라이언트에게는 실익이 없다. 그럼 일반 국민인가? 생각해 보면 오히려 일반 국민은 손해를 보고 있다고 볼 수 있다. 대부분의 사회복지 프로그램은 공적 재원으로 충당되고 그러한 공적 재원은 국민의 세금으로 충당되므로 일반 국민의 입장에서는 귀중한, 그리고 제한된 재원을 원래의 궁극적인 목적을 달성하는 데 사용하지 못하고 엉뚱한 곳에 낭비하고 있는 셈이 된다.

그렇다면 클라이언트의 삶의 질 향상에 도움이 되지 못하는, 즉 목적달성에 별로 효과가 없는 프로그램을 반복함으로써 이익을 얻는 사람들은 누구인가? 상당히 안타까운 이야기이지만, 그러한 프로그램을 반복하면서 이익을 얻는 사람은 프로그램을 시행하는 사람들, 즉 사회복지사이다. 왜냐하면 적어도 프로그램을 운영하고, 지원비를 따오면서 사회복지기관은 사회복지사를 채용하고 임금을 지불하기 때문이다. 임금을 지급받고 일자리를 지킬 수 있으므로 프로그램을 하면서 이익을 얻는 사람은 사회복지사뿐이다.

요즈음 사회복지 프로그램의 책무성(accountability)에 대한 논의가 심심치 않게 나오고 있는 이유가 바로 이러한 맥락에서이다. 즉 사회복지 프로그램들이 그 목적을 충실히 수행하고 있는가에 대한 증거를 제시하라는 외부로부터의 압력과 더불어, 과연 사회복지사로서 우리가 하는 일이 그 목적에 충실한가에 대한 내부로부터의 자문에 대한 고민이 바로 책무성으로 드러나고 있는 것이다. 그리고 사회복지 프로그램의 책무성은 궁극적으로는 클라이언트의 삶의 질 향상에 얼마나 기여하고 있는가의 여부로 판단되어야 한다. 참고로 책무성의 유형은 다음 〈표 1-1〉과 같다.

표 1-1 책무성의 유형

영역	정의	관련 질문
영향 책무성	프로그램 관리자가 내부적으로 프로그램을 운영하기 위하여, 또는 외부적으로 프로그램 실천의 정당성을 확보하기 위하여 프로그램의 영향에 대해 입증해야 할 책임	• 프로그램은 의도한 목적과 목표를 달성하고 있는가? • 프로그램은 지역사회에 대해 영향을 미치고 있는가?
대상자 책무성	프로그램 관리자가 표적집단의 수와 특성, 잠재적인 표적집단 중 서비스를 받은 비율, 중도탈락률 등에 관해 지는 책임	• 표적집단으로서 계획된 사람들을 돕고 있는가? • 서비스를 받지 말아야 하는 사람들이 서비스를 받고 있는가?
서비스 전달 책무성	계획된 프로그램이 숙련된 전문가에 의해 적절하게 제공되고 있는가에 대한 책임	• 프로그램에서 제공하기로 계획된 내용이 제공되고 있는가? • 적절한 양의 산출물이 제공되고 있는가?
재정 책무성	재정보고서를 통해서 재정의 사용을 설명해야 하는 책임	• 예산집행기준에 따라 적정하게 예산을 집행하고 있는가? • 예산집행을 투명하게 하고 있는가?
법적 책무성	공공이나 민간의 모든 프로그램이 법률이나 기준을 준수해야 할 책임	• 법에서 제공하는 기준을 준수하고 있는가? • 고지된 동의를 실시하고 있는가? • 비밀보장을 준수하고 있는가?

출처: Rossi & Freeman (1982). pp. 79-80의 내용을 재구성; 김상곤 외 (2012). p.21에서 재인용.

2) 의의: 사회복지 프로그램은 왜 계획적이어야 하는가

사회복지 프로그램이 목적성 차원에서 클라이언트의 삶의 질 향상을 지향한다면, 그러한 목적을 달성하기 위하여 무엇을 어떻게 할 것인지에 대한 세심한 계획이 필요하다. 사람의 삶의 질을 긍정적인 방향으로 바꾸는 것은 쉬운 일이 아니다. 즉 남의 삶이 보다 나아질 수 있도록 돕는다는 것은 쉬운 일이 아니다. 만약 그러한 일이 쉬운 일이라면 전문직으로서 사회복지사는 필요치 않다고도 할 수 있다.

사회복지직을 우리는 흔히 도움전문직(helping profession)이라 부른다. 그 뜻은 도움을 주는 것을 직업으로 한다는 의미도 있지만 오히려 도움을 전문적으로 수행할 줄 아는 전문직이라고 해석되어야 할 것이다. 만약 전문적인 도움이 필요 없다면 그냥 따뜻한 마음을 가진, 그리고 좋은 의도를 가진 사람들이 도움을 담당하면 된다. 하지만 전문적인 도움가는 도움을 어떻게 주는 것이 궁극적으로 클라이언트의 삶의 질을 향상시키는 데 가장 효과적인가를 알고 있어야 하고, 그러한 교육을 체계적으로 받아야 하는 것이다.

우리는 세심한 계획 없이 그저 심정적으로 좋은 일이라고 생각되어 베푼 선행이 결론적으로는 도움을 준 대상자의 삶의 질을 나쁘게 하는 일을 흔히 본다. 한 예를 들어 보자. 가난에 처한 사람에 대한 도움을 생각해 보자. 언뜻 생각하기에 가난은 경제적인 궁핍이므로 경제적인 도움을 주면 클라이언트의 삶의 질이 나아지리라 생각된다.

하지만 이런 경우를 생각해 보자. 가난한 사람이 있다고 가정하고 그 사람에게 가난을 면하게 하기 위하여 매월 일정액의 생계비를 지원한다고 하자. 그 사람은 일시적으로는 궁핍을 면하게 되어 경제적 삶의 질은 향상된 것으로 보인다. 그렇지만 그런 지원이 매월 반복되면서 그 사람은 그 지원에 대한 의존성이 생기게 된다. 별 노력 없이도 지원은 반복되므로, 해가 거듭될수록 스스로 무엇을 할 의욕은 점점 없어지게 된다. 그러다 보니 삶에 대한 의욕도 없어지고 미래에 대한 희망도 점차 사라지게 된다. 일할 의욕도 없어지고, 일을 하기 위한 노력도 하지 않게 된다. 의욕과 노력의 부족으로 점점 자신은 별로 사회적으로 쓸모없는 사람이라는 생각이 들고 다른 사람을 만나는 것도 시들하게 되어 점점 사회적으로 고립되게 된다. 그러다 보니 심리적으로도 위축되고 또 심리적으로 위축되다 보니 신체적인 건강도 나빠진다.

이 예에서 볼 수 있듯이 너무나 당연해 보이는 경제적인 도움이 궁극적으로는 그 사람의 삶의 질을 오히려 나쁘게 할 수 있는 것이다. 만약 그러한 경제적 도움의 부작용을 미리 예상하고 경제적 도움과 함께 자립할 수 있는 역량을 키울 수 있는 도움이 함께 이루어졌다면 그 결과는 다를 수 있을 것이다. 바로 그러한 의미에서 도움을 전문적으로 주기 위해서는 세심한 계획이 필요한 것이다.

여기까지 읽은 학생들은 혹시 이런 질문을 할지도 모른다. "어느 사회복지 프로그램이나 다 계획서도 있고 프로그램을 담당하는 사회복지사들이 열심히 프로그램 기획을 하고 있는 것으로 알고 있는데…, 이거 너무 당연한 이야기 아니야?" 하지만 당연한 이야기가 알고 보면 그리 당연하지 않은 경우가 많은데 바로 여기에 해당될지도 모른다.

우리들이 친숙한 프로그램 계획은 주로 프로그램을 어떻게 수행할 것인가에 관한 것이지 프로그램이 어떻게 클라이언트의 삶을 긍정적으로 변화시킬 수 있는지에 관한 것이 아니기 때문이다. 흔히 프로그램의 계획이라고 하면 인력은 어떻게 편성되고, 예산은 얼마가 필요하고, 필요한 기자재나 도구는 어떤 것이고, 활동은 무엇을 하는 등에 관한 사항들에 대하여 고민하고 집중하게 된다. 하지만 이러한 프로그램의 계획은 프로그램을 제공하는 입장에서의 계획이다. 즉 '프로그램 공급자' 중심적인 계획이다. 공급자 중심적인 계획은 프로그램의 내용과 활동들이 왜, 그리고 어떻게 클라이언트의 삶이 긍정적으로 변화되는 데 도움이 될 것인가에 대한 세심한 고려가 없이 '우리가 무엇을 할 것인가'에만 초점을 두는 계획이다. 하지만 사회복지 프로그램의 근본 목적이 클라이언트의 변화를 추구하는 것이라면 프로그램의 계획에서 그 목적이 어떻게 달성될 수 있는가의 여부가 가장 우선적으로 고려되어야 한다.

과연 프로그램은 어떤 경로로 클라이언트의 삶의 질을 변화시킬 수 있을 것인가? 그 경로가 다른 경로보다 효과적이라는 근거는 무엇인가? 그 경로는 과학적으로, 그리고 논리적으로 입증된 것인가? 이러한 질문에 기초하여 프로그램의 계획이 이루어질 때 우리는 사회복지 프로그램을 수요자, 즉 클라이언트를 중심에 두고 계획하고 있다고 말할 수 있다. 그것이 바로 '클라이언트' 중심적인 사회복지 프로그램 기획의 기본이라고 할 수 있다.

3) 성격: 활동들의 구조화된 집합체로서의 사회복지 프로그램

사회복지 프로그램은 활동들의 구조화된 집합체이다. 프로그램은 문제에 일시적으로, 또 임기응변으로 대응하는 것이 아니라 미리 설정된 계획에 의하여 그 활동이 구체적으로 조직된 구조화된 집합체이다. 여기서 집합체라는 의미는 프로그램에 투입되는 인적 · 물적 자원과 그러한 자원들을 이용하여 수행하게 되는 활동들이 유기적으로 조직화된 계획에 의하여 다함께 작동된다는 의미이다.

활동들이 구조화되었다는 의미는 프로그램 자체가 개입의 단위가 된다는 말이다. 구조화되지 않은 프로그램은 그 프로그램을 담당한 인력의 수준에 의하여 프로그램의 질이 결정되게 된다. 즉 프로그램의 질과 내용이 프로그램을 맡은 사회복지사의 자질에 의존하는 것이다. 이러한 프로그램은 엄밀한 의미에서는 프로그램이라고 할 수 없다. 그러한 프로그램을 통한 개입은 프로그램이 개입의 단위가 아니라 사회복지사가 개입의 단위일 뿐이다.

그런 프로그램은 아무리 효과가 크다 할지라도 다른 사회복지사, 기관, 혹은 지역으로 확산될 수 없다. 왜냐하면 그 프로그램의 효과는 사실은 프로그램의 효과가 아니라 그 프로그램을 담당한 사회복지사의 효과이기 때문이다. 프로그램을 담당한 사회복지사 정도의 실력을 가진 사회복지사가 다른 곳에도 있지 않으면 같은 수준의 프로그램 내용과 효과를 기대할 수 없다.

활동들의 구조화된 집합체로서의 사회복지 프로그램은 일정 수준의 전문성을 가진 어떤 사회복지사라도 그 구조를 따르면 비슷한 수준의 내용과 효과를 담보할 수 있어야 한다. 그러한 구조화된 활동의 집합체로 프로그램이 작동되기 위해서는 프로그램의 내용이 일목요연하게 단계적으로 꼼꼼히 정리되어 있고, 그것을 따를 때 프로그램을 통해 원래 의도한 목적이 달성될 수 있다는 신뢰가 있어야 한다. 이러한 활동들의 구조화된 집합체를 구체적으로 표현하는 것이 바로 프로그램 매뉴얼이다. 그런 의미에서 프로그램 매뉴얼은 프로그램의 필수적인 요소라고 할 수 있다.

4) 사회복지 프로그램의 유형

사회복지 프로그램을 잘 기획하기 위해서는 현재 어떠한 유형의 사회복지 프로그램이 존재하고 있는지를 미리 파악하고 있는 것도 매우 중요한 과제이다. 현대의 사회복지 프로그램은 대상과 목적, 그리고 담겨 있는 내용에 따라 점점 더 전문적으로 다양해지고 있기 때문에 어떠한 유형의 사회복지 프로그램이 있는지를 명확하게 알아야만 보다 효율적이고 효과적이며 또한 창의적인 프로그램을 만들 수 있다.

그뿐만 아니라 요즈음에는 사회복지 프로그램을 구상할 때 프로그램 기획가에게 주어진 여건과 상황을 고려하여 미리 어떠한 유형의 프로그램을 염두에 두고 프로그램을 기획하기도 한다. 이 경우 주어진 여건 속에서 훨씬 자원이 효율적으로 집중화된 프로그램을 효과적으로 기획할 수 있을 것이다. 결국 좋은 프로그램을 만들기 위해서는 프로그램의 유형에 대한 지식이 중요한 요건으로 작용한다.

사회복지 프로그램의 유형은 사용하는 기준에 따라 매우 다양하게 구분될 수 있겠지만 크게 활동내용별, 연속성, 활동영역별, 프로그램 제공, 재원조달 등의 분류기준에 따라 구분될 수 있다(우수명, 2005: 41-51).

(1) 활동내용별 유형 분류

가장 먼저 사회복지 프로그램은 프로그램이 담고 있는 구체적 활동의 성격을 중심으로 유형을 구분할 수 있다. 예를 들어 개인이나 가족 등을 대상으로 이들이 가진 내부적 문제나 심리적 문제를 해결하거나 원조하기 위하여 수행되는 전문 임상프로그램이 있을 수 있으며, 특별한 문제나 질환이 있는 클라이언트가 아니라 일반인의 일상생활과 관련되어 보편적인 삶의 질을 높이는 여가프로그램이 있을 수 있다.

또한 사회복지기관과 지역사회의 외부자원 연결, 지역사회 내 다양한 활동 주체들 간의 연계활동, 지역사회 중심의 네트워크 활동 등을 수행하는 사회연계 프로그램도 존재할 수 있으며 특정한 집단을 대상으로 한 인권, 권익, 자치, 사상교육과 같은 사회적 제도의 변화를 추구하는 사회운동 프로그램도 있을 수 있다. 그리고 의료보장이나 자활지원사업 등과 같이 국가나 공적 전달체계에 의하여 제공되는 사회보장 프로그램도 존재한다.

(2) 연속성 유형 분류

프로그램은 활동이 지속되는 시간에 따라서도 그 유형을 분류할 수 있다. 예를 들어 사회복지 프로그램은 한 번의 수행으로 끝나는 특성을 가진 단절적인 일회성 프로그램으로 수행될 수도 있고 여러 번에 걸쳐 지속적으로 진행되는 프로그램으로 이루어질 수도 있다. 대개의 경우 일회성 프로그램은 주로 이벤트성이나 캠페인성 활동들이 주류를 이루며, 대부분의 사회복지 프로그램은 프로그램을 구성하는 일련의 활동들이 연속적이고 반복적으로 이어지는 연속성 프로그램이라고 볼 수 있다. 실제로 사회복지 프로그램은 세션 혹은 회기라고 불리는 한 번의 프로그램이 짧게는 3~5회, 길게는 수십 회에 걸쳐 일련의 연속적이고 체계화된 활동으로 수행되며, 그 과정에서 적절한 평가와 조정도 이루어진다.

(3) 활동영역별 유형 분류

사회복지 프로그램은 활동영역의 범위에 따라 유형이 구분될 수도 있다. 여기서 활동영역이란, 프로그램의 참여자나 대상의 관련 범위라고 볼 수 있다. 예를 들어 사회복지 프로그램 가운데에는 기관에서 일하는 한두 사람의 사회복지사에 의해 수행되는 개별 프로그램도 있을 수 있고, 한 기관 내에 속하는 여러 명의 전문가의 조직적 협력에 의해 수행되는 팀 프로그램도 있을 수 있다. 그뿐만 아니라 특정한 지역사회를 활동영역으로 할 경우 지역에 존재하는 여러 사회복지기관이나 다양한 클라이언트 그룹이 함께 공동으로 수행하는 지역사회 연계 프로그램도 있을 수 있다. 그리고 전체 국민이나 대다수의 지역주민을 대상으로 국가에 의하여 수행되는 국가제도적 프로그램도 있을 수 있다.

(4) 프로그램 제공 유형 분류

앞서 우리는 하나의 사회복지 프로그램이 다양한 사회복지 서비스로 이루어져 있다는 것을 살펴보았다. 그런데 사회복지사가 행하는 서비스 가운데에는 상담서비스와 같이 사회복지사가 클라이언트를 직접 대면하여 수행하는 것이 있는 반면에 정보제공 등과 같이 사회복지사가 클라이언트를 직접 만나지 않고 제도나 행정적 절차를 통해 간접적으로 수행하는 것도 있다.

따라서 사회복지 프로그램은 해당 프로그램이 주로 어떠한 종류의 서비스를 사용하여 구성되었는가에 따라 유형이 구분될 수 있다. 예를 들어 사회복지 프로그램은 사회복지사가 직접 클라이언트를 접촉하여 수행하는 서비스로 구성되는 직접제공 프로그램과 사회복지사가 관여되기는 하지만 행정이나 제도를 이용하여 간접적으로 서비스가 제공되는 간접제공 프로그램으로 구분될 수 있다.

(5) 재원조달 유형 분류

프로그램 수행에 필요한 재원의 안정적인 공급은 프로그램의 성공 여부를 결정하는 중요한 요소이며, 이러한 재원의 공급주체가 누구인가의 여부는 프로램의 성격을 결정하는 요인이다. 이러한 측면은 결국 프로그램의 재원조달 유형은 사회복지 프로그램의 재원이 어떻게 마련되는가에 따라 구분되는 것으로, 크게 세금과 같은 정부지원에 의해 마련되는 공공재원형, 공공재원과 민간재원이 비슷한 비중으로 혼합되어 있는 민관혼합형, 시민들의 자발적인 성금으로 운영되는 민간재원형으로 구분할 수 있다.

이러한 재원조달의 유형이 중요한 이유는 재원의 성격에 따라 사회복지사가 수행할 프로그램의 성격이 달라지기도 하며 프로그램의 대상이나 사회복지사가 추구하여야 할 책무성의 성격이 일부 달라지기 때문이다.

이상에 논의한 사회복지 프로그램의 유형을 요약해서 제시하면 다음 〈표 1-2〉와 같다.

표 1-2 사회복지 프로그램의 유형

분류기준	유형	예시
1. 활동내용별 유형	1) 전문임상 프로그램	① 심리 · 정서 ② 임상치료 ③ 소집단 ④ 재활 ⑤ 개별보호 등
	2) 문화생활 프로그램	① 축제행사 ② 역사 · 문화 ③ 취미 · 교양 ④ 건강체육 ⑤ 사회교육
	3) 사회연계 프로그램	① 홍보 · 마케팅 ② 사회보호 ③ 교육훈련 ④ 자조모임 ⑤ 자원봉사
	4) 사회운동 프로그램	① 권익보호 ② 자치조직화 ③ 의식화
	5) 사회보장 프로그램	① 공교육 ② 사회보장 ③ 의료보장 ④ 자활지원사업 ⑤ 고용보장 등
2. 연속형 유형	1) 일회성 프로그램	① 행사 ② 캠페인 ③ 축제
	2) 연속성 프로그램	① 지속적으로 이루어지는 프로그램
3. 활동영역별 유형	1) 개별 프로그램	① 개별 전문상담
	2) 팀 프로그램	① 팀이 협력하는 프로그램
	3) 지역사회 연계 프로그램	① 네트워크프로그램 ② 통합사례관리
	4) 국가제도적 프로그램	① 사회보장 ② 의제21 · 지방의제21 운동
	5) 사상 프로그램	① 전통예절교실 ② 의식화교육
4. 프로그램 제공 유형	1) 직접제공 프로그램	① 대면접촉을 통해 제공하는 프로그램
	2) 간접제공 프로그램	① 비대면접촉을 통해서 제공하는 프로그램
5. 재원조달 유형	1) 공공재원형	① 정부재원으로 이루어지는 프로그램
	2) 민관혼합형	① 정부와 민간의 대응투자로 이루어지는 프로그램
	3) 민간재원형	① 민간재원으로 운영되는 프로그램

출처: 우수명 (2005). pp. 41–51; 김상곤 외 (2012). p. 30 재인용.

* 요 | 점 | 정 | 리

- 성공적인 프로그램의 출발점은 잘된 기획이다.
- 프로그램이라는 용어가 가진 본래의 뜻은 어떤 일이나 행동을 하기 전에 미리 기록하고 적어 둔 계획안이나 그러한 계획안을 만드는 행위를 의미한다.
- 사회복지 프로그램은 사회복지적인 목적을 달성하기 위하여 계획된 활동들의 구조화된 집합체이다.
- 사회복지 프로그램의 목적은 프로그램이 대상으로 하는 클라이언트 삶의 긍정적인 변화, 즉 삶의 질 향상이다. 사회복지 프로그램의 책무성은 궁극적으로는 프로그램이 클라이언트의 삶의 질 향상에 얼마나 기여하고 있는가로 판단되어야 한다.
- 클라이언트 중심적인 사회복지 프로그램 기획의 기본은 과연 프로그램이 어떤 경로를 통하여 클라이언트의 삶의 질을 향상시킬 수 있을지에 대한 관심이다.
- 프로그램은 일시적으로, 또 임기응변적으로 문제에 대응하는 것이 아니라 설정된 계획에 의하여 그 활동이 구체적으로 조직된 구조화된 집합체이다.
- 정책은 정부나 공공기관이 사회복지와 관련된 사회문제해결을 위해 법률과 규정으로 대략적인 방향과 행동지침을 제시한 것으로, 주로 광범위한 지역적 범위와 모든 클라이언트 집단을 대상으로 개입하는 경우를 말하는 반면, 프로그램은 일선의 개별 사회복지기관을 중심으로 지역사회의 한정적이고 구체적인 문제해결을 위해 체계적이고 계획적으로 접근하는 것을 의미한다.
- 사회복지 프로그램은 사회복지 서비스보다 넓은 개념으로 정의되어야 하고, 사회복지 서비스는 사회복지 프로그램 구성 내용의 일종으로 보아야 한다.
- 사회복지실천에서 이야기하는 사업이란 '비영리적인 일정한 목적을 가지고 지속하는 조직적인 사회활동'을 의미하며 프로그램보다 상위의 개념으로 이해하는 것이 바람직하다.
- 사회복지 프로그램의 유형은 매우 다양하게 구분될 수 있겠지만 크게 활동내용별, 연속성, 활동영역별, 프로그램 제공, 재원조달 등의 기준에 따라 구분될 수 있다

연습문제

1. 프로그램의 어원에 대해 설명하여 보라.

2. 사회복지 프로그램의 개념과 목적은 무엇인가?

3. 프로그램은 서비스나 사업과는 어떻게 다른가?

4. 책무성의 유형을 예를 들어 설명하여 보라.

5. 공급자 중심의 프로그램과 클라이언트 중심의 프로그램이 어떻게 다른지 설명하여 보라.

6. 프로그램을 구조화된 활동들의 집합체라고 할 때 구조화되었다는 것의 의미는 무엇인가?

7. 사회복지 프로그램의 유형을 구분하여 보라.

CHAPTER 02

프로그램 기획의 개념과 의의

1. 기획의 개념
2. 기획의 필요성과 의의
3. 기획의 유형
4. 기획의 주요 과업

이 장의 학습목표

이 장의 학습목표는 이 책의 전체 주제인 사회복지 프로그램 기획이 가지는 의미에 대해 이해하는 것이다. 이를 위해 프로그램을 기획한다는 것의 개념과 의미, 그리고 기획이라는 활동이 필요한 이유를 차례로 살펴본다. 아울러 앞으로 이어질 장에서 자세히 설명될 프로그램 기획과정에 대해서도 간략하게 살펴보고자 한다. 이 장의 세부 학습목표는 다음과 같다.

- 기획의 개념과 의의를 이해한다.
- 프로그램 기획이 필요한 이유를 이해한다.
- 프로그램 기획의 유형을 살펴본다.
- 프로그램 기획의 과정을 이해한다.

02 CHAPTER

프로그램 기획의 개념과 의의

1. 기획의 개념

1) 기획이란 무엇인가

우리는 지금까지 프로그램이 무엇인지 그리고 사회복지 프로그램이 무엇인지에 대해 살펴보았다. 이제부터는 본격적으로 이 책의 주제인 그러한 사회복지 프로그램을 기획한다는 것이 무엇을 의미하는지를 자세히 살펴보고자 한다.

일반적으로 기획(企劃, planning)이란 문제를 해결하고 미래에 예상되는 사건들에 대한 경로를 통제하는 의도적인 시도로서 그 핵심적인 활동은 예견, 체계적 사고, 조사, 가치선호 등을 통해 대안을 선택하여 나가는 것이다(김영종, 2013: 59). 그러므로 기획은 미래에 대한 예측을 포함한 조직화된 노력이며 그러한 노력 속에서 대안을 선택하기 위해서는 복합적인 의사결정과정을 포함하여 전문적인 지식과 기능을 필요로 한다(정무성, 2005: 132). 이러한 정의들을 종합하여 본다면 기획은 주어진 문제를 해결하고자 하는 목적으로 수행할 활동들을 체계적으로 수립하는 의도적인 계획활동이라고 볼 수 있다.

앞서 우리는 사회복지 프로그램을 사회복지의 목적을 달성하기 위해 의도적으로 조직된 활동들의 집합체라고 정의한 바 있다. 그런데 위에서 언급한 바와 같은 기획의 개념을 따른다면 사회복지 프로그램을 기획한다는 것은 사회복지가 해결하고자 하는 문제에 대해 의도적인 시도와 개입을 함으로써 예상되는 결과에 기초하여 바람직한 대안을 선택하는 과정이라고 볼 수 있다.

결국 사회복지 프로그램 기획은 하나의 사회복지 프로그램이 클라이언트의 삶의 질을 향상시키는 목적을 효과적으로 달성할 수 있도록 그 내용과 과정을 개발하는 과정이라고 정의할 수 있다.

이어서 자세히 살펴보겠지만 기획은 순간적인 기지나 아이디어로 순식간에 완성되는 것이 아니라 서로 연관된 활동들로 구성되는 일정한 조직화된 단계를 거쳐 진행된다. 이를 간략하게 살펴보면 첫 번째 단계는 해결하고자 하는 문제, 즉 삶의 질이 저하된 상태에 대한 정확한 이해이고, 두 번째 단계는 그러한 문제를 해결하기 위한 개입의 논리를 개발하는 것이다. 그리고 세 번째 단계는 그러한 개입을 조직화된 체계인 프로그램으로 구체화하는 것이며, 네 번째 단계는 프로그램이 과연 의도된 목적을 얼마나 충실히 달성하였는지를 점검하는 평가의 단계이다.

기획의 단계를 자세히 살펴보면 기획은 주어진 문제를 해결하는 데 가장 적절한 활동내용을 개발하고 개발된 활동이 과연 목표를 달성할 수 있는 적절한 대안인지를 지속적으로 평가하는 과정이라고 볼 수 있다. 이러한 차원에서 프로그램 기획은 흔히 프로그램 개발과 평가라고 불리기도 한다.

2) 기획과 계획은 어떻게 다른가

기획과 많이 혼동되어 쓰이는 용어로 계획(計劃, plan)이 있다. 우리는 흔히 어떤 일을 성공적으로 수행하기 위해서는 계획을 잘 세워야 한다고 하며, 업무의 수행이 치밀하고 조직적인 경우 계획적이라고 말하기도 한다. 그렇다면 기획과 계획은 동일한 용어인가? 기획과 계획은 매우 유사한 내용을 의미하는 용어이지만 엄밀히 따지자면 기획은 주로 계획을 수립하는 과정을 의미하며, 계획은 그 과정의 결과를 지칭하는 것으로 보는 것이 바람직할 것이다.

따라서 계획은 어떤 일을 수행하기에 앞서 방법, 순서, 규모 등을 미리 생각하여 세운 내용을 의미하는 것으로 정의할 수 있으며, 이러한 계획을 수립하는 과정을 기획이라고 한다(정무성, 2005: 132). 다시 말해 계획을 수립하는 과정이 기획(planning)이라면 이러한 과정을 거쳐 산출된 결과물이 바로 계획(plan)이라고 볼 수 있다. 기획과 계획의 차이를 명확히 하면 다음 〈표 2-1〉과 같다.

표 2-1 기획과 계획의 차이

구분	내용
기획(planning)	• 계획을 세우는 활동과 과정을 말하며 초점을 두는 계속적인 행동으로서의 의미가 강함 • 특징: 미래지향적, 계속적인 과정, 의사결정과 연결, 목표지향적, 목표를 위한 수단
계획(plan)	• 어떠한 구체적인 사업에 대한 연속적인 의사결정이라는 의미가 있으나 기획에서 도출된 결론, 이미 결정된 행동노선을 가리키는 경우가 많음

출처: 정무성 (2005). p. 132.

2. 기획의 필요성과 의의

이상에서 살펴본 바와 같이 기획은 미래에 예견되는 결과를 조직적이고 체계적으로 수행하려고 하는 의도적인 계획이라고 볼 수 있다. 그렇다면 기본적으로 사회복지실천에서 기획이라는 과업은 왜 필요한 것일까?

기획이 필요한 이유는 크게 다음과 같은 이유로 요약될 수 있다(황성철, 2005: 80-81).

첫째, 기획은 합리성을 증진시키기 위해 필요하다. 기획은 특정한 문제를 해결할 수 있을 것으로 기대되는 적절한 대안을 선택하는 활동이라고 볼 수 있다. 이때 선택된 대안이 특정한 문제를 해결할 것으로 기대될 만한 합당한 이유와 근거가 반드시 요구되며, 이 경우 대안과 문제 사이에 존재하는 인과적 관계가 과학적 혹은 경험적으로 타당하여야 한다. 이와 같이 목적과 수단 사이에 존재하는 타당한 인과관계가 바로 합리성이며 기획은 바로 이러한 합리성을 제고하는 대표적인 활동이다.

둘째, 효과성과 효율성을 증진시키기 위해서이다. 앞서 언급한 바와 같이 기획과정에서 인과관계가 높은 수단을 선택하게 되면 당연히 프로그램 수행결과의 효과성은 높아질 것이며, 아울러 특정한 목적을 달성할 것으로 기대되는 대안 모색에 요구되는 비용과 인력을 사전에 고려함으로써 자원낭비를 줄일 수 있기 때문에 효율성 역시 증진시킬 수 있다. 결국 기획과정을 통해 목적달성에 가장 적절한 수단을 고려함으로써 대안이 가지는 목표달성의 효과성과 효율성을 동시에 제고할 수 있는 것이다.

셋째, 기획은 사회복지조직의 책무성을 증진시킨다. 대표적인 비영리조직으로서 사회복지기관이나 조직은 국가나 사회로부터 재원을 지원받아, 지역주민이나 클라이언트의 복지를 위해 운영되는 경우가 많다. 따라서 사회복지 기관이나 조직은 주어진 자원을 효과적·효율적으로 사용하여야 할 사회적 책무를 지니고 있으며 이러한 책무의 이행 여부를 통해 사회적 승인을 받아 존재하게 된다. 그러므로 기획을 통해 클라이언트에 대한 활동의 효과성과 효율성을 증진하게 되면 자연스럽게 사회복지조직이 맡고 있는 사회적 책임을 수행하게 되고 이는 장기적으로 사회복지조직의 유지나 확대에 필요한 사회적 승인을 더욱 강화하게 될 것이다.

넷째, 기획은 클라이언트의 동기부여와 사회복지조직 구성원의 사기진작에 기여하게 된다. 사회복지실천의 대상자인 클라이언트가 사회복지 프로그램의 기획과정에 직접 참여하게 되면 스스로의 변화 의지를 강화하게 되어 강력한 동기부여를 얻을 수 있다.

이러한 동기부여는 결국 사회복지 프로그램의 효과성과 효율성을 제고하게 될 것이다. 아울러 사회복지조직의 구성원들은 다함께 참여하는 프로그램 기획을 통해 자기 자신과 조직 전체 차원에서 성취감과 자부심을 얻을 수 있고 이는 장기적으로 사회복지전문가들의 직무만족과 역량강화에 크게 기여할 것이다.

3. 기획의 유형

앞서 살펴본 바와 같이 다양한 사회문제와 대상이 등장함에 따라 사회복지 프로그램의 종류 역시 점점 더 다양해지고 복잡해지고 있음을 알 수 있었다. 이러한 추세에 발맞추어 사회복지 프로그램을 개발하고 평가하는 노력인 사회복지 프로그램 기획 역시 다양한 유형으로 구분될 수 있다.

기획을 특정한 목적을 달성을 위해 고안된 조직적인 활동이라고 하더라도 하나의 프로그램 기획과정에서 우리들이 원하는 모든 것을 담을 수는 없다. 그뿐만 아니라 기획은 유형별로 각각의 특성에 따른 장단점과 유의할 점을 가지고 있다. 그러므로 사전에 기획에는 어떠한 유형이 존재하고 있으며 어떠한 특성이 있는지를 미리 파악하고 있다면 프로그램의 목적이나 상황 혹은 프로그램의 대상이 가진 특성에 따라 적절한 유형의 기획을 효과적으로 선택할 수 있을 것이다.

일반적으로 프로그램 기획은 크게 사용처별, 개발동기별, 의사소통별, 사업목적별 유형으로 구분할 수 있다(우수명, 2005: 82-86). 각각의 유형의 내용과 특성을 간략하게 살펴보도록 하자.

첫째, 프로그램 기획은 사용처별로 구분할 때에는 내부용 기획과 외부용 기획이 있을 수 있다. 내부용 기획이란 기획안 혹은 사업계획서를 사회복지 기관 내부에서 수립한 다음 기관장의 결재를 얻은 후 기관 사업으로 수행하기 위해 만든 기획이다. 반면, 외부용 기획은 사회복지기관 외부에서 마케팅 혹은 기금 마련을 위한 목적으로 기획안을 수립하는 경우를 의미한다. 따라서 내부용 기획은 기관 내부의 규정만 따른다면 형식이나 내용이 자유롭고 별도의 규제가 없으나 외부용 기획의 경우 기금을 관장하는 기관에서 요구하는 별도의 양식을 따라야 하며 그 내용이 보다 체계적이고 복잡한 것이 일반적이다.

둘째, 프로그램 기획을 개발동기별로 살펴보면 크게 개선형 기획, 개발형 기획, 홍보 마케팅형 기획, 학습형 기획이 있다. 개선형 기획은 기존의 프로그램이 가지고 있는 문제점을 개선하고 보다 효과적이고 효율적인 전달체계를 구축하기 위한 목적으로 실시하는 기획이며, 개발형 기획은 기존에는 존재하지 않았거나 수행되지 않았던 새로운 프로그램을 마련하기 위해 실시하는 기획이다. 홍보 마케팅 기획은 홍보 혹은 외부자원의 개발이나 기금 마련을 위한 특수한 목적으로 개발된 기획이고, 학습형 기획은 기관의 사회복지사들이나 학생들을 대상으로 기획서를 작성하는 훈련이나 과제 또는 견습을 위하여 수행되는 기획이다.

셋째, 사회복지 프로그램을 의사소통별로 구분할 경우 상의하달식 기획과 하의상달식 기획이 있을 수 있다. 먼저 하의상달식 기획은 사회복지기관의 실무자의 문제의식이나 전문성으로부터 기획이 도출되어 수립된 후 추후 기관장으로부터 인증을 얻어 시행되는 기획을 말한다. 반면 상의하달식 기획은 조직의 기관장으로부터 실무자에게 문제나 과제가 제시되어 요구되는 기획이다.

일반적으로 기획이 하의상달식으로 이루어지는 경우 기관장으로부터 충분히 인증을 받지 못해 기획이 실제로 수립되지 못하거나 수립되더라도 시행되지 못할 가능성이 있으며 상의하달식의 경우 기관장의 지시나 명령으로 시행되기 때문에 일선 실무자의 문제의식이나 자발성이 떨어져 안일하고 수동적인 기획안이 될 가능성이 있다.

넷째, 사회복지 프로그램을 프로그램이 지향하는 사업목적별로 구분할 수 있다. 흔히 사회복지 프로그램은 문제해결형, 역량강화형, 삶의 질 개선형, 보호원조형 기획으로 분류된다.

먼저 문제해결형 기획은 클라이언트가 당면한 욕구나 문제를 해결하기 위한 목적으로 기획되는 유형인 반면, 역량강화형 기획은 클라이언트가 직면하고 있는 욕구나 문제를 직접적으로 해결하기보다는 클라이언트의 사회적 권익이나 자조능력의 향상을 지향하는 프로그램의 기획을 말한다. 삶의 질 개선형 기획이란 클라이언트의 특수한 문제나 욕구를 전문적으로 해결하기보다는 클라이언트가 향유하는 일반적인 삶 안에서 여가 · 문화 · 생활 속에서 더 나은 삶을 행복하게 누리도록 도움을 제공하는 기획을 말한다. 보호원조형 기획이란 클라이언트 가운데 스스로 자립할 수 없거나 사회적 차원에서 물질적 · 정신적 도움이 필요한 대상을 주로 목표로 하는 기획이다.

그렇지만 사회복지 프로그램 기획을 특성에 따라 위와 같이 네 가지 유형으로 나눌 수 있다고 하더라도 실제 프로그램을 기획하는 과정에서 이러한 구분이 배타적인 것일 수만은 없다. 실제로 사회복지 프로그램을 기획하는 과정을 보면 위에서 언급한 유형들이 상호 결합하여 조직화되는 것이 보다 일반적이다. 예를 들어 우리가 특정한 사회복지 프로그램을 기획할 때, 사업목적상으로 역량강화형 기획을 구상하면서 이 사업을 수행할 외부 지원금을 얻기 위한 목적의 외부형으로 기획할 수 있고, 이러한 기획의 구상과 내용은 기관장의 지시가 아니라 실무자의 아이디어에 의해 제안되어 향후 기관장의 승인을 얻어 진행될 수 있기 때문이다.

4. 기획의 주요 과업

앞서 살펴본 바와 같이 사회복지 프로그램을 기획한다는 것은 구상하는 사회복지 프로그램이 클라이언트의 삶의 질을 향상시키는 목적을 효과적으로 달성할 수 있도록 그 내용과 과정을 조직화하는 것을 의미한다. 따라서 프로그램의 기획은 단계별로 구성된 일련의 과정에서 각각 요구되는 몇 가지 중요한 과업들로 구성되어 있다. 기획에서 요구되는 각각의 과정을 개별적으로 살펴보기에 앞서 프로그램의 전체 기획과정을 간략하게 살펴보도록 하자.

일반적으로 프로그램의 기획은 다음과 같은 몇 가지 단계를 거쳐 진행된다. 첫 번째 단계는 해결하고자 하는 문제, 즉 삶의 질이 저하된 상태에 대한 정확한 이해이고, 두 번째 단계는 그러한 문제를 해결하기 위한 개입의 논리를 개발하는 것이다. 세 번째 단계는 그러한 개입을 조직화된 체계인 프로그램으로 구체화하는 것이며, 네 번째 단계는 프로그램이 과연 의도된 목적을 얼마나 충실히 달성하였는지를 점검하는 평가의 단계이다. 이러한 단계들을 도식화하면 [그림 2-1]과 같다. 이러한 네 가지 프로그램 기획 단계별로 어떠한 과업들이 이루어지고 있는지를 보다 자세히 살펴보도록 하자.

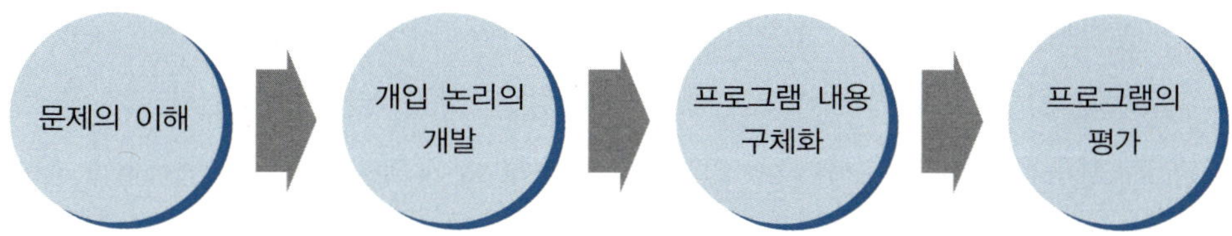

그림 2-1 사회복지 프로그램 기획의 단계

1) 문제에 대한 정확한 이해

효과적인 프로그램 개발의 첫 번째 필수조건은 개입하고자 하는 문제에 대한 정확한 이해이다. 굳이 사회복지 프로그램의 예를 들지 않더라도 우리는 일상생활에서 처음부터 문제를 잘못 파악하여 엉뚱한 곳에 노력을 기울이는 예를 흔히 본다. 그런 경우 노력은 열심히 하였지만 문제해결은 요원하다.

한 가지 예를 들어 보자. 내가 차를 한 대 가지고 있는데 며칠 전부터 아침마다 시동이 잘 걸리지 않아 애를 먹고 있다. 이래서는 도저히 안 되겠다 싶어 가까운 정비공장으로 차를 가지고 갔다. 이리저리 살펴본 기술자는 연료 펌프에 문제가 있다며 고치는 데는 무려 50만 원이 들고 그것도 이틀은 공장에 맡겨야 한단다. 그래도 갑자기 차가 멈추어 서는 고통을 피하기 위하여 공장에 수리를 맡기기로 하였다. 그후 차가 수리되는 이틀은 차가 없으니 불편이 말이 아니다. 그래도 꾹 참고 이틀 뒤 공장으로 가 50만 원이란 거금을 지불하고 차를 찾는다. 하지만 그 다음 날 아침에도 시동이 잘 안 걸리기는 마찬가지이다. 화가 난다. 다른 정비공장으로 가 보니 배터리가 문제란다. 고치는 데 10분 걸리고 비용도 5만 원이면 된단다. 그대로 해본다. 그랬더니 시동에는 아무 문제가 없다.

여러분이 이런 경우를 당했다면, 첫 번째 정비공장을 원망하며 문제의 진단이 얼마나 중요한지를 절감할 것이다. 아마도 다음부터는 문제에 대한 보다 정확한 진단을 위하여 몇 군데 정비공장을 방문해서 의견을 듣고, 또 나름대로 자동차에 대한 책이나 인터넷을 통해 문제에 대한 자가진단을 해본 다음 무엇을 할 것인지를 결정할 것이다. 이렇게 일상생활에서도 너무나 당연한 문제에 대한 정확한 진단과 이해의 필요성이, 전문영역인 사회복지 프로그램의 개발에서는 간과되는 것을 흔히 본다.

이와 같이 프로그램을 구상하는 데 있어 적절한 진단과 이해가 간과되는 가장 큰 이유는 많은 경우에 우리는 문제가 무엇인지를 미리 다 알고 있다는 착각에 사로잡혀 있기 때문이다. 문제는 알고 있지만 그 문제를 해결하지 못하고 있는 것은 충분한 재원과 인력이 없기 때문이라고 불평한다. 그러다 보니 시간이 지나면서 진짜 문제는 클라이언트의 문제가 아니라 불충분한 재원과 인력이라고 확신하게 된다.

이와 관련된 예를 하나 들어 보자. 한 지역의 아동복지기관은 아동학대를 예방하는 프로그램으로 부모양육실천기술 증진프로그램을 몇 해째 지속하고 있다. 하지만 인력과 예산 부족으로 프로그램은 매해 정원 100명밖에 소화할 수 없다. 그 정도 수준으로 유지하기 위해서 매해 연말이 되면 내년도 예산을 확보하기 위하여 전쟁을 치르다시피 노력하고 있는 실정이다. 하지만 그 지역사회의 아동학대는 감소하기는커녕 매년 증가하고 있는 실정이다. 그 기관의 관장은 구청이나 시청 담당자, 구의회 의원을 만날 때마다 예산을 늘려달라고 요구한다. 이러한 사정이 몇 해 지속되면 부모양육실천기술 증진프로그램 예산 따기가 기관의 목표가 되어 버린다.

어느새 우리 지역의 아동학대 주요 원인이 과연 부모들이 양육실천기술이 낮아서인가를 묻기보다는 부모양육실천기술이 낮은 것이 원인이라는 것은 다 아는 사실이며, 다만 아동학대 문제가 해결되지 않는 가장 핵심적인 이유는 부모양육실천기술 증진프로그램을 충분히 진행할 수 있는 예산과 인력이 없기 때문이라는 생각이 기관을 지배하게 된다. 그런데 여기서 잠깐 생각해 보자. 과연 아동학대의 문제는 낮은 부모양육실천기술이 원인인가? 혹시 부모가 양육실천기술은 알고 있지만 가난해서 경제적 스트레스로 아동을 방임하거나 학대하게 되는 것은 아닌가? 이러한 문제에 대한 심층적인 진단 없이 맹목적으로 프로그램을 추구하게 되는 것이 공급자적 관점의 프로그램의 특성이다.

이러한 양상이 지속되면 사회복지 프로그램은 그 자체가 생명력을 갖게 되고 그것이 문제해결에 도움이 되건 안 되건 계속 진행되게 된다. 이러한 상황이 반복되면 사회복지기관의 목적도 프로그램을 통한 클라이언트의 문제를 해결하거나 완화시켜 삶의 질 향상을 도모하는 것이 아니라 프로그램을 유지하고 지속하는 데 놓이게 된다. 이러한 현상을 흔히 우리는 '목적과 수단의 전치현상'이라고 부른다.

사회복지 프로그램은 하나의 수단에 불과하며 그 목적은 클라이언트의 삶의 질을 향상시키는 것임에도 불구하고, 프로그램을 유지하는 것 자체가 목적이 되고 클라이언트의 삶의 질에 대한 관심 자체가 프로그램을 유지하기 위한 수단으로 전락하게 되는 것이다. 많은 경우에, 이러한 현상은 문제에 대한 충분한 이해 없이 그리고 문제를 정확히 파악하고자 하는 지속적인 노력이 없는 가운데 심증적인 증거나 구태의연한 문제에 대한 이해에 기초하여 프로그램을 개발하고 시행할 때 생기게 된다.

개입하고자 하는 사회문제에 대한 정확한 이해, 클라이언트가 가지고 있는 문제에 대한 정확한 사정, 문제의 크기와 종류에 대한 이해, 문제의 원인에 대한 이해 등이 효과적인 프로그램 기획의 첫 번째 요소이자 핵심 과업이다.

2) 개입 논리의 개발

사회복지 프로그램은 구체적인 문제해결을 통하여 궁극적으로는 클라이언트의 삶의 질을 긍정적인 방향으로 변화시키는 것을 목적으로 한다. 앞에서 살펴본 대로 그러한 목적을 효과적으로 달성할 수 있는 프로그램의 개발에는 문제에 대한 정확한 이해가 필수 선행조건이다.

그런데, 우리는 흔히 문제의 이해라고 하면 문제에 대한 서술적 묘사만을 생각하는 경향이 있다. 즉, 프로그램 개발을 위하여 행해지는 욕구조사들을 살펴보더라도 주로 클라이언트가 가지고 있는 문제의 종류, 문제의 정도, 문제의 크기 정도를 조사하고 분석하게 된다. 물론 이러한 문제에 대한 서술적 이해도 중요하다. 문제의 종류와 정도, 크기 등을 알아야 그 문제에 맞는 프로그램의 유형과 규모 등을 계획할 수 있을 것이기 때문이다. 하지만 문제를 이해하는 데 있어 문제의 서술적 이해와 함께 중요한 부분은 문제의 인과관계에 대한 이해이다.

인과관계란 간단히 설명하면 원인과 결과 간의 관계이다. 즉 개입하고자 하는 문제가 결과라고 보면 그러한 결과를 초래한 원인에 대한 이해이다. 문제의 원인에 대한 이해가 어떻게 프로그램 개입 논리의 개발에 이용될 수 있는지를 사례를 통하여 살펴보도록 하자.

빈곤을 하나의 예로 들어 보자. 지역사회에 빈곤문제에 대한 대책으로 프로그램을 기획하려고 한다. 빈곤의 원인은 무엇인가? 우선 가장 간단한 대답은 소득이 낮아서일 것이다. 그런데 여기서 그치지 말고 좀더 살펴보기로 하자. 지역욕구조사 내용을 분석해 보니 교육수준이 낮을수록 빈곤에 처할 위험이 많은 것으로 나타났다. 여기서 사회복지사는 교육수준이 낮은 것이 빈곤의 위험요소, 즉 원인이 될 수 있음을 알게 된다. 그런데 데이터를 좀더 살펴보니 교육수준이 낮은 사람일수록 취업률이 낮은 것을 알 수 있었다. 이러한 빈곤의 원인에 대한 인과관계를 정리해 보면 다음과 같다.

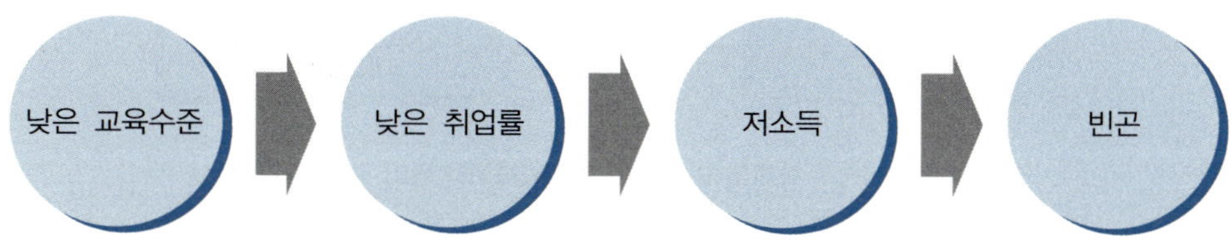

그림 2-2 빈곤에 대한 인과관계의 예

이렇게 빈곤의 원인을 정리해 보면, 몇 가지 개입의 지점을 생각해 볼 수 있다. 우선 낮은 소득이 직접적인 원인이니 소득을 보충해 주는 전략을 생각해 볼 수 있다. 하지만 그러한 전략은 우리 기관이 가지고 있는 역량이나 자원을 고려해 보면 직접적으로 할 수 있는 방법은 아니라고 판단할 수 있다. 우리 기관이 가지고 있는 역량과 인력의 내용을 객관적으로 고려해 볼 때 교육수준을 높이는 낮은 교육수준 낮은 취업률 저소득 빈곤 프로그램은 가능하다는 판단이 든다.

그러면 장기적인 안목에서 중·고등학생들을 상대로 한 학력증진 프로그램이 지역주민의 교육수준을 높이게 되고, 그러면 취업률이 높아질 것이고,

그렇다면 '소득이 높아지고, 궁극적으로는 빈곤의 문제를 해결할 수 있을 것이다'라는 가정 설립이 가능하다. 이렇게 보면 학력증진 프로그램은 낮은 교육수준이라는 원인과 빈곤이라는 결과 사이의 인과관계를 개입을 통하여 차단하거나 완화하는 역할을 하게 되는 것이다.

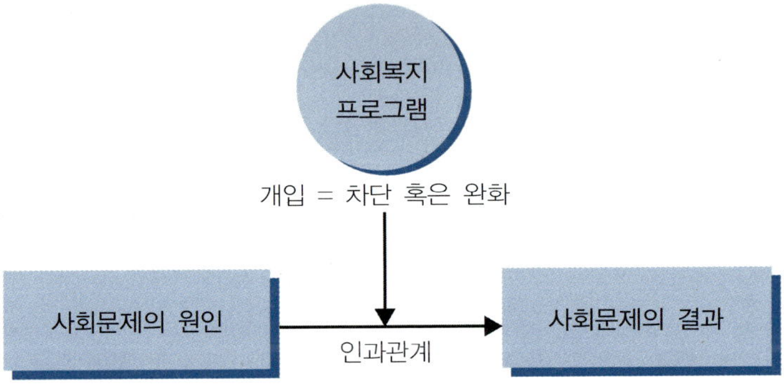

그림 2-3 사회복지 프로그램과 사회문제의 인과관계

사회복지 프로그램의 기능은 해결하고자 하는 사회문제와 그와 같은 문제를 초래한 원인 간의 인과관계에 개입하여 원인이 결과에 미치는 영향을 제거하거나 완화시키는 데 있다. 사회복지 프로그램이 그러한 기능을 담당할 수 있으려면 원인에서 결과에 이르는 경로에 대한 이해가 있어야 하고, 그러한 경로를 차단 내지는 완화하는 역할을 프로그램이 어떻게 담당할지에 대한 고려가 있어야 한다.

즉, 다시 말해 프로그램이란 개입을 통하여 왜, 그리고 어떻게 의도하는 결과가 도출될 수 있는가에 대한 논리가 필요하다. 바로 그러한 설정이 프로그램 개입 논리의 개발이다.

3) 프로그램 내용의 구체화

프로그램의 개입 논리가 설정되면 그 논리에 맞는 프로그램의 내용이 구성되어야 한다. 그렇다면 프로그램 체계는 어떻게 구성되어 있는가? [그림 2-4]는 프로그램의 체계를 보여 준다.

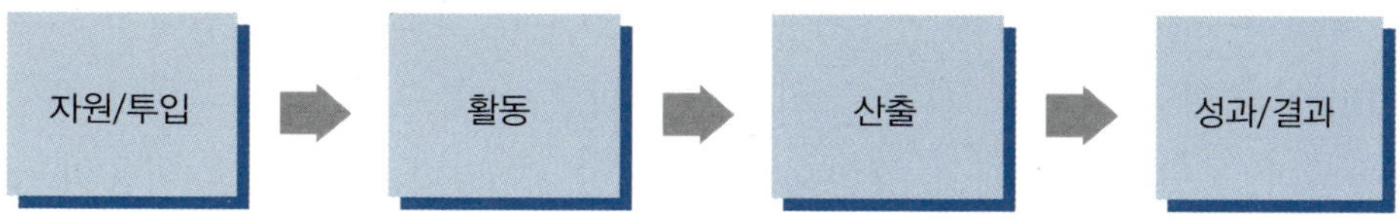

그림 2-4 프로그램의 체계

프로그램 체계를 구성하는 요소들로는 자원, 활동, 산출, 성과를 들 수 있다. 각각의 요소들을 간단히 살펴보면 다음과 같다.

- 자원/투입: 프로그램이 의도하는 과업을 행하기 위하여 필요한 인적 · 재정적 · 물적, 그리고 지역사회 자원을 포함한다.
- 활동: 투입되는 자원을 이용하여 프로그램이 하는 일들이다. 이러한 활동은 프로그램 과정, 도구, 행사, 개입방법, 프로그램 수행을 위하여 해야 하는 과업 등을 지칭한다. 프로그램 활동은 의도하는 프로그램의 성과(결과)를 도출하기 위하여 행해지는 과업들이다.
- 산출: 프로그램 활동에 따라 직접적으로 생산되는 것들이다. 이러한 산출물에는 프로그램에 의하여 전달되는 서비스 유형, 서비스의 수와 양, 서비스 참여 인원 등이 포함된다.
- 성과/결과: 프로그램에 참여하는 클라이언트의 태도, 지식, 기술, 지위 혹

은 기능수준의 긍정적인 방향으로의 변화이다. 즉 클라이언트 삶의 질 향상이다. 이러한 성과는 크게 단기적인 성과와 장기적인 성과로 나누어 볼 수 있다. 단기적인 성과는 태도, 지식, 기술 등의 변화가 주를 이루고 그러한 단기적인 성과가 장기적으로는 클라이언트의 지위나 기능수준의 향상을 이루게 된다.

이렇게 프로그램 체계를 구성요소별로 살펴보면 자원/투입과 활동은 프로그램이 수행하고자 하는 과업을 의미하며 산출과 성과/결과는 그러한 과업을 통하여 의도하는 결과로 구분되는 것을 알 수 있다. 프로그램 내용의 구체화는 좁게는 프로그램이 수행하고자 하는 과업을 각 요소별로 구체화하는 과정이라 할 수 있다. 프로그램 내용의 구체화를 보다 넓게 생각하면 그러한 과업을 통하여 기대하는 산출물과 성과/결과를 정리하는 것이라 할 수 있다. 이때 앞에서 살펴본 프로그램의 개입 논리가 과업을 통하여 왜 그러한 결과가 도출될 것이라고 기대하는지를 설명하는 기반이 된다.

이제 예를 하나 들어 보자. 예는 바로 여러분들이 수강하고 있는 사회복지 프로그램 기획 교과목이다. 사회복지 프로그램 기획 교과목이 해결하고자 하는 문제는 무엇인가? 즉 왜 그런 교과목이 필요하게 되었을까? 아마도 사회복지사들이 해야 하는 중요한 일 중에 하나가 프로그램의 기획이긴 하지만 사회복지사들의 프로그램 개발에 관한 지식과 이해가 부족하다는 문제의식이 있었을 것이다. 그렇다면 해결하고자 하는 문제는 사회복지사들의 프로그램 기획에 대한 지식이 불충분하고 이해가 부족한 것이다.

그 다음 단계는 그러한 문제의 원인이 무엇인가를 가늠해 보는 데 있다. 문제의 원인은 여러 가지가 있을 수 있겠지만, 가장 핵심적인 문제는 사회복지사들이 프로그램 기획에 대한 지식을 얻을 수 있는 기회가 없다는 것이다. 그렇다면 그 원인을 제거하기 위해서는 교과목을 통하여 프로그램 기획에 대한 지식을 제공하고 미래의 사회복지사들이 학습할 수 있도록 하는 것이다. 여기서 사회복지 프로그램 기획 교과목이 바로 미래 사회복지사들의 프로그램 개발능력을 증진시키고자 하는 프로그램이다.

그러한 사회복지 프로그램 개발능력 증진 프로그램(여기서는 사회복지 프로그램 기획 교과목)의 체계는 무엇인가? 우선 프로그램이 목적으로 하는 성과와 결과는 단기적으로는 미래 사회복지사들의 프로그램 개발에 대한 지식의 증진이고 장기적으로는 프로그램 기획능력의 증진이다. 그러한 교과목의 개설을 위해서는 무엇이 필요한가?

우선 인적 자원으로는 과목을 담당할 강사와 과목을 수강할 학생들이 필요하다. 재정적 자원으로는 과목 개설에 투입되는 데 필요한 예산이다. 물적 자원으로는 강의실, 책상, 의자, 칠판 등이 필요하다. 이러한 자원들이 프로그램의 투입 혹은 자원에 해당한다. 그리고 그러한 자원을 이용해서 매주 행해지는 강의, 강의노트, 중간시험, 기말 페이퍼 작성, 기말시험 등은 모두 활동에 해당한다. 그렇다면 그러한 활동을 통하여 직접적으로 생산되는 대표적인 산출물은 무엇인가? 여기서는 바로 과목을 성공적으로 이수하고 받은 교과목 이수생들의 학점이 대표적인 산출물이다. 그리고 그러한 사회복지 프로그램 기획 교과목 이수생들에게 우리가 기대하는 성과와 결과는 프로그램 개발에 대한 지식의 증진과 궁극적으로는 프로그램 개발 역량의 증진이다.

이 책의 나머지 장들에서 어떻게 프로그램 체계의 각 구성요소들을 구체화하는지를 보다 체계적으로 살펴보게 될 것이다.

4) 프로그램의 평가

프로그램 기획은 프로그램 평가의 첫 단계이다. 우리는 흔히 프로그램 평가는 프로그램이 시행된 후에 하는 작업으로 생각하는 경향이 있다. 하지만 평가는 프로그램의 기획에서부터 시작된다. 잘된 프로그램 기획은 그 자체가 무엇을 어떻게 평가할 것인지를 명료하게 보여 주기 때문이다. 그런 이유로 프로그램 기획은 프로그램 평가를 어떻게 할 것인지에 관한 사항을 포함한다.

그렇다면 평가란 무엇인가? 간단히 설명하면 의도한 대로 실제가 이루어졌는지를 점검하는 과정이다. 의도하는 바를 명백히 하는 것이 기획이고 그 기획에 따라 일이 진행되었는지를 점검하는 것이 평가이다.

앞에서 살펴본 프로그램 내용을 이용하여 평가의 개념을 살펴보기로 하자. 프로그램 체계는 투입 → 활동 → 산출 → 성과로 이루어진다. 기획에서 그러한 체계에 대한 상세한 내용이 도출되었다면 평가는 실제로 그렇게 진행되었는지를 점검하는 것이다. 각 프로그램 체계의 요소별로 평가의 준거틀을 살펴보면 다음과 같다.

- 자원/투입: 투입은 기획한 대로(의도한 대로) 이루어졌는가?
- 활동: 활동은 기획한 대로(의도한 대로) 이루어졌는가?
- 산출: 산출은 기획한 대로(의도한 대로) 이루어졌는가?
- 성과/결과: 결과는 기획한 대로(의도한 대로) 도출되었는가?

이상 각각의 질문에 대한 답을 구하는 것이 프로그램의 평가이다. 그러한 평가는 크게 두 가지 형태로 나누어 볼 수 있다.

먼저 자원/투입과 활동을 포함하여 프로그램이 수행하는 과업이 의도한 대로 이루어졌는가를 점검하는 평가를 우리는 수행평가(implementation evaluation)라 부른다. 반면에 산출과 성과로 이루어지는 프로그램이 처음에 의도한 결과를 달성하였는지에 대한 평가를 우리는 성과평가(performance evaluation)라 부른다.

이 책의 마지막 부분에서 우리는 프로그램 평가에 대해서 보다 상세히 살펴볼 기회가 있을 것이다. 하지만 프로그램 기획을 이해하는 첫 단계인 이 장에서 평가의 개념을 강조하는 이유는 프로그램의 기획이 평가의 시작이라는 점 때문이다. 평가를 어떻게 할지에 대한 방법은 다양할 수 있다. 하지만 프로그램을 기획한다는 자체가 평가의 로드맵을 작성하고 있다는 점을 이해할 필요가 있다. 일단 로드맵이 설정되면 그 다음에는 과연 실제 작업이 로드맵대로 되었는가를 살펴보는 것이 바로 평가이다.

* 요 | 점 | 정 | 리

- 기획이란 문제를 해결하고 미래에 예상되는 사건들에 대한 경로를 통제하는 의도적인 시도로서 그 핵심적인 활동은 예견, 체계적 사고, 조사, 가치선호 등을 통해 대안을 선택하여 나가는 것이다.
- 계획을 수립하는 과정이 기획(planning)이라면 이러한 과정을 거쳐 산출된 결과물이 계획(plan)이다.
- 계획은 합리성, 효과성과 효율성을 증진시키기 위해 필요하다. 기획은 특정한 목적을 달성할 것으로 기대되는 대안모색에 요구되는 비용과 인력을 사전에 고려함으로써 자원낭비를 줄일 수 있기 때문에 효율성을 증진시킬 수 있을 뿐만 아니라 목적달성에 가장 적절한 수단을 고려함으로써 대안이 가지는 목표달성의 효과성 역시 제고할 수 있다.
- 기획을 통해 클라이언트에 대한 활동의 효과성과 효율성을 증진하게 되면 자연스럽게 사회복지조직이 맡고 있는 사회적 책임을 수행하게 되고 이는 장기적으로 사회복지조직의 유지나 확대에 필요한 사회적 승인을 더욱 강화하게 될 것이다.
- 기획은 클라이언트의 동기부여와 사회복지조직 구성원의 사기진작에 기여하게 된다.
- 프로그램의 기획은 크게 사용처별, 개발동기별, 의사소통별, 사업목적별 유형으로 구분할 수 있다.
- 효과적인 프로그램 개발의 첫 번째 필수조건은 개입하고자 하는 문제에 대한 정확한 이해이다. 개입하고자 하는 사회문제의 인과관계에 대한 정확한 이해, 클라이언트가 가지고 있는 문제에 대한 정확한 사정, 문제의 크기와 종류에 대한 이해 등이 효과적인 프로그램 기획의 첫 번째 요소이다.
- 사회복지 프로그램의 기능은 해결하고자 하는 사회문제와 원인 간의 인과관계에 개입하여 원인이 결과에 미치는 영향을 제거하거나 완화시키는 데 있다. 사회복지 프로그램이 이러한 기능을 담당할 수 있으려면 원인에서 결과에 이르는 경로에 대한 이해가 있어야 하고 그러한 경로를 차단 내지는 완화하는 역할을 프로그램이 어떻게 담당할지에 대한 고려가 있어야 한다.
- 프로그램 체계는 자원/투입 → 활동 → 산출 → 성과/결과로 이루어진다.
- 프로그램 기획은 프로그램 평가의 첫 단계이다. 프로그램 평가는 프로그램이 기획한 대로 이루어졌는지를 점검하는 과정이다.

연습문제

1. 기획의 개념을 제시하여 보라.

2. 기획과 계획의 차이에 대하여 설명하여 보라.

3. 기획의 필요성에 대하여 설명하여 보라.

4. 사회복지 프로그램의 궁극적인 역할을 사회문제의 인과관계를 이용하여 설명하여 보라.

5. 기획의 유형을 사업의 목적에 따라 구분하여 설명하여 보라.

6. 프로그램의 체계는 어떻게 구성되는지 설명하여 보라.

7. 왜 프로그램 기획이 프로그램 평가의 첫 단계인지를 설명하여 보라.

PART 02
프로그램 개발에 대한 이해

CONTENTS

CHAPTER 03

프로그램 기획과정에 대한 이해:

어떤 과정을 통해 프로그램을 기획할 것인가

1. 프로그램 기획과 관련된 잘못된 선입견
2. 프로그램 기획의 속성
3. 프로그램의 기획과정의 분류
4. 프로그램 기획과정에 대한 세부적 이해

이 장의 학습목표

이 장의 학습목표는 앞 장에서 간략하게 소개된 프로그램 개발의 전체 과정에 대한 보다 자세하고 체계적인 이해를 통해 프로그램 개발이 일련의 연속적 작업의 산물임을 명확히 하고자 하는 것이다.

이렇게 프로그램 개발의 전체 과정을 충분하게 이해하게 되면 각각의 개별 과정에서 요구되는 세부작업에 대한 파악 역시 훨씬 쉬워진다. 특히 중요한 것은 전체 과정을 구성하는 개별 과정에서 이루어지는 세부작업들이 전체 과정에서 차지하고 있는 역할도 명확하게 파악되어야 한다는 것이다. 이 장에서 학습하여 할 세부목표를 살펴보면 다음과 같다.

- 프로그램 기획이 가진 속성들을 명확히 한다.
- 기획의 속성 가운데 특히 과정지향적 속성을 분명하게 이해한다.
- 기획의 전체 과정을 구성하는 세부과정에서 요구되는 작업내용들을 명확하게 파악한다.

03 CHAPTER

프로그램 기획과정에 대한 이해:
어떤 과정을 통해 프로그램을 기획할 것인가

1. 프로그램 기획과 관련된 잘못된 선입견

현재 여러분들이 생각하고 있는 기획전문가에 대한 인상 혹은 기획전문가가 수행하는 기획 작업에 대한 선입견은 어떠할까? 아마 다음과 같은 것이 아닐까?

우리의 기획전문가는 갑자기 직면하게 된 엄청난 문제 상황에 처하여 그 상황을 극복할 획기적인 기획안을 그것도 최대한 빠른 시간 안에 완성해야 할 절체절명의 위기에 처하게 된다. 그러나 우리의 주인공인 기획전문가는 전혀 놀라거나 당황하지 않고 하룻밤 정도의 시간을 고민하다 우연한 기회에 아주 사소한 점에 착안하여 문제해결의 실마리를 발견한다. 그런 다음 순간적인 기지와 놀라운 집중력을 발휘하여 순식간에 엄청난 기획의 착상을 구상해 낸다. 그리고 무엇보다도 우리의 기획전문가는 이러한 착상을 떠올리자마자 일사천리로 기획안을 완성하여 주위의 모든 사람들을 놀라게 하고 만다.

앞서 묘사한 기획과정에 대한 상황은 아마 우리가 쉽게 접할 수 있는 영화나 드라마 혹은 소설 속에 자주 등장하는 내용으로 우리에게 매우 익숙한 것일지도 모른다. 물론 프로그램 기획이 가지고 있는 속성상 위의 사례에서 보여준 기획과정에 대한 묘사가 어느 정도 사실을 반영하고 있는 측면도 있다. 예를 들어 일선 사회복지 현장에서는 효과적인 프로그램을 빠른 시간 내에 개발하여야 하는 시급한 상황이 주어질 수도 있고, 훌륭한 프로그램이 아주 사소한 아이디어에 의해 시작될 수도 있다. 또한 사소한 아이디어가 구체적인 기획서로 아주 짧은 시간에 구성될 수도 있다.

하지만 실제로 프로그램 기획이 이루어진 대부분의 경우에 비추어 볼 때 앞에서 묘사한 상황은 프로그램이 개발되는 현실과는 다소 거리가 있다. 여기서 문제가 되는 점은 이와 같이 프로그램 기획과 프로그램 기획자가 수행하는 작업에 대한 잘못된 선입견이 좋은 프로그램을 개발하는 데 가장 근본적인 결함으로 작용할 수 있다는 것이다.

이러한 선입견은 기본적으로 프로그램 기획이 가진 특성을 충분히 이해하지 못한 결과이며 특히 프로그램이 매우 체계적이고 연관된 과정으로 이루어지고 있음을 간과하였기 때문이다. 따라서 이와 같은 이해 부족으로 체계적인 단계를 따라 개발되지 못한 기획은 수많은 결함을 가질 가능성이 높고, 결국 전체 프로그램 기획은 실패로 끝날 수밖에 없을 것이다.

이와 같은 맥락에서 이 장에서는 프로그램 개발이 가진 가장 본질적인 속성들을 차례로 살펴보고 그 가운데에서도 프로그램의 구체적 개발과 관련하여 가장 중요한 속성으로 간주되는 프로그램 기획의 과정지향적 속성에 주목한다. 따라서 프로그램의 과정지향적 속성을 보다 자세하게 살펴보면서 프로그램이 개발되는 전체 과정을 보다 분명하게 살펴보고자 한다. 이러한 학습을 통해 프로그램 기획의 전체 과정을 자연스럽게 조망할 수 있게 되고 이러한 전체적 조망 속에서 각각의 단계별 과업이 차지하고 있는 역할과 기능이 보다 명확하게 이해될 수 있을 것이다.

2. 프로그램 기획의 속성

좋은 프로그램을 기획하기 위해서는 프로그램 기획이라는 작업이 가진 자기만의 속성을 명확히 하는 데서 출발하여야 한다. 프로그램 기획은 다른 과업과는 구별되는 자신만의 독특한 특성과 본질을 가지고 있다. 따라서 프로그램 기획자가 이러한 특성과 본질을 이해하지 못한다면 프로그램 기획과정은 체계적으로 진행되지 못할 뿐만 아니라 그 결과로서의 기획안 역시 기대에 미치지 못할 것이다.

일반적으로 프로그램 기획은 크게 미래지향적, 과정지향적, 결정지향적, 목표지향적, 수단지향적이라는 다섯 가지 정도의 본질적인 속성이 있는 것으로 간주되고 있다(우수명, 2005; 정무성 · 정진모, 2001; 최일섭 · 이창호, 1993).

1) 프로그램 기획은 미래지향적이다

프로그램 기획은 본질적으로 미래지향적 행위이다. 프로그램을 기획한다는 것은 현재 주어진 상황에 대한 과학적 평가에 근거하여 해결하여야 할 문제를 파악하고 앞으로 수행하여야 할 과업과 그 과업의 결과 그리고 결과가 달성할 것으로 예상되는 문제해결에 대한 추정과 전망을 현재의 시점에서 수행하는 작업이다.

우리가 프로그램을 기획하는 과정에서 전망(prospect), 기대(expectation), 추정(estimation), 예측(expectation) 등과 같이 현재 시점이 아니라 미래와 관련된 용어들을 자주 접하게 되는 것은 바로 기획이 가진 이러한 미래지향적인 속성 때문이다. 따라서 프로그램 기획과정에서 수행되는 현재 상황에 대한 정밀한 분석과 평가는 그 자체로도 의미가 있지만 기획의 수립과 실행으로 달성될 미래의 변화에 대한 전망과 관련해서 더욱 가치 있는 것이다. 이러한 맥락에서 보자면 이전에 수행된 프로그램을 단순히 소개한다거나 이미 결정된 프로그램에 정당성을 부여하기 위해 이루어지는 연구나 평가 등은 엄밀히 말해 프로그램 기획에 속하지 않는다.

또한 프로그램 수행과 동시에 혹은 프로그램 수행이 끝나고 난 뒤에 이루어지는 평가작업 역시 미래지향적인 행위와 관련이 있음을 염두에 두는 것이 중요하다. 일견 보기에 프로그램에 대한 평가작업은 프로그램이 수행되고 발생한 결과, 즉 평가시점에서 보자면 과거에 일어난 일을 고려하는 것이어서 과거지향적인 행위처럼 보인다. 하지만 이와 같은 시각을 가지게 된 이유는 특정 프로그램에 대한 평가작업을 해당 프로그램에 한정하여 매우 협소하게 바라보기 때문이다. 실제로 한 사회에서 이루어지는 수많은 프로그램 기획을 고려해 보면 특정 프로그램의 수행에 대한 평가는 앞으로 진행될 또 다른 프로그램 기획의 예비자료로서 보다 더 큰 의미를 가질 수도 있다. 즉 어떤 프로그램의 평가는 뒤이어 개발될 다른 프로그램의 미래를 준비하는 작업이 될 수 있다.

2) 프로그램 기획은 일련의 연속적인 과정이다

이 장의 앞부분에서 살펴본 것처럼 프로그램을 기획한다는 것은 짧은 시간에 프로그램 기획자의 순간적인 결단이나 기지로 이루어지는 작업이 아니라 체계적으로 연관된 일련의 연속작업을 통해 계획적으로 진행되는 과정의 결과물이다. 따라서 좋은 프로그램을 완성하기 위해서 기본적으로 프로그램 기획자는 프로그램 기획이 순간적인 결단이 아니라 체계적인 판단의 산물이라는 사실을 분명하게 인식하고 이러한 판단에 필요한 충분한 교육과 훈련을 받아야 하는 동시에 판단에 필요한 여유와 시간을 넉넉하게 가져야 한다. 그렇지 않으면 프로그램 기획자는 문제해결에 대한 조급한 마음에 프로그램을 순간적인 감정이나 기지로 완성하고자 하는 충동을 경계할 수 없기 때문이다. 가끔 우리는 사회복지 실천현장에서 사회복지사가 며칠 동안의 짧은 시간에 프로그램 기획을 완성하는 것을 종종 볼 수 있다. 이러한 경우에도 사회복지사는 프로그램 기획에 필요한 과정이나 절차를 무시하거나 부분적으로 생략한 것이 아니라 그동안의 많은 경험과 숙련을 통해 프로그램 기획에 필요한 과정이나 절차를 압축적으로 빠르게 수행한 것이다. 결국 프로그램 기획자가 훌륭한 프로그램을 기획하기 위해서는 이와 같이 프로그램 기획을 수행하는 연속된 각각의 과정들에 대한 세부적인 파악과 아울러 이러한 세부작업을 이루고 있는 하나의 큰 과정에 대한 이해를 통해 프로그램 기획의 전체 과정과 세부과정에 대한 균형 잡힌 인식이 있어야 한다.

3) 프로그램 기획은 결정과정과 불가분의 관계에 있다

하나의 프로그램을 기획하는 것은 여러 가지의 의사결정(decision-making)이 연속적으로 이루어지는 과정을 의미한다. 어떠한 프로그램 기획을 해나가면서 프로그램 기획자는 프로그램의 시작단계나 프로그램의 종결단계에서 한두 번의 의사결정을 내리는 것이 아니다. 앞서 프로그램의 두 번째 속성을 설명할 때 언급한 것처럼 하나의 프로그램을 완성하기 위해서는 수많은 과정과 절차가 필요하다. 따라서 프로그램 기획자는 프로그램 완성에 필요한 모든 단계에서 그리고 그 단계들을 구성하는 세부과업들에서 매번 적절한 의사결정을 내리지 않으면 안 된다.

예를 들어 지역사회의 현안문제를 확인하고 욕구를 분석하는 과정에서, 욕구에 근거하여 달성하고자 하는 목표를 확정하는 단계에서, 그리고 대상자를 선정하는 단계에서 그리고 각각의 프로그램을 구체적으로 확정하는 단계에서, 심지어는 프로그램의 평가를 모색하는 단계에 이르기까지 프로그램 기획자는 계속해서 바람직한 결정을 내려야만 한다. 뿐만 아니라 지역사회의 현안문제를 확인하는 과정 내부에서도 정치적, 경제적, 사회적, 문화적 측면 가운데 어떠한 것에 초점을 맞추어야 할지를 결정하여야 하며, 문화적 현안에 초점을 맞추기로 결정을 하였다 하더라도 음악, 미술, 공연, 영상 가운데 어떠한 부분에 집중할 것인지를 또 다시 결정해야 한다.

대부분의 경우 프로그램 기획자는 기획의 매 단계마다 자신이 내려야 할 의사결정과정에서 하나의 최종안을 곧바로 확정하기보다는 단계별로 주어진 과업 달성에 용이할 것으로 예견되는 몇 개의 대안들(alternatives) 가운데 가장 적절한 것을 고르는 방식으로 의사결정을 하게 된다. 따라서 유능한 프로그램 기획자는 여러 대안들 가운데에서 바람직한 것을 선택하는 데 필요한 지식과 기술을 습득하지 않으면 안 된다.

이와 같이 프로그램 기획의 매 단계별로 내려진 수많은 의사결정들이 하나로 종합되어 마침내 하나의 프로그램 기획안이 탄생하게 되며 이러한 측면에서 프로그램 기획은 의사결정의 연속 그 자체라는 표현이 과한 것이 아니다.

4) 프로그램 개발은 목표지향적이다

프로그램 기획을 매우 간단하게 한마디로 설명한다면 프로그램 기획자가 바람직하다고 판단하는 어떤 목표를 설정하고 이렇게 설정된 목표를 가장 잘 달성할 수 있을 것이라고 기대되는 적절한 수단을 선택하는 과정이라고 언급할 수 있다. 그러므로 프로그램 기획자가 어떠한 수단을 선택할 것인가의 결정 여부는 전적으로 해당 프로그램이 어떠한 목표를 달성 대상으로 설정하고 있는가에 달려 있다. 달리 표현하자면 프로그램의 목표가 프로그램 전체의 방향을 결정하여 주는 것이다.

특히 앞서 1장에서 언급한 바와 같이 사회복지 프로그램을 다른 프로그램과 구분되게 하는 가장 중요한 기준은 그 프로그램이 사회복지적인 목적을 달성하기 위하여 의도되어야 한다는 것이다. 그리고 사회복지의 궁극적인 목적은 인간의 삶에서 긍정적인 변화를 추구하는 것이다. 따라서 사회복지 프로그램의 목표는 이와 같이 사회복지가 지향하는 가치와 철학을 선명하게 보여줄 수 있어야 한다.

그래서 프로그램을 기획하는 전체 과정에서 일단 목표가 구체적으로 설정되면 프로그램 기획의 나머지 과정도 자연스럽게 방향이 정해진다. 예를 들어 프로그램 대상자의 경우 프로그램의 목표에 가장 부합하는 인구집단이 대상자로 선정될 것이며 구체적인 프로그램의 내용 역시 주어진 목표를 달성할 수 있는 인과관계와 실현 가능성을 가진 대안들이 고려될 것이다. 뿐만 아니라 어떤 프로그램이 성공적으로 수행되었는지를 판단하는 프로그램 평가의 경우에 있어서도 궁극적인 평가의 기준은 설정된 수단이 프로그램의 목표를 성공적으로 완수하였는지의 여부가 된다.

따라서 프로그램 기획의 전 과정은 프로그램의 목표가 설정됨으로써 모든 체계가 구조화된다는 것을 알 수 있고 어떤 프로그램의 정체성 역시 목표에 의해서 구체화된다는 것을 잘 알 수 있다. 이러한 맥락에서 보자면 사회복지 프로그램은 사회복지가 지향하는 목적을 달성하기 위한 적절한 수단들의 체계적인 조직화라고 간주될 수 있다.

5) 프로그램 개발은 목표와 수단을 연결하는 작업이다

앞서 프로그램 기획의 네 번째 속성에서 이미 언급한 바와 같이 프로그램 기획을 간단히 언급하면 기획자가 설정한 목표를 달성하기에 가장 적절하다고 판단되는 수단을 효과적으로 선택하는 과업이라고 할 수 있다. 프로그램에서 설정된 상대적으로 추상적인 목표는 구체적인 수단을 통해 구현되어야만 자신의 역할을 완수하게 된다. 그러므로 프로그램 기획에 있어 목표와 수단은 서로 보완적인 역할을 하게 된다. 설정된 목표는 프로그램 기획자가 바람직한 수단을 선택할 수 있는 방향과 기준을 제시하는 역할을 하게 되고, 기획자에 의하여 선택된 수단은 추상적인 목표를 구현하는 실질적 도구의 역할을 하게 된다. 따라서 목표가 너무 추상적으로 설정될 경우 이러한 목표는 구체적으로 수단을 선정할 수 있는 기준으로 작동하지 못한 반면에 목표가 너무 구체적으로 설정되면 목표와 수단과의 차별이 사라지게 될 것이다.

방향과 기준으로서의 목표와 목표 구현의 도구로서의 수단의 관계가 성공적으로 설정되기 위해서는 목표와 수단이 다음과 같은 두 가지 방식으로 연결되어야 한다.

첫째는 인과적 타당성이다. 인과적 타당성이란 말은 수단을 실행하게 되면 그 결과 목표가 달성될 수 있다는 논리적인 연결이 분명하여야 한다는 것이다. 만약 특정한 수단을 실천한다 하더라도 주어진 목표가 이루어질 가능성이 낮다면 수단이 잘못 선택되었거나 목표가 잘못 설정된 것이다.

둘째는 실현 가능성이다. 어떤 수단이 아무리 인과적으로 타당하다 할지라도 현실적으로 실현하기가 불가능해서는 의미가 없다. 선택된 수단은 인과적으로 타당해야 할 뿐만 아니라 선택된 수단을 구현하는데 정치적, 경제적, 윤리적, 법적으로 전혀 문제가 없어야 한다. 즉 실천 주체의 구현 능력과 아울러 사회적 승인의 여부 및 대상자 확보의 용이성 등이 충분히 고려되어야 한다는 것이다.

결국 프로그램의 기획이 목표와 수단의 적절한 연결이라고 할 때 바로 목표와 수단의 인과성과 실현 가능성의 여부를 의미하는 것이며 어떤 프로그램의 성공 여부는 결국 목표와 수단의 적절한 연결에 전적으로 달려 있다고 볼 수 있다.

3. 프로그램 기획과정의 분류

이상에서 설명한 다섯 가지의 프로그램 기획의 속성 가운데에서 가장 두드러진 속성은 프로그램 기획이 순전히 과정지향적이라는 것이다. 프로그램의 전체 과정은 목표를 설정하는 과정, 수단을 확정하는 과정, 예산을 작성하는 과정, 평가계획을 수립하는 과정 등 프로그램 기획과정을 구성하는 각각의 세부과정에서 요구하는 의사결정과정이 전체적으로 하나의 큰 과정으로 연결되어 있다.

달리 표현하자면 성공적인 프로그램 개발의 여부는 프로그램 기획의 가장 핵심적인 요소인 과정지향성을 얼마나 깊이 이해하고 있느냐에 달려 있다고 해도 과언이 아니다. 프로그램이 과정지향적이라는 점을 대과정으로의 기획과 소과정으로서의 기획으로 구분하여 자세히 설명하면 다음과 같다.

1) 전체 과정으로서의 프로그램 기획

전체 과정으로서의 프로그램 기획이란 하나의 프로그램을 완성하기까지 거쳐야 하는 세부과정의 체계적 연관을 의미한다.

일반적으로 프로그램 기획은 크게 1단계 준비단계, 2단계 프로그램 수립단계, 3단계 프로그램 실천 및 실행단계, 4단계 평가단계의 네 가지 세부단계로 이루어진다. 세부단계의 체계적인 연관이란 각각의 세부단계가 이어지는 이후 단계의 기초로서 작용하게 되고, 이후 단계는 이전 단계의 과업을 구체화하고 실현할 수 있는 수단으로 작동하게 된다는 것을 의미한다. 따라서 예비단계의 성공적인 완수는 계획단계의 구체적인 토대가 되고, 설정된 계획은 프로그램이 성공적으로 수행됨으로써 구현되게 된다.

따라서 첫 번째 단계의 과업이 성공적으로 수행되지 못한다면 이후 단계의 과업 역시 원활하게 수행될 수가 없다. 프로그램을 성공적으로 기획하고자 할 때 가장 중요한 요소가 전체 과정을 연계하여 조망할 수 있는 능력이라고 할 때 의미하는 바가 바로 프로그램 기획의 대과정이 가진 연계성을 이해하여야 한다는 것이다.

2) 부분 과정으로서의 프로그램 기획

앞서 언급한 바와 같이 프로그램 기획은 대개 준비, 프로그램 수립, 프로그램 실천 및 실행, 평가의 네 단계로 이루어진 일련의 연속적 과정으로 이루어진다. 이러한 대과정 혹은 전체 과정을 구성하는 세부단계 역시 또 하나의 과정으로 이루어져 있다.

예를 들어 프로그램 기획의 전체 과정을 구성하는 제1단계인 준비단계에서 수행하는 주요 과업인 문제 확인과 파악에 있어서도 어떠한 문제를 확인할 것인지, 어떠한 방식으로 확인할 것인지, 문제 확인에 필요한 자료는 어떠한 자료를 사용할 것인지 등 각각의 세부단계별로 이어진 연속적인 의사결정과정을 필요로 한다. 또한 목표를 설정하는 단계에서도 궁극적 목표, 하위목표, 실행목표 등 단계별로 목표를 확정하는 일련의 과정을 거쳐야 한다. 평가계획을 수립할 경우에도 마찬가지이다. 따라서 평가지표는 무엇인가? 어떤 수단을 사용할 것인가? 평가방법과 시기는 언제인가? 등은 내부적으로 일련의 의사결정과정을 거쳐야만 적절한 평가계획을 수립할 수 있다.

결국 프로그램 기획을 구성하는 세부단계 내부에서도 세부단계에서 요구되는 과업을 수행하기 위해서는 각각의 세부과정 또한 수행되어야 하며 이 과정 역시 순간적인 판단이나 기지가 아니라 합리적이고 체계적인 의사결정과정을 통해 이루어지게 된다.

4. 프로그램 기획과정에 대한 세부적 이해

1) 프로그램 기획의 전체 과정에 대한 이해

앞서 살펴본 바와 같이 프로그램 기획의 가장 특징적인 속성은 프로그램 기획이 과정으로 이루어진다는 것이다. 그리고 이 과정은 서로 독립되어 전개되는 분산된 과정이 아니라 각각의 단계가 서로 밀접하게 연결되어 있는 유기적인 과정임을 알 수 있었다. 이와 같이 유기적으로 연계되어 있는 프로그램 전체 기획과정 단계를 그림으로 간략하게 나타내면 다음과 같다.

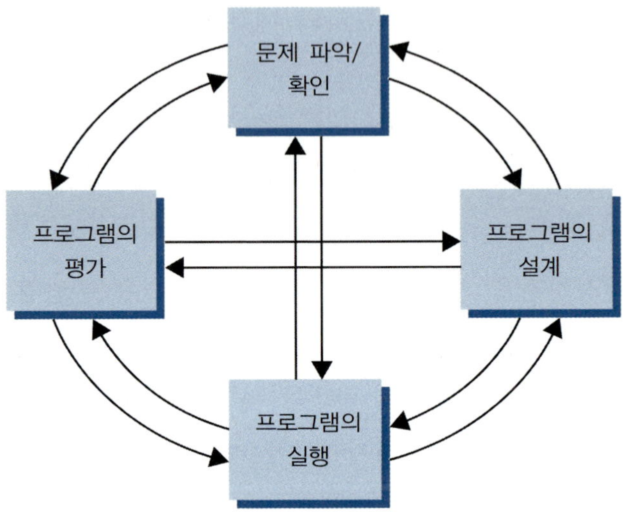

그림 3-1 프로그램 기획과정

출처: 성규탁 (1998). p. 59.

(1) 실천으로서의 프로그램 단계와 기획으로서의 프로그램 단계

[그림 3-1]에서 보는 바와 같이 프로그램의 개발과 수행은 크게 1단계 준비단계, 2단계 계획수립단계, 3단계 프로그램 실천 및 실행단계, 4단계 평가단계의 네 가지 단계로 이루어진다. 따라서 프로그램 기획전문가에 의해 1단계와 2단계를 통해 완성된 프로그램 기획안은 프로그램 실천가에 의해 3단계를 통해 구체적으로 실현되고 실현의 결과는 프로그램 평가전문가에 의해 4단계 평가단계를 거치면서 성공 여부를 검증받게 된다.

그런데 프로그램 기획과정에서 주의해야 할 것은 현실적으로 1단계와 2단계는 책상 위에서 기획전문가의 논리적 사고과정에 의해 이루어지는 과정이고, 3단계와 4단계는 프로그램 기획이 완성된 후 실제로 실천가에 의해 진행되는 프로그램 실천과정에서 이루어지는 작업이다. 하지만 프로그램 기획과정에서는 이와 같은 4단계 전체가 미리 고려되어 기획안이 작성되어야 한다. 이러한 점은 앞서 프로그램 기획의 속성 가운데 하나인 미래지향성을 설명하면서 언급한 바 있다. 기획자는 앞으로 이루어질 프로그램의 수행과 평가과정도 예견하여 기획을 수립하여야 하는 것이다.

따라서 제2단계에서 완성되는 프로그램 기획안에는 3, 4단계의 내용이 이미 포함되어 있어야 한다. 완성된 프로그램 기획에는 어떻게, 어디서, 누구에 의해, 어떤 상황에서, 어떠한 프로그램이 수행될 것이며, 수행된 프로그램의 결과는 언제, 어떻게, 어떠한 방식으로, 누구에 의해 평가될 것인가에 대한 상세한 계획을 포함하고 있어야 한다. 이러한 측면에서 볼 때 프로그램 기획과정은 단선적이 아니라 상호 유기적으로 연관되어 있다고 볼 수 있다.

(2) 프로그램 기획단계의 유기적 연계성

얼핏 보면 어떤 프로그램을 작성하는 데 필요한 각각의 세부적 단계는 개별적으로 독립되어 서로 간에 분리되어 있는 것처럼 보이지만 실제로는 서로 밀접하게 연관되어 있으며 주기적으로 반복되는 순환과정을 이루고 있다. 예를 들어 2단계 기획 수립단계에서 프로그램의 구체적인 내용이 성공적으로 수립되지 않는 이유는 물론 세부단계인 2단계 자체에 문제가 있을 가능성도 있지만 대부분의 경우 2단계 작업을 하는 데 필요한 기초자료를 제공하는 1단계 작업이 성공적으로 수행되지 않아서이다. 지역사회의 문제와 욕구가 충분하게 확인되지 않으면 프로그램의 목표가 설정되기 어려울 것이며 목표가 분명하지 않다면 그러한 목표를 달성할 수 있는 수단을 확보하기는 더욱 불가능할 것이다.

만일 이러한 경우가 발생할 때 계속해서 무리하게 2단계 혹은 그 다음 단계를 추진해 나가는 것보다는 일단 이전 단계인 1단계로 돌아가서 2단계 작업에 필요한 과업을 다시 체계적으로 수행하는 것이 보다 바람직하다. 또한 어떤 프로그램의 결과를 평가하고자 하는 세부계획이 정확하게 수립되지 않을 경우를 자세히 살펴보면 평가계획 자체를 수립하는 과정이 원활하지 못한 점도 있으나 많은 경우 평가의 지표와 기준이 되는 프로그램의 전체 목표나 세부 수행과제가 명확하게 수립되지 않아서인 경우가 대부분이다. 이 경우 역시 무리하게 평가단계를 수행하는 것보다는 그 이전 단계인 2단계 프로그램 구성단계 혹은 필요하다면 1단계 문제확인단계로 돌아가서 각각 해당 단계에서 요구하는 과업을 새롭게 수행하는 것이 보다 효율적이고 바람직한 프로그램 기획의 첩경이다.

이러한 측면에서 프로그램 기획의 세부과정은 유기적으로 연결되어 있는 동시에 체계적으로 위계를 이루고 있다고 볼 수 있다.

2) 프로그램 기획 세부단계별 이해

다음은 프로그램 기획의 전체 과정을 구성하는 네 가지 세부단계를 중심으로 각각의 하위단계가 어떠한 내용과 과제가 있는지 살펴보고자 한다.

(1) 준비단계(1단계): 문제확인 및 파악

제1단계에 해당하는 준비단계는 구체적인 프로그램 수립을 위한 예비단계로 볼 수 있다. 이 단계는 크게 다음과 같은 두 가지 하위단계를 가지고 있다. 첫째는 예비조사단계이고, 다른 하나는 문제확인 및 욕구측정단계이다.

이 두 가지 단계에서 수행하고자 하는 궁극적인 목표는 지역사회에 대한 조사와 이해를 통해 기획하고자 하는 프로그램이 해결하여야 할 사회문제와 관련된 대상자를 정확하게 파악하고 확인하는 것이다. 이러한 측면에서 이 단계를 문제확인 및 파악단계라고 부르는 것이다.

① 예비조사단계

문제확인 및 파악단계를 구성하는 두 단계 가운데 첫 번째 단계는 예비조사단계라고 불린다. 이 단계의 과업의 주요 목적은 주로 해당 지역사회 혹은 지역사회 주민과 연관된 일반적인 상황과 조건들을 점검하고, 프로그램과 관련된 사업 정보를 수집하며, 프로그램을 설계할 때 고려하여 할 가치와 정서를 확인하는 등 주로 프로그램 개발의 정당성을 확보하기 위한 기초 자료의 수집이다.

② 문제확인단계

수집된 지역사회와 주민들에 대한 기초 자료에 근거하여 진행되는 하위 2단계에서는 본격적인 문제확인 작업이 수행된다. 문제확인단계의 근본적인 목적은 해당 지역사회의 문제와 주민들의 욕구를 명확하게 확인함으로써 이에 대한 대응으로서의 프로그램 개발의 필요성과 타당성을 객관적으로 정당화시킴과 동시에 향후 진행될 프로그램 기획과정의 방향과 기준을 명확하게 제시하는 것이다.

이러한 맥락에서 대개의 경우 확인 작업은 지역사회를 대상으로 한 다양한 욕구측정을 시행함으로써 이루어진다. 이러한 욕구측정을 통해 해당 지역 및 지역사회의 문제 및 욕구를 확인하고 구체적으로 욕구 및 문제의 규모, 심각성, 경향 등을 분명히 한다. 여기서 문제는 단순히 좁은 의미의 사회적 문제(social problems)만을 의미하는 것이 아니라 지역사회 주민들이 가진 사회적 욕구와 위험(social needs and risks) 등을 포함하는 광범위한 개념으로 간주되어야 한다.

이와 같이 욕구조사를 근거로 해당 문제의 정도와 서비스 대상자의 개략적인 규모를 파악하고 제2단계에서 진행될 구체적인 프로그램의 모색을 위한 기초작업을 완수하게 된다. 그리고 이러한 욕구조사에는 관심을 가지고 있는 문제에 대한 기존 서비스나 프로그램에 대한 평가, 현재 이루어지고 있는 유사 프로그램에 대한 평가도 동시에 이루어진다.

(2) 계획수립(2단계): 프로그램 기획안의 완성

이 단계는 본격적인 프로그램 기획을 수행하는 단계로서 프로그램 기획안(a plan of program)이 실질적으로 완성되는 단계이다. 계획수립단계는 크게 목표수립, 개입전략 선정, 자원동원, 평가라는 네 단계의 세부과업으로 이루어진다.

① 목적 및 목표설정단계

이 단계는 이전 준비단계의 작업에 기초하여 구체적으로 실현 가능한 목표를 설정하는 것이다. 목표는 문제가 있는 현 상태에 비하여 무엇인가 바람직한 상태, 혹은 바람직한 상태로의 변화 내용을 확정하는 것이다. 예를 들어 프로그램 기획자가 현재 지역사회의 범죄율이 매우 높아 사회적 분위기가 불안한 문제상황에서 범죄율을 감소시킴으로써 범죄 없는 안전한 지역사회를 건설한다는 이상적인 상태를 설정할 때 이것이 바로 프로그램의 목표이다.

따라서 목표설정단계에서는 다양한 문제 및 욕구조사를 통하여 객관적으로 파악된 문제상황에 대해 어느 정도의 기간 동안 어느 정도의 바람직한 결과를 기대하는지의 여부가 구체적으로 검증 가능한 형태로 제시되어야 한다.

② 개입전략 선정단계

이 단계에서는 이전 단계에서 구체적으로 설정된 목표를 달성하기 위한 수단으로 단계적이면서도 구체적인 개별 서비스나 프로그램을 선정하는 단계이다. 이러한 개입전략들은 설정된 목표들과 타당성 있는 인과관계를 가지고 있어야 할 뿐만 아니라 현실적으로 실현 가능한 것이어야 한다.

예를 들어 앞서 언급한 지역사회의 범죄율 감소라는 목표를 달성하기 위한 대안으로서 방범초소 건설, 우범지역 순찰 강화, 방범등 건설 등이 목표 달성에 인과적 타당성이 있는 적절한 프로그램으로 간주될 수 있다. 그러나 이러한 인과성과 더불어 현실적인 실현 가능성이 있는 대안들이 바람직한 것으로 선택되게 된다. 아무리 인과적 타당성이 있는 대안이라 하더라도 그 대안을 실천하는 데 있어 경제적, 윤리적, 법적, 지역사회 문화적인 측면에서 문제가 있다면 적절한 대안이 될 수 없는 것이다. 예를 들어 앞의 예에서 방범초소 건설이 가장 높은 인과적 타당성을 가지고 있다 하더라도 지역사회 자치단체의 예산 제약에 의해 실현 가능성이 없다면 차선으로 우범지역 순찰 강화가 현실적으로 실현 가능성이 높은 대안으로 설정될 수 있다.

③ 자원동원단계

설정된 목표를 달성하기 위해 선택된 대안들, 즉 서비스나 프로그램을 실제로 구현하기 위해서는 다양한 물적 · 인적 자원을 필요로 한다. 따라서 이러한 물적 · 인적 자원을 확보하지 못한다면 프로그램의 기획은 전혀 의미 없는 작업이 되고 만다. 프로그램 기획전문가는 주어진 목표를 달성하기 위하여 설정된 구체적인 프로그램을 수행하는 데 필요한 예산, 인적 · 물적 자원의 규모를 정확하게 산출하고 이러한 자원을 어떻게 수급할 것인지에 대한 계획 역시 자세하게 수립하여야 한다. 물적 자원에는 현금 및 현물자원이 모두 포함될 뿐만 아니라 인적 자원에는 전문가와 슈퍼바이저와 자원봉사자까지 모두 포함된다. 특히 이들 인적·물적 자원을 어떠한 방식으로 어디에서 동원할 것인가에 대한 방법까지 가능한 한 구체적으로 제시할 수 있어야 한다.

④ 평가계획 작성단계

프로그램을 기획하고 실행하는 궁극적인 목적은 설정된 목표를 달성하기 위함이다. 따라서 기획된 프로그램에서 가장 중요한 것은 프로그램이 의도된 목표를 달성하여 바람직한 상태의 변화를 결과하였는지의 여부이다. 이를 위해서는 수행된 프로그램이 목표와 관련하여 적절한 결과를 산출하였는지의 여부를 명확하고 객관적으로 평가할 수 있어야 한다.

프로그램 기획안을 수립하는 제2단계의 마지막 세부단계는 이러한 목적에서 프로그램 실천과정과 결과에 대한 체계적이고 종합적인 평가계획을 수립하는 단계이다. 평가계획에는 크게 프로그램을 실천하는 과정을 평가하는 과정평가 부분과 프로그램이 종료된 후 프로그램이 산출한 최종적 결과를 평가하는 총괄평가 부분으로 나누어진다. 물론 최종평가가 해당 프로그램의 궁극적 성공 여부를 판별하는 기준이기는 하지만 이러한 최종결과를 낳은 각각의 단계에 대해서도 평가대상, 평가시기, 평가방법, 사용도구 등에 대한 상세한 계획이 수립되어야 한다. 이러한 세부적인 평가자료가 갖추어져 있어야만 최종평가가 좋지 않을 경우 그 원인과 관련하여 보다 다각적이고 심도 있는 분석이 이루어질 수 있다.

(3) 프로그램 실행단계(3단계)

이 단계는 예비조사와 계획수립단계를 통해 완성된 프로그램 기획을 실제로 수행하는 단계이다. 앞서 진행된 단계가 프로그램 기획전문가에 의하여 계획안이 수립되는 단계라면 이 단계는 프로그램 활동전문가가 주어진 계획안에 따라 구체적인 행동을 취하는 실천단계이다.

따라서 이 단계에서는 서비스 제공에 소요되는 인적 자원과 물적 자원이 실제로 동원되어 프로그램 대상에 대해 구체적인 서비스가 제공된다. 서비스 제공이 시작됨에 따라 이 단계에서는 서비스 대상자 혹은 대상자 주위의 환경이 실제로 변화하는 프로그램의 결과가 나타나는 단계이다. 또한 이 단계는 계획서에 작성된 예산안이 실제로 집행되는 단계이기도 하다. 왜냐하면 예산안이란 수행될 프로그램의 인적 · 물적 집행계획이기 때문이다.

(4) 프로그램 수행결과의 평가단계(4단계)

이 단계는 프로그램 기획안에 따라 수행되는 프로그램이 실제로 만들어낸 결과를 평가하는 단계이다. 물론 이러한 평가는 앞서 2단계에서 이미 만들어진 평가계획에 따라 이루어진다. 프로그램의 기획이 기획전문가에 의하여, 프로그램의 실행은 실천전문가에 의하여 진행되는 것처럼 평가는 평가전문가에 의하여 수행되는 것이 일반적이다.

앞서 설명한 것처럼 평가계획은 프로그램이 시행되고 난 이후에 수립되는 것이 아니라 프로그램이 수행되기 전 이미 기획자에 의하여 예견되어 수립된 것이다. 달리 표현하자면 어떤 프로그램의 기획안에 체계적인 평가계획이 잘 수립되어 있다는 것은 해당 프로그램의 기획자가 프로그램 전반에 대해 충분히 이해하고 그 결과를 정확하게 예측하고 있다는 증거가 되며, 따라서 훌륭한 프로그램 기획안일 가능성이 매우 높다고 볼 수 있다.

평가는 크게 프로그램이 진행되는 매 단계마다의 활동과 결과를 분석하는 부분과 프로그램이 종료된 후의 전체 결과를 평가하는 부분으로 나누어진다. 따라서 프로그램의 평가에서 중요한 점은 평가가 3단계 프로그램의 실행이 완전히 종료된 후에 시작되는 것이 아니라 프로그램이 시작되어 진행되는 과정 중의 세부 프로그램에 대해서도 시행된다는 것이다. 예를 들어 전체 실시기간으로 10주가 소요되는 프로그램을 진행해 나갈 때 프로그램의 최종평가는 10주가 지나 모든 프로그램이 종료된 후에 진행될 수 있지만, 프로그램의 진행과정 중에 수행되는 과정평가는 프로그램 수행 중간에, 예를 들어 6주와 8주에 시행될 수도 있는 것이다.

무엇보다도 이와 같은 평가작업은 프로그램이 계획된 대로 수행되었는지, 설정된 프로그램의 목표가 정확하게 달성되었는지의 여부를 판단할 수 있는 가장 객관적인 기준이 된다는 점을 명심하여야 한다. 뿐만 아니라 이러한 평가의 결과가 해당 프로그램의 성과를 판단하는 객관적인 자료로 사용되는 것과 동시에 이후 이와 유사한 다른 프로그램 기획의 예비조사 자료로 사용될 수 있다는 점에 주목하여 되도록이면 많은 정보를 담을 수 있도록 구성되어야 한다.

프로그램 기획의 전 과정을 구성하는 세부과정과 각 단계의 역할을 그림으로 살펴보면 다음과 같다.

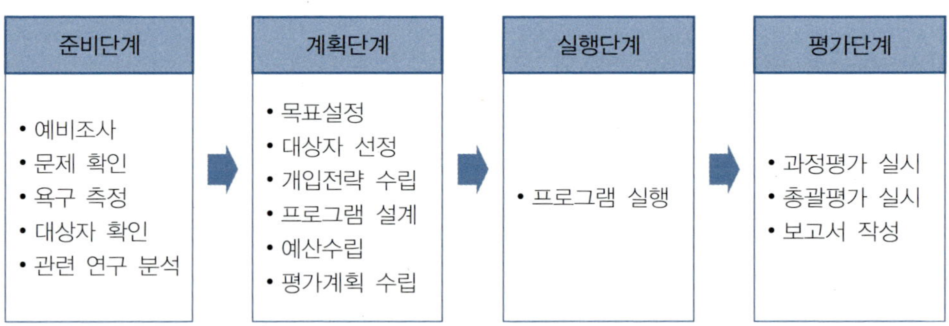

그림 3-2 프로그램 기획 세부과정 및 과업

* 요 | 점 | 정 | 리

- 프로그램 기획은 다른 과업과는 구별되는 자신만의 독특한 특성과 본질을 가지고 있다.
- 일반적으로 프로그램 기획은 크게 미래지향적, 과정지향적, 결정지향적, 목표지향적, 수단지향적이라는 다섯 가지 정도의 본질적인 속성을 가지고 있다.
- 프로그램 기획은 본질적으로 미래지향적 행위이다. 프로그램 기획은 현재 주어진 상황에 대한 과학적 평가에 근거하여 미래에 달성할 것으로 예상되는 문제해결에 대한 추정과 전망을 현재의 시점에서 수행하는 작업이다.
- 프로그램 기획은 체계적으로 연관되어 있는 일련의 연속적인 작업을 통해 계획적으로 진행되는 과정의 결과물이다.
- 하나의 프로그램을 기획하는 것은 계속적으로 의사결정(decision-making)이 연속적으로 이루어지는 과정을 의미한다.
- 프로그램 기획을 매우 간단하게 설명한다면 프로그램 기획자가 바람직하다고 판단하는 어떠한 목표를 설정하고 이렇게 설정된 목표를 가장 잘 달성할 수 있을 것이라고 기대되는 적절한 수단을 선택하는 과정이라고 언급할 수 있다.
- 다섯 가지의 프로그램 기획의 속성 가운데에서 가장 두드러진 속성은 프로그램 기획이 순전히 과정지향적이라는 것이다.
- 일반적으로 프로그램 기획은 크게 1단계 준비단계, 2단계 프로그램 수립단계, 3단계 프로그램 실천 및 실행단계, 4단계 평가단계의 네 가지 세부단계로 이루어진다.
- 제1단계에 해당하는 준비단계는 구체적인 프로그램 수립을 위한 예비단계로 볼 수 있다. 이 단계는 예비조사단계와 문제확인 및 욕구측정단계라는 하위단계를 가진다.
- 제2단계인 계획 수립단계는 본격적인 프로그램 기획을 수행하는 단계로서 프로그램 기획안이 실질적으로 완성되는 단계이다. 계획수립단계는 크게 목표수립, 개입전략 선정, 자원 동원, 평가라는 네 단계의 세부과업으로 이루어진다.
- 제3단계는 예비조사와 계획수립단계를 통해 완성된 프로그램 기획을 실제로 수행하는 단계이다. 앞서 진행된 단계가 계획안이 수립되는 단계라면 이 단계는 프로그램 활동전문가가 주어진 계획안에 따라 구체적인 행동을 취하는 실천단계이다.
- 제4단계인 프로그램 수행결과의 평가단계에서는 프로그램 기획안에 따라 수행되는 프로그램이 실제로 만들어 낸 결과를 평가하는 단계이다.

연습문제

1. 프로그램 기획의 대표적인 속성을 설명하여 보라.

2. 프로그램 기획은 일련의 과정이라고 할 때 이것이 의미하는 바를 설명하여 보라.

3. 일반적으로 좋은 프로그램 기획을 구분하는 기준으로 "좋은 프로그램 기획안은 좋은 평가 계획을 가지고 있다"라는 것이 자주 사용된다. 이 말이 가지고 있는 의미를 설명하여 보라.

4. 프로그램 기획을 구성하는 세부적 과정들은 각자 별도의 과업을 가지고 있지만 이러한 세부과정들은 유기적으로 연결되어 있다. 세부과정들이 유기적으로 연결되어 있다는 의미를 프로그램 기획의 전체 과정과 연관지어 설명하여 보라.

CHAPTER 04

프로그램 기획의 기초작업:

기획을 기획하기

1. 프로그램 기획의 시작: 질문하기
2. 프로그램 기획자가 가져야 할 역량
3. 프로그램 기획의 도우미

이 장의 학습목표

이 장의 학습목표는 본격적인 프로그램 기획에 들어가기 전에 프로그램 기획자가 준비해야 할 사항들에 대하여 익히는 것이다. 이 장의 학습을 통해서 프로그램 기획자는 프로그램 기획을 위하여 사전에 갖추어야 할 도구들을 이해하게 된다. 이 장에서는 또한 프로그램을 통하여 개입하고자 하는 사회문제에 대한 예비조사를 어떻게 진행하여야 하는가에 대하여 학습한다.

이 장의 세부 학습목표는 다음과 같다.

- 사회복지 프로그램 기획자가 가져야 할 태도와 역량에 대하여 이해한다.
- 프로그램 기획의 시작단계에서 명확한 목적의 설정이 왜 필요한지를 이해한다.
- 프로그램 기획에 필요한 자원에 대하여 이해한다.
- 프로그램 기획과정에서 사용할 수 있는 도구들에 대하여 이해한다.

04 CHAPTER

프로그램 기획의 기초작업:
기획을 기획하기

우리가 하는 모든 일에서 시작처럼 중요한 것은 없다. 시작이 잘 된 일은 쉽게 풀리지만, 시작이 엉성한 일은 계속 말썽을 부리게 된다. 프로그램이 성공적이기 위해서는 프로그램의 시작단계인 기획이 잘 되어야 한다. 또 그러한 기획이 잘 되기 위해서는 프로그램 기획의 시작단계인 기획의 사전작업이 잘 되어 있어야 한다. 그러한 기획을 위한 사전작업을 '기획을 기획'하는 개념으로 이 장에서 살펴보자.

1. 프로그램 기획의 시작: 질문하기

1) 프로그램 기획의 기초로서의 질문

좋은 프로그램 기획자가 되는 첫 번째 조건은 질문을 많이 하는 것이다. 프로그램 기획자가 명심해야 할 문구는 '이 세상에서 진짜 바보 같은 질문이 딱 한 가지가 있는데 그것은 바로 묻지 않은 질문이다'라는 문구이다. 프로그램이 공략하고자 하는 사회문제는 모두 간단한 문제들이 아니다. 그러한 사회문제들은 보통 복잡한 배경과 구조, 그리고 특성을 가지고 있기 때문에 그러한 사회문제와 사회문제를 둘러싼 상황을 잘 이해하기 위해서는 주위에 활용 가능한 모든 자원을 동원하여 질문하고 그러한 질문에 대한 답을 구하는 작업이 필요하다. 그러면 프로그램 기획의 기초단계에서 해야 할 질문들은 어떤 것들인가? 우리 모두가 친숙한 신문기사 작성의 6하 원칙에 따른 질문이 효과적인 질문이다. 즉, 누가? 왜? 언제? 무엇을? 어디서? 어떻게?를 물으면 된다.

예를 들어 보기로 하자. 우리 동네에서는 최근 청소년 비행이 급증하고 있어 청소년 비행에 대한 대책을 모색하기 위하여 관련 기관 사회복지사들이 태스크포스를 구성하여 첫 회의를 하게 되었다. 그 회의에서 나오는 질문들은 아마 다음과 같을 것이다.

- 요즈음 왜 그 많은 청소년들이 비행에 빠져 드는가?
- 우리 동네에서 비행청소년의 수가 왜 5년 전보다 많아졌는가?
- 왜 그러한 상황이 지금까지 방치되어 왔는가?

- 비행을 저지르는 청소년들은 도대체 누구인가? 어떤 부류의 청소년들이 주로 비행에 빠지게 되는가? 그들의 사회경제적 특성은 무엇인가? 비행 청소년들의 성비는 어떻게 되는가? 비행을 저지른 청소년들의 학교생활은 어떠한가?
- 우리 동네에서 청소년들을 대상으로 일을 하고 있는 분들 중에 청소년 비행 문제에 대해서 조언을 해줄 사람들은 누구인가?
- 나 말고 또 누가 청소년 비행 문제의 해결에 관심이 있으며 해결방안에 동참할 수 있을까? 교육청에 있는 사람을 알아볼까? 근처에 있는 복지관에는 누가 있지? 청소년상담원에는 누가 있더라? 우리 동네 교회들 중에 관심 있는 사람들이 있을까? 다른 종교단체는 어떤 것들이 있었지? 행정복지센터나 구청에는 누가 있을까?
- 청소년들이 비행에 쉽게 빠지는 이유에 대하여 부모님들은, 선생님들은, 청소년 자신들은 무엇이라고 생각할까?
- 청소년 비행을 감소시키려고 다른 곳에서 시도된 전략들은 무엇인가?
- 그러한 전략들 중에 효과가 있다고 알려진 것들은 어떤 것인가?
- 어디서 청소년 비행 예방 프로그램들을 찾아볼 수 있나?
- 그러한 프로그램들의 지원을 신청해 볼 수 있는 곳들은 어디인가? 공동모금회? 구청? 교육청? 보건복지부? 삼성사회복지재단? ….
- 그런 프로그램은 어디서 해야 할까? 학교 내에서 하는 것이 좋을까? 사회복지관에서? 청소년상담복지센터에서? 아니면 청소년들이 많이 모이는 동네의 다른 장소에서?
- 그런 프로그램은 언제 시작하는 것이 좋을까? 초등학교는 너무 이른가? 중학교 1학년부터? 학기 초에? 학기 말에?
- 현실적으로 언제 그러한 프로그램을 할 수 있을까? 학기가 막 시작된 후에? 여름방학 기간 동안에? 겨울방학에?

- 프로그램 세션들은 **언제** 해야 하나? 방과후 오후 시간에? 저녁 시간에? 토요일이나 일요일에?
- **어떻게** 우리 프로그램이 해볼 만한 프로그램이라고 교육청을 설득시킬 수 있을까?
- 우리 프로그램이 효과가 있는지를 **어떻게** 평가할 수 있을까?
- **어떻게** 청소년들의 프로그램 참여를 유도할 수 있을까?

위의 질문들은 모두 '누가, 언제, 어디서, 무엇을, 어떻게, 왜'를 탐색하는 질문들의 예이다. 바로 이러한 6하 원칙에 따른 질문을 통하여 프로그램 기획을 위한 사전작업을 하게 되는 것이다. 이러한 기초작업에서 질문의 질이 프로그램 기획을 위한 데이터 수집의 질을 결정하게 되고 궁극적으로는 프로그램 성과의 개념적 틀의 질을 결정하는 가장 중요한 요인이다.

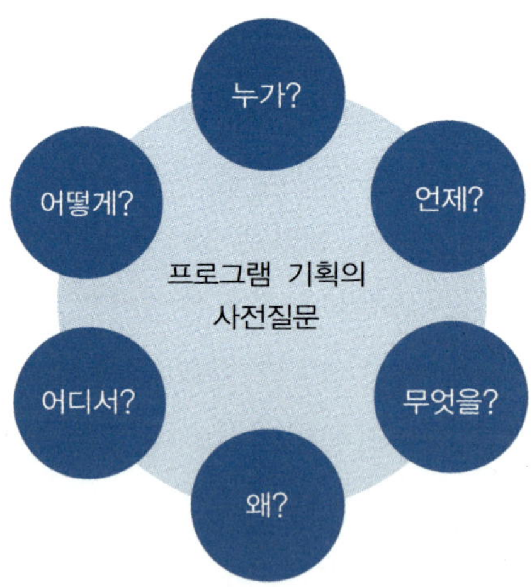

그림 4-1 프로그램 기획 기초질문의 구성요소

2) 정보의 사슬

프로그램 기획에 있어서, 질문들을 만들어 내고 그러한 질문들에 대한 답을 구하는 과정은 끝없이 진행된다. 마치 양파를 벗기는 것처럼 각각의 질문은 다음 질문을 만들어 내게 된다. 우리는 그러한 질문들을 처리한 다음 가장 유용한 대답을 고르고 그러한 정보를 이용하여 행동계획을 세우게 된다. 그러한 계획을 실행에 옮긴 다음에는 어떻게 진행되었는지 그리고 어떻게 우리의 계획이 수정 보완될 수 있는지를 묻는 질문들을 만들어 내게 된다. 그러한 질문들에 대한 대답은 서클을 한 바퀴 돌아 계속 순환되는 정보의 사슬을 이루게 된다.

유능한 프로그램 기획자는 질문과 답, 그리고 기획과 행동을 통하여 수집되는 정보가 항상 유기적으로 순환되어야 한다는 점을 알고 실천에 옮겨야 한다. 그러한 과정 속에서 기존의 프로그램의 장단점을 파악하고 프로그램이 원래 의도한 클라이언트의 삶의 질의 향상을 어떻게 하면 더욱 효과적으로 도모할 수 있을까를 탐구하는 자세가 필요하다. 만약 이러한 정보의 순환이 이루어지지 않는다면 아무리 좋은 프로그램이라도 시간이 지나면서 구태의연한 프로그램으로 전락할 수 있다.

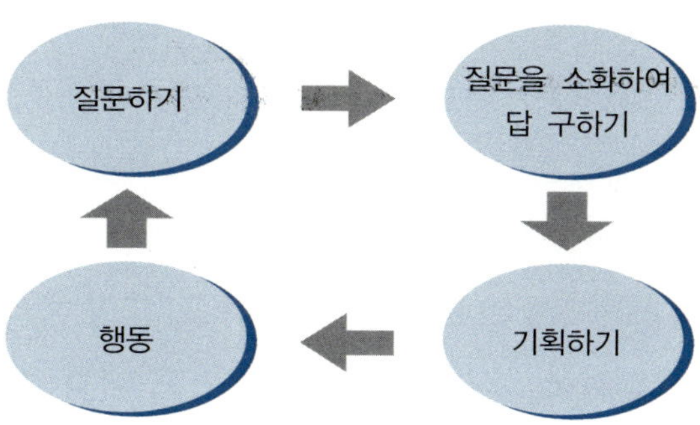

그림 4-2 프로그램 기획에서의 정보의 사슬

2. 프로그램 기획자가 가져야 할 역량

1) 모험가정신과 위험을 감수하는 용기

앞에서 설명한 바와 같이 여러 가지 질문들을 제기한 다음에는 그러한 질문들에 대한 산더미 같은 대답들을 처리해 나가게 된다. 많은 대답들은 상당히 모호할 수도 있고, 또 어떤 대답들은 누가 답했느냐에 따라서 그 대답이 다를 수 있을 것이다. 청소년들은 비행의 원인을 가중한 학업 스트레스라고 대답한 반면, 부모님들은 나쁜 친구들과의 교제를 원인이라고 답할 수도 있다. 청소년 비행에 대한 대책도 청소년들은 학업 스트레스를 풀 수 있는 다양한 문화와 여가의 기회를 보급하는 것이라고 생각한 반면, 부모님들은 학교가 비행을 저지른 청소년들을 보다 엄격히 다루어야 하고 그런 청소년들은 일반 청소년들로부터 격리되어야 한다고 생각할지도 모른다. 만약 질문에 대한 대답들이 이렇게 제각각이라면 프로그램 기획자는 어떻게 할 것인가?

우선, 유능한 프로그램 기획자는 이렇게 다양하게 제시된 대답들을 꼼꼼히 따져본 후에 자신의 우선순위를 만들어야 한다. 이때 많은 경우에는 프로그램 아이디어를 채택하면서 타협도 하게 되고 선택도 하게 될 것이다. 가령 예를 들면, 비행청소년 예방 프로그램의 경우 프로그램 기획자는 원래 동네의 모든 청소년들을 대상으로 하여야 한다고 생각하였으나, 프로그램 지원금이 한정되어 있어 위험에 처한 일부 청소년만을 대상으로 해야 할 경우도 있을 것이다. 또는 보건복지부 프로그램으로 채택되기 위해서는 수급대상자 청소년만을 대상으로 하여야 할지도 모른다. 아마도 최종 설정된 프로그램 계획은 언제나 완벽한 것이 될 수 없다는 것이 현실일 것이다. 문제에 대한 원인을 아직 확실하게 단정할 수 없을지도 모른다. 최종적으로 기획된 프로그램은 어쩔 수 없이 문제의 중요한 요소를 다루지 않고 있거나 중요한 대상그룹을 제외시켜야 할지도 모른다.

여기서 프로그램 기획자가 가져야 할 역량은 바로 이러한 불확실성을 두려워하지 않고 모험가정신을 발휘하는 것이다. 프로그램 기획자는 때론 이러한 불확실성과 불안정성의 조건하에서 일하여야 하는 것이다.

2) 프로그램의 성공에 대한 확신감을 전파할 수 있는 능력

프로그램 기획자가 필수적으로 가져야 하는 능력 중 하나는 프로그램의 성공에 대한 확신을 전파하여 프로그램과 관계된 다른 사람들도 프로그램의 성공에 대하여 확신하게 만드는 능력이다. 즉, 기획자 자신뿐만이 아니라 다른 사람들도 프로그램에 대한 동기부여를 할 수 있어야 한다. 아마 너무나 자명한 이야기인 것 같지만, 만약 프로그램 기획자 자신이 프로그램이 성공할 것이라고 믿지 못한다면, 그리고 프로그램 기획자가 다른 사람들이 성공할 것이라고 확신시키지 못한다면, 아마도 그 프로그램은 성공하지 못할 것이다.

그렇다면 그러한 프로그램의 성공에 대한 기획자의 확신은 어디서 오는 것일까? 우선, 프로그램의 개입 논리에 대한 확신이 있어야 한다. 즉, 프로그램이 의도하는 클라이언트의 삶의 질의 향상이 프로그램의 개입을 통하여 이루어질 수 있다는 가정이 논리적이고 과학적으로 설정되어 있어야 한다. 우리는 가끔 프로그램의 성공에 대한 확신이 없이 그저 습관적으로 프로그램을 시행하는 경우를 본다. 프로그램을 기획하고 또 그 프로그램을 담당하는 사회복지사가 프로그램의 효과성에 대한 확신이 없다면 그러한 프로그램이 클라이언트의 삶의 질을 향상시킬 수 없을 것이다.

3) 명확하고 구체화된 목적의 설정

명확하고 구체화된 목적은 모든 프로그램의 기반과 골격을 이룬다. 명확한 목적이 없이는 프로그램 기획의 전 과정이 혼란스럽고 결국 실패하게 된다. 생각해 보라. 가령 우리가 여행을 간다면 여행 계획을 세우기 전에 어떤 길이 목적지에 도달하는 가장 빠른 길인지는 몰라도 되지만 적어도 어디로 갈 것인가는 명확히 알아야 할 것이다. 마찬가지로, 프로그램을 기획하는 데 있어 적어도 궁극적으로 프로그램을 통해서 무엇을 성취하고자 하는지가 명확히 제시되어야 한다. 프로그램의 기획은 세워진 목적을 가장 합리적인 방법에 따른 행동으로 구체화시키는 과정이다. 명확히 제시된 목적이 없이는 프로그램이 실시된 후에 그러한 목적을 우리가 얼마나 충실히 이행하였는가를 평가할 수도 없다. 왜냐하면 비교할 기초선이 없기 때문이다.

하지만 단순히 명확한 목적을 세운 것만으로는 부족하다. 목적은 구체적이고 조작적인 용어로 제시되어야 하고 실현 가능하여야 한다. 가끔 우리는 결코 달성할 수 없는 목적들을 보게 된다. 가령 예를 들어 보자. '지역사회 주민의 복지수준을 높인다'라고 제시된 프로그램은 결코 성공할 수 없는 프로그램이다. 복지수준은 무엇을 말하는가? 그 개념 자체가 너무 광범위하고 불명확해 도저히 프로그램을 통하여 무엇을 할 것인가를 기획할 수가 없다. 또 높인다는 것은 무엇을 말하는가? 얼마나 높아져야 높아진 것인가? 지금은 어디쯤 있기에 얼마만큼 높아지는 것을 프로그램이 지향해야 하는가? 이렇듯 불명확하고 구체적이지 않은 프로그램의 목적은 프로그램의 수행은 고사하고 기획조차 제대로 할 수 없게 만드는 가장 중요한 요인 중 하나이다.

프로그램의 기획에서 명심해야 할 사항 중 하나는 사회복지 프로그램이 담당하고자 하는 사회문제는 보통 상당히 복잡하고 광범위하여 하나의 프로그램으로 문제의 모든 분야를 다 해결할 수 없다는 것이다. 오히려 문제의 일정한 부분, 될 수 있으면 문제의 영역 중 가장 중요한 영역 하나를 선택하여 집중하는 것이 바람직하다고 할 수 있다. 또 보통 자원의 한계 때문에 문제를 가진 모든 사람들을 대상으로 할 수도 없게 된다. 그런 경우는 문제를 가진 사람들 중 구체적으로 누구를 대상으로 할 것인가도 결정해야 하는 것이다.

위에 제시된 '지역주민의 복지수준의 향상'이라는 목적을 명확화하고 구체화해 보도록 하자. 우선, 복지의 영역 중 어느 부분에 초점을 맞출 것인가를 결정하여야 한다. 예를 들면 정신적 건강이라고 하자. 그러면 정신적 건강에서는 구체적으로 어떤 부분에 초점을 맞출 것인가? 이런 과정을 거쳐 마지막으로 지역주민의 우울증 수준을 감소시키는 것을 목적으로 설정하였다. 그렇다면 지금 현재의 우울증 수준은 어떤지를 알아야 한다. 조사를 통하여 현재 약 5%의 주민들이 우울증 증상이 있는 것으로 나타났다. 그렇다면 프로그램을 통하여 그 수준을 2년 내에 3%로 감소시키겠다는 계획을 세운다. 그러면 '지역주민의 복지 수준의 향상'에서 시작된 목적의 설정은 '지역주민의 우울증 증상 수준을 현재의 5%에서 2년 내에 3% 수준으로 감소시킨다'라는 명확하고 구체적인 목적의 설정이 가능해진다. 이렇게 명확하고도 구체적으로 제시된 목적은 이제 그것을 달성하기 위하여 무엇을 할 것인가를 계획하는 프로그램 기획의 주춧돌이 된다.

여기서 또 하나 중요한 것은 그렇게 설정된 목적은 이해관계자들의 공감과 동의를 얻어야 한다는 것이다. 목적의 설정에서 그러한 공감과 동의를 이끌어 내는 것이 프로그램 기획의 중요한 준비사항이다. 동의와 공감을 얻어내는 과정에서 목적이 현실적인가를 검증할 수 있게 된다. 가령 예를 들어, 실제로 프로그램을 담당한 사회복지사들이 제시된 목적이 실현 가능하고 현실성이 있다고 동의하지 않는다면 그러한 프로그램은 성공하기 힘들 것이다. 또 지역사회로부터 프로그램의 지원을 얻어내는 데도 목적에 대한 공감과 동의는 필수적이라 할 수 있다.

4) 큰 목적을 작은 과정의 과업으로 분해할 수 있는 능력

위에서 살펴본 대로 목적을 구체적이고 조작화된 용어로 풀어 쓴 다음에는 그러한 목적을 현실화시키는 활동으로 구체화시킬 수 있다. 그런 다음에는 그러한 활동들을 이루게 될 작은 과업들을 구체적으로 서술할 수 있도록 노력하게 된다. 우리는 그러한 과업들을 순서에 따라 나열하고 각 과업들을 적절한 인력에게 분담시키게 된다. 이러한 과정이 전체적으로 보면 프로그램의 기획이다. 실제로 일을 하다 보면 원래 세웠던 계획을 바꿔야 하는 경우도 생긴다. 원래 설정하였던 일정이 너무 빡빡했을 수도 있다. 원래 계획하였던 진행 순서를 바꿔야 할지도 모른다.

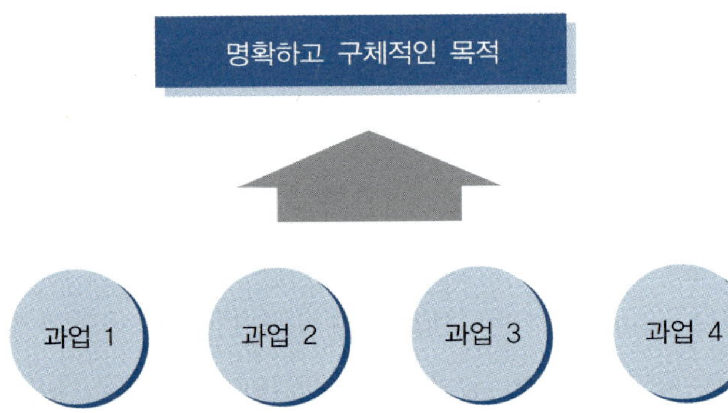

그림 4-3 목적과 과업

이런 일이 생긴다고 너무 낙담할 필요는 없다. 어떤 의미에서 다음에는 같은 실수를 하지 않을 수 있는 소중한 경험을 하는 것이기 때문이다. 그런 이유로 프로그램을 기획할 때는 될 수 있는 대로 '대안'을 마련해 놓는 것이 필요하다. 즉, 만약 기획했던 대로 일이 진행되지 않았을 때는 무엇을 어떻게 할 것인가에 대한 계획도 필요하다. 이것이 '만약 그렇다면' 하는 가정들을 세워 놓고 그 가정에 따라 적절한 대안을 마련해 놓는 작업이다.

5) 철저한 기록과 모니터링 시스템의 활용

좋은 프로그램 기획자가 필수적으로 갖추어야 할 조건 중 하나는 철저히 기록하고 모니터링하는 능력이다. 특히 정보를 효율적으로 저장하고 저장된 정보를 적시에 효율적으로 꺼낼 수 있도록 잘 정보들을 정리해 두는 것을 습관화할 필요가 있다.

신문지 가장자리에 무심코 써둔 중요한 전화번호나 할 일은 거의 십중팔구 잃어버리게 될 것이다. 이렇게 잃어버린 귀중한 정보를 다시 찾기 위해서 몇 시간을 고생한 기억을 우리 모두는 아마 한번쯤 경험했을 것이다. 프로그램 기획자에게는 이런 실수가 용납될 수 없다. 좋은 프로그램 기획자가 되기 위해서는 꼼꼼히 기록하고 기록된 정보를 정리하는 습관을 기를 필요가 있다.

3. 프로그램 기획의 도우미

프로그램 기획자는 프로그램 기획을 도울 수 있는 다양한 자원을 활용할 줄 알아야 한다. 그러한 도구나 자원을 적극적으로 활용하는 것이 성공적인 프로그램 기획의 확률을 높인다.

1) 기록도구들을 적극적으로 활용하라

너무나 당연한 이야기인 것 같지만 프로그램 기획에서는 다양한 도구를 활용하여 필요한 정보나 아이디어를 그때그때 기록할 수 있어야 한다. 여기서 기록도구라 함은 연필, 종이, 컴퓨터 디스크, USB, 디지털카메라 등 모든 기록 수단을 의미한다. 아마 기관으로 출근하는 동안 좋은 아이디어가 떠올랐지만, 바쁜 하루를 지내다 보면 그 아이디어에 대하여 까맣게 잊게 될지도 모른다. 이때 필요한 것이 제때 바로 기록해 두는 습관이고 그러한 기록을 가능하게 하는 것은 다양한 기록도구의 활용이다. 여기서 또 강조하여야 할 것이 프로그램에 관하여 기록된 정보들은 항상 업데이트되어야 한다는 것이다. 그런 업데이트가 가능하기 위해서는 기록된 정보들이 일관된 체계로 정리되어 있어야 한다. 잘 정리된 노트, 잘 명명되고 정리되어 있는 컴퓨터의 폴더와 하위 폴더들, 파일 폴더, 파일 캐비닛, 컴퓨터 데이터베이스 등은 모두 정보를 잘 정리하여 필요할 때 쉽게 업데이트할 수 있도록 도와주는 도구들이다.

그림 4-4 다양한 기록도구들

2) 지울 수 있는 포스터 보드

기록도구와 함께 프로그램 기획에서 유용하게 쓰일 수 있는 것이 칠판과 백묵이다. 지금은 칠판을 쓰는 곳이 거의 없으므로 아마도 지울 수 있는 포스터 보드라고 하는 것이 나을지도 모른다. 여하튼, 여러 사람이 볼 수 있도록 크게 써 놓고 또 아이디어가 바뀔 때마다 지우고 다시 쓰고, 사항들을 재배치하고 할 수 있는 그런 도구가 프로그램 기획단계에서는 아주 유용하게 쓰일 수 있다.

3) 정보, 정보, 정보

21세기는 정보의 시대이다. 조금만 노력하면 얻고자 하는 정보를 얻을 수 있다. 예를 들어 보자. 만약 여러분의 지역사회에 청년실업자가 몇 명인지 혹은 작년 한 해 동안 발생한 아동학대신고건수는 총 몇 건이었는지를 알고 싶다면 여러 정보원을 이용할 수 있다. 프로그램의 필요성을 부각시키고 또 문제를 다각도로 분석하기 위해서는 가장 최신 데이터를 제시하고 통계치에 대한 출처를 명확히 제시할 필요가 있다.

하지만 문제는 데이터가 어딘가에 있을 것이라고 생각은 되지만 실제로 어디에서 데이터를 구할 수 있는지를 모르는 경우가 많다는 것이다. 여기서 프로그램 기획자가 가져야 할 능력 중 하나는 찾고자 하는 정보가 어디에 있는지는 몰라도 어디에 있는지를 아는 사람을 아는 것이다. 그럼, 그런 사람들은 어떤 사람들인가? 우선 대학도서관의 사서를 들 수 있다. 사서를 통하여 전문 학술지나 정보의 소재를 알려줄 수 있는 책을 구할 수 있다. 또 대학의 관련 학과의 전공교수도 중요한 정보의 소스로 이용할 수 있다. 지역사회의 다양한 기관들도 서비스에 대한 정보를 축적하고 있으므로 중요한 정보원으로 이용될 수 있음은 물론이다.

프로그램 기획자가 정보를 찾는 과정에 사용할 수 있는 대표적인 도구는 바로 인터넷이다. 정보를 찾는 첫 번째 단계는 일반적인 검색 사이트뿐만 아니라 전문적인 학술 데이터베이스 사이트(학술연구정보서비스-RISS 등)에 접속하여 정보와 관련한 적절한 검색어를 입력하여 필요한 정보를 탐색하는 것이다. 최근에는 챗GPT로 대변되는 생성형 인공지능(AI)의 등장으로 일반적인 정보제공뿐만 아니라 창의적 아이디어에 기반한 콘텐츠 개발, 학습 지원, 의사결정 지원, 효율적인 서비스 지원 등 다양하게 활용되고 있다. 이에 따라 사회복지분야에서의 생성형 인공지능의 활용도 크게 증가되고 있다. 실제로 챗GPT에 "챗GPT가 복지 분야에 미칠 긍정적인 영향은 무엇인가?"라는 질문에 대한 답변으로 정보 접근성 향상, 상담 및 정서적 지원, 행정 업무 자동화 및 효율성 향상, 맞춤형 복지 서비스 제공, 접근성 개선(장애인 · 노인을 위한 AI 지원) 등을 제시하는 등 AI 기술이 복지 분야에 긍정적인 변화를 일으킬 잠재력이 있음을 알 수 있다.[1)]

그렇다면 사회복지 프로그램 기획에 있어서 AI는 어떻게 활용할 수 있는가? 기획자가 AI 기술을 통해 프로그램 개발과 관련한 모든 정보와 아이디어를 취득하여 프로그램 개발에 적용할 수 있을 것이다. AI는 프로그램의 배경(문제의 확인 및 규모, 기존 프로그램의 한계), 프로그램을 뒷받침할 수 있는 이론과 구체적인 자료분석, 창의적 프로그램의 내용과 실행방법 구성, 예산안을 비롯한 자원개발 방법, 프로그램 평가방법, 사업제안서 및 프레젠테이션 자료 작성 등 프로그램 개발에 매우 유용한 보조수단으로 활용할 수 있다. 이러한 활용을 위해서는 다음과 같은 활용방법을 이해할 필요가 있다.

1) 2025년 2월 12일 챗GPT "챗GPT가 복지분야에 미치는 긍정적인 영향이 무엇인가요?"에 대한 답변을 요약함.

(1) 최신 AI 기술의 활용방법에 대한 이해

기획자는 챗GPT 등 AI의 활용방법을 상세하게 이해하고 활용할 수 있어야 한다. AI 기술은 매우 빠르게 발전하기 때문에 무엇보다도 기획자는 AI 기술의 최신 정보를 습득하고 활용방법을 숙지해야 한다.

(2) 구체적인 답변을 얻기 위한 질문하기

AI 활용의 관건은 기획자가 필요로 하는 구체적인 답변을 얻기 위한 질문을 어떻게 하느냐에 있다. 원하는 정보를 얻기 위해서는 추상적인 질문보다는 구체적인 질문이 유리하다. 예를 들어, "노인의 여가활용 개선을 위한 프로그램을 기획해 줘"보다는 "최근 욕구조사 결과를 근거로 해서 서울특별시 서초구에 거주하는 노인들 대상으로 활동적 노년을 달성하기 위한 참신한 여가 프로그램을 기획해 줘. 노인복지관에서 실시하는 프로그램이며 20명이 참여하며 주 1회 2시간 8주간 실시되는 프로그램으로 만들어 줘. 프로그램 예산은 1,000만 원으로 기획해 줘. 근거가 되는 욕구조사 참고문헌도 추가해 줘."와 같이 개발하고자 하는 프로그램에 대한 이해에 기반한 질문을 개발하는 것이 중요하다. 필요하다면 추가 질문을 통해 상세한 답변을 얻을 수 있다.

(3) 유용한 정보에 대한 확인 및 선택

AI가 제시하는 정보를 있는 그대로 프로그램 기획에 활용하는 것은 주의가 필요하다. AI 개발 초기에 비해 정보의 오류 문제가 많이 개선되었지만 여전히 사실 확인이 필요하다. 뿐만 아니라 AI의 정보는 말 그대로 참고할 자료로 활용하는 것이 바람직하다. 즉, 기획자가 필요로 하는 정보를 습득하고 활용하기 위한 보조수단으로 활용해야 한다. 더불어 정보를 활용할 경우 정확한 출처 표기를 통해 표절 문제가 발생하지 않도록 유의해야 한다.

4) 프로그램 기획자의 사적 그리고 직업적 네트워크

기획자가 활용할 수 있는 도구들 중 가장 중요한 것은 아마도 기획자가 가지고 있는 개인적 네트워크일 것이다. 특히 지역사회에서 프로그램을 기획하고 또 실행하기 위해서는 다양한 자원을 활용하여야 하는데 그런 작업에서 프로그램 기획자가 가지고 있는 네트워크는 필수적이다. 전화번호부, 기관 전화번호, 재단 전화번호 등이 모두 '원 자료'라면 그 자료들에서 프로그램 기획에 필요한 정보를 추리고 활용할 수 있는 자원을 동원하는 것은 결국 기획자가 가지고 있는 사적인 혹은 직업적인 네트워크라고 할 수 있다. 즉, 기획자는 자신이 가지고 있는 개인적 네트워크를 활용하여 겉으로 알려진 정보를 넘어 실제 사용 가능한 정보를 취득하게 되는 것이다. 예를 들어 보자. 지역사회 어느 기관이 제공하고 있는 서비스는 기관 소개서에는 존재할지 모르지만 실제로는 대기자 명단이 너무 길어 현실적으로는 접근이 불가능한 서비스일 수도 있다. 이러한 실제 사용가능한 정보는 단순히 기관소개서를 읽는 것만으로는 획득될 수 없다. 아마도 그러한 정보는 프로그램 기획자가 개인적으로 신뢰할 수 있는 그 기관의 사회복지사나 서비스를 이용하고 있는 클라이언트와의 전화 통화를 통해서 얻을 수 있을 것이다.

프로그램 기획자의 개인적 네트워크가 자원으로 통하는 통로를 제공한다. 프로그램 기획에서는 바로 기획자가 알고 있는 것에 더하여 누구를 알고 있는가가 바로 자원으로의 문을 여는 열쇠인 것이다.

그렇다면 프로그램 기획자가 가지고 있는 개인적인 네트워크만으로 일을 해결할 수 없다면 어떻게 할 것인가? 이때 필요한 것이 바로 용기이다. 잘 모르는 교수이긴 하지만 프로그램이 초점을 두는 사회문제에 정통한 교수이면 그냥 전화를 해서 혹시 기관 직원을 대상으로 한 특강을 해줄 수 있는지 물어보는 것이다. 또는 푸드뱅크 사업을 위하여 지역 내 모든 슈퍼마켓에 전화를 하여 매니저와 통화하여 푸드뱅크에 참여할 의사가 있는지를 알아보는 것이다. 밑져야 본전이라는 생각으로 당당하게 자원을 물색하는 용기가 프로그램 기획자에게는 필요하다. 이러한 노력의 가장 나쁜 결과는 '아니요'라는 대답을 듣는 것뿐이다. 여러분들은 이런 경험을 통하여 많은 사람들이 실제로는 사회복지기관을 돕고 싶어 한다는 것을 발견하게 될 것이다.

* 요 | 점 | 정 | 리

- 프로그램 기획의 시작은 지역사회가 당면하고 있는 문제에 대하여 질문하고 그러한 질문에 대한 답을 구하는 작업이다.
- 문제에 대한 질문은 우리 모두가 친숙한 신문기사 작성의 6하 원칙에 따른 질문이 효과적인 질문이다. 즉, 누가, 언제, 어디서, 무엇을, 어떻게, 왜를 물으면 된다.
- 유능한 프로그램 기획자는 질문과 답, 그리고 기획과 행동을 통하여 수집되는 정보가 항상 유기적으로 순환되어야 한다는 점을 알고 있고 실천에 옮겨야 한다.
- 프로그램 기획자가 가져야 하는 역량 중 하나는 불확실성을 두려워하지 않고 모험가정신을 발휘하는 것이다.
- 프로그램 기획자가 필수적으로 가져야 하는 능력 중 하나는 프로그램의 성공에 대한 확신을 전파하여 프로그램과 관계된 다른 사람들도 프로그램의 성공에 대하여 확신하게 만드는 능력이다.
- 명확하고 구체화된 목적은 모든 프로그램의 기반과 골격을 이룬다. 목적은 구체적이고 조작적인 용어로 제시되어야 하고 실현 가능하여야 한다.
- 프로그램 목적의 설정에서 이해관계자들의 공감과 동의를 이끌어 내는 것이 프로그램 기획의 중요한 준비사항이다.
- 성공적인 프로그램 기획자는 설정된 목적을 작은 과정의 과업으로 분해할 수 있는 능력이 있어야 한다.
- 프로그램 기획자는 프로그램 기획을 도울 수 있는 다양한 자원을 활용할 줄 알아야 한다. 그러한 도구나 자원을 적극적으로 활용하는 것이 성공적인 프로그램 기획의 확률을 높인다.
- 지역사회에서 프로그램을 기획하고 또 실행하기 위해서는 다양한 자원을 활용하여야 하는데 그런 작업에서 프로그램 기획자가 가지고 있는 네트워크의 활용이 필수적이다.

연습문제

1. 우리 지역사회에서는 아동학대가 최근 상당히 증가하였다. 이러한 사회문제에 대하여 할 수 있는 질문들을 작성해 보라.

2. 프로그램 기획에서 정보의 사슬이 중요한 이유는 무엇인가?

3. 프로그램 기획자가 가져야 할 대표적인 역량들은 무엇인가? 왜 그러한 역량들이 중요한가?

4. 프로그램 기획자가 네트워크를 이용하여 자원을 동원하는 방법은 무엇인가?

연습과제

당신이 사회복지관의 청소년 프로그램 담당이라고 가정하자. 오늘 아침에 관장님이 5월 중에 실시할 청소년 축제를 기획해 보라고 하셨다. 이 청소년 축제에서는 그동안 청소년 프로그램에 애써준 자원봉사자들의 노고에 대하여 감사드리고 청소년들이 직접 참여하여 야외에서 축제와 같은 파티를 열게 된다.

[과제 1]
위와 같은 대규모 야외행사를 할 때 안전과 법적인 측면에서 고려되어야 할 질문들을 다섯 개씩 적어 보라. 질문들을 적은 후에는, 그러한 각 질문에 대하여 답을 제공할 수 있는 사람이나 기관들을 나열해 보라.

[과제 2]
다음 날 아침, 관장님이 불러서 가 보니 사실 축제를 하긴 해야 하는데 현재 복지관 예산 상황이 너무 나빠 편성된 예산은 실제 소요 경비의 절반 밖에 안 된다고 한다. 하지만, 축제는 우리 기관을 대표하는 행사이니 잘 치러져야 한다고 강조하셨다. 자, 이제 이 행사를 하기 위하여 도움을 받을 수 있는 자원을 적어도 열 개씩 적어 보라. 이때, 명심할 사항은 자신이 가지고 있는 개인적 네트워크(사적 그리고 직업적)에서부터 도움을 청할 수 있는 곳을 생각해 보는 것이다. 각 자원을 적어본 후에는 각 자원별로 도움을 얻기 위해 구체적으로 당신이 무엇을 해야 하는가를 적어 보라.

[과제 3]
행사에서 티셔츠와 장식용 풍선들에 기관 이름을 새겨 염가로 판매하는 것이 기관 홍보에 무척 도움이 될 것 같다. 자신이 가지고 있는 전화번호부나 다른 정보들을 이용하여 어디서 기관 이름이 새겨진 티셔츠와 풍선들을 구입할 수 있는지를 알아보라. 가격은 얼마이고 축제일 며칠 전까지 주문하여야 행사 당일까지 준비가 되는지를 알아보라.

[과제 4]
청소년 축제 행사의 기획에 있어서 기획자가 해두어야 할 기록을 적어도 두 개 이상 제시하고 어떤 기록이어야 하는지를 설명하라.

[과제 5]
생성형 인공지능(예: 챗GPT)을 활용하여 위 프로그램을 기획한다고 가정할 때, 구체적인 답변을 얻기 위한 질문을 3개 이상 작성하라.

CHAPTER 05

문제의 분석, 욕구의 파악, 대상자 선정:

누구를 대상으로 어떤 문제에 개입할 것인가

1. 문제해결자로서의 프로그램 기획자
2. 1단계: 현존하는 서비스나 자원의 공백이나 결함을 찾아낸다
3. 2단계: 공백이나 결함의 크기와 특성에 대한 증거자료를 수집한다
4. 3단계: 공백과 결함의 원인을 알아낸다
5. 4단계: 그러한 공백과 결함을 메울 필요가 있다는 의식을 지역사회에 불어넣는다

이 장의 학습목표

이 장의 학습목표는 프로그램이 개입하고자 하는 사회문제에 대한 분석과 이해가 성공적인 프로그램의 기획을 위해서 왜 필요한지를 살펴보고 그러한 사회문제의 분석과 이해를 체계적으로 할 수 있는 방법을 익히는 것이다. 또한 이 장의 학습을 통하여 욕구조사의 개념과 방법을 익히고 프로그램의 대상 집단을 상정하는 방법에 대한 이해를 높이고자 한다.

이 장의 세부 학습목표는 다음과 같다.

- 사회복지 프로그램 기획에서 사회문제의 정확한 파악의 중요성을 이해한다.
- 파악된 사회문제에 따라 프로그램이 지향하는 목적을 설정하는 방법을 이해한다.
- 프로그램 기획을 위한 사회문제 분석의 방법을 이해한다.
- 사회문제 원인분석의 개념과 방법을 이해한다.

05 CHAPTER

문제의 분석, 욕구의 파악, 대상자 선정:
누구를 대상으로 어떤 문제에 개입할 것인가

여러분은 모두 '임금님은 벌거숭이'라는 우화를 알고 있지요? 그럼, 누가 그 우화의 개요를 한 번 말해볼까요? 대략 이렇습니다.

옛날옛날에 한 임금님이 있었습니다. 그 임금님은 옷을 아주 좋아해서 세상에 좋은 옷이란 옷은 모두 입어야 직성이 풀리는 그런 임금님이었습니다. 그런 좋은 옷들을 입고 신하들과 백성들 앞에서 뽐내는 것을 인생의 낙으로 아는 그런 사치스러운 임금님이었습니다. 하루는 사기꾼인 디자이너가 임금님 앞에 나타나 세상에 둘도 없는 옷을 만들어 주겠다고 합니다. 며칠이 지나 그 디자이너가 옷을 가져와 한다는 말이 이 옷은 워낙 고운 실로 짜여진 천으로 만들었기 때문에 심성이 착한 사람 눈에만 보이는 옷이라고 합니다. 실은 아무 것도 없이 하는 말인데 임금님은 자기 눈에는 보인다며 그 옷을 입습니다. 심성이 나쁜 임금님이 되기는 싫은 거지요. 이때부터 임금님의 옷은 모두 이 사기꾼이 만들었으니 임금님은 아무것도 안 입은 벌거숭이가 된 거예요. 이제 그 옷을 뽐내기 위하여 백성들을 모으고 가두행진을 합니다. 백성들은 자기들이 보기에는 임금님이 벌거벗은 나체이지만 그렇다고 하였다가는 심성이 나쁜 사람이 되므로 모두 "와!" 하며 너무 멋있는 옷이라 환호합니다. 임금님은 정말 우쭐해지지요. 그런데 가두행진 도중에 작은 꼬마가 임금님을 본 후에 엄마에게 "이런, 임금님은 벌거숭이네."라고 속삭입니다. 거기 모인 누구보다도 순수한 어린 꼬마가 그러자 다른 사람들도 웅성거리기 시작합니다. '임금님은 벌거숭이', '임금님은 벌거숭이' …. 그러한 웅성거림은 이제 조롱의 구호가 되어 "임금님은 벌거숭이네요."라고 크게 울려 퍼지게 됩니다.

프로그램이 개입하고자 하는 사회문제에 대한 분석과 이해에서 프로그램 기획자가 하여야 할 일은 여러 가지가 있다. 그 중 첫 번째 단계는 아마도 임금님이 아무것도 입지 않고 있다는 것을 직시하고 '임금님은 벌거숭이'라고 군중들에게 선언한 그 꼬마가 한 일이라 생각하면 된다. 즉, 현재 상황을 직시하여 문제를 밝혀내는 일이 그 첫 번째 단계인 것이다. 프로그램 기획자가 문제의 분석과 이해에서 해야 할 일을 단계별로 살펴보면 다음과 같다.

- 1단계: 현존하는 서비스나 자원의 공백이나 결함을 찾아낸다.
- 2단계: 그러한 공백이나 결함의 크기와 특성에 대한 증거자료를 수집한다.
- 3단계: 왜 그러한 공백과 결함이 생겼는지를 알아낸다.
- 4단계: 그러한 공백과 결함을 메울 필요가 있다는 의식을 지역사회에 불어 넣는다.

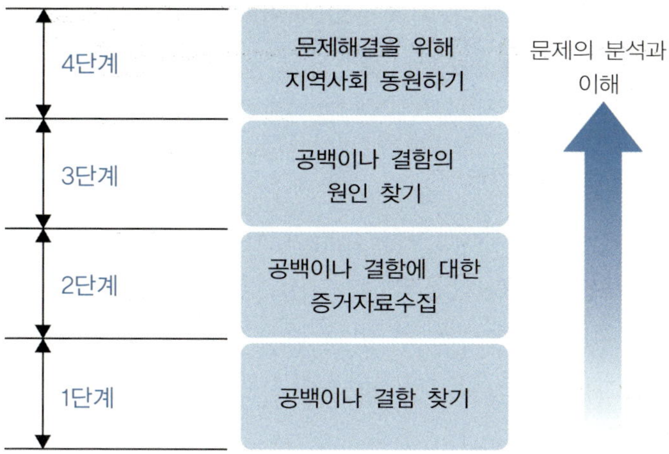

그림 5-1 문제분석과 이해의 단계

이제 그러한 4단계에 대하여 다음에서 보다 상세히 알아보기로 하자.

1. 문제해결자로서의 프로그램 기획자

프로그램 기획자는 프로그램을 통하여 사회문제를 해결하는 해결사이어야 한다. 그렇다면 사회문제해결사는 어떤 역할을 담당하여야 하는가? 우선 첫 번째는 현재 서비스 전달체계에서의 중요한 문제나 지역사회 주민의 삶의 질이 낮은 상태에 대하여 알아채는 일이다. 그러한 자각이 없다면 굳이 문제해결을 위하여 프로그램을 기획할 필요도 없을 것이다. 즉, 문제가 있음을 인식하여야 하는데 사회복지 프로그램이 대상으로 하는 문제는 크게 보면 현존하는 서비스의 결함이나 지역사회 주민의 삶의 질의 문제라 할 수 있다. 그러한 측면에서 문제가 있다고 생각하게 되면 문제해결사로서의 프로그램 기획자는 일련의 작업을 하게 되고 그러한 작업의 최종 산물은 문제를 해결하고자 하는 프로그램이다.

그렇다면 좋은 프로그램 기획자가 되기 위한 조건은 무엇인가? 여러 가지가 있겠지만, 기본적으로 다음의 두 가지 역량을 갖추어야 한다.

첫째, 문제가 있음을 알아챌 수 있는 민감성을 갖추어야 하고 그러한 문제가 해결돼야만 한다는 정의감과 의지가 있어야 한다.

둘째, 문제를 세심히 분석하여 문제에 대한 충분한 이해가 없이 바로 문제를 해결하고자 뛰어드는 충동성을 제어할 수 있는 인내심이 있어야 한다.

그런데 문제는 위의 두 가지 조건은 현실에서 서로 상충될 수 있다는 점이다. 특히 사회복지사에게는 더욱 그렇다. 문제를 본 순간 바로 그 문제에 뛰어들고자 하는 것이 사회복지사들의 천성이다. 그런 의지와 정의감이 바로 사회복지를 선택한 이유 중에 하나이니 어찌 보면 당연한 일이기도 하다.

자꾸 문제에 조급하게 뛰어드는 것은 사회복지사들이 그런 성향을 가지고 있어서 일어나는 일만은 아니다. 클라이언트들도 그들이 가지고 있는 고통에 빨리 대처해 주기를 원한다. 클라이언트뿐이 아니다. 대중매체와 지역주민들은 문제가 발생할 때마다 바로 사회복지사들이 대처하기를 원하고 그렇지 못하면 바로 비난하기 일쑤이다.

문제에 대한 충분한 파악 없이 대책을 강구해야만 하는 상황은 또 다른 압력에 의하여 만들어지기도 한다. 사회복지가 개입하게 되는 사회문제는 대부분 일상생활을 통하여 우리가 직접 경험하거나 주위에서 흔히 볼 수 있는 문제들이다. 빈곤, 아동학대, 청소년 비행, 가정문제, 정신건강, 장애 등의 문제는 우리 주위에서 쉽게 발견할 수 있는 문제들이다. 사회복지가 다루는 문제 자체가 적어도 표면적으로는 우리 모두에게 친숙한 문제이다 보니 누구나

다 사회문제에 있어서는 그 원인이나 해결방안에 대한 나름대로의 견해를 가지고 있게 마련이다. 그러다 보니 그러한 사회문제에 대한 해결방안에 대해서도 어느 누구나 개인적인 의견을 갖고 있게 된다.

문제 자체가 생소한 그리고 우리가 직접 보거나 경험하지 못하는 것이라면 아마도 사람들은 전문가들이 그 원인을 찾고 해결책을 제시해야 한다고 기대할 것이다. 가령 예를 들어 보자. 주식시장의 문제, 북핵 문제, FTA, 핵폐기물 처리기법 등 문제의 해결을 위해서는 전문가가 필요하다고 생각한다. 하지만 십대 미혼모 문제는 우리 모두가 전문가라고 생각한다. 이러한 현상에는 신문이나 방송매체를 통한 흥미 위주의 보도도 일조를 하기 마련이다.

"십대 미혼모의 문제는 불건전한 성윤리를 가진 십대가 문제의 원인이다."
"가정교육이 덜 되서 그렇다."
"학교교육이 문제이다."
"원조교제가 문제이다."

이렇게 문제의 원인을 정의한 소위 '전문가'들은 그러한 문제에 대한 만병통치형의 해결책을 내놓곤 한다.

"십대 성윤리 교육을 강화해야 한다."
"부모들이 가정교육에 더 신경을 써야 한다."
"학교교육이 바뀌어야 한다."
"원조교제는 강력히 처벌해야 한다."

이러한 문제들에 대한 다양한 처방과 해결책에 대응하다 보면, 사회복지사들은 소위 '모든 복잡한 문제에는 하나의 아주 간단한, 그러나 틀린, 해결책이 있다'는 명제의 오류를 되풀이하게 되는 것이다.

문제해결사로서의 프로그램 기획자는 그러한 과장된, 그리고 단순한 해결책에 아무 생각 없이 동의하고 바로 문제에 대응하고 싶은 유혹을 거부할 수 있어야 한다. 프로그램 기획자는 문제에 대한 정확한 이해와 다양한 해결책을 이모저모 충분히 검토해 본 후에만 프로그램을 기획하고 시행하여야 한다. 물론, 그러한 충분한 고려의 과정이 너무 길어 문제에 대한 개입이 너무 늦어지면 안 된다는 것은 두말할 필요가 없다.

이제 프로그램 기획의 첫 번째 단계인 문제에 대한 충분한 이해의 과정을 단계별로 살펴보기로 하자.

2. 1단계: 현존하는 서비스나 자원의 공백이나 결함을 찾아낸다

사회문제는 현재의 상황과 이상적인 상황 사이에 존재하는 공백 혹은 결함으로 파악될 수 있다. 즉, 공백 혹은 결함은 '이렇다'와 '이래야 한다'의 사이에 존재하는 틈새로 정의된다. 이러한 공백과 결함의 개념을 도표화해 보면 다음과 같다.

현재: "이렇다"

공백 혹은 결함

이상: "이래야 한다"

프로그램 기획자의 목적은 "이래야 하는" 상태로 상황을 변화시킬 수 있는 프로그램을 개발하여 그러한 공백과 결함을 줄이는 것이다. 여기서 프로그램 기획자가 명심해야 하는 것은 어느 하나의 프로그램이 그러한 공백과 결함을 모두 없앨 수는 없다는 것이다. 예를 들어 보자. 지역사회복지관에서 아이들의 방과후 방치 현상을 줄이기 위하여 작은 공부방을 운영하고 있다. 정원 스무 명의 공부방이 그 동네의 방과후 방치 문제를 모두 해결할 수는 없을 것이다. 즉 그 공부방 프로그램은 공백과 결함의 작은 부분을 적어도 그 스무 명에 대해서는 일정 부분 줄이는 역할을 하는 것이다. 복지관의 입장에서는 다른 곳에서도 그러한 공부방이 더 생겨 공백을 줄이는 일에 동참해 주기를 기대하는 동시에 지역사회 내에서 아동양육, 맞벌이 부부를 대상으로 한 다른 종류의 프로그램 등이 계속적으로 생겨 공백이 최대한 줄여지기를 기대하는 것이다.

1) 공백과 결함은 보는 사람의 시각에 따라 존재하고 그러한 시각은 시간에 따라 변한다

프로그램 기획자는 사회문제는 객관적으로만 정의된다고 생각하는 오류에 빠지기 쉽다. 그 이유 중 하나는 흔히 학교에서 사회문제에 대한 공부를 할 때 객관적인 면만을 배우는 데도 있다. 하지만, 사회문제는 사회적으로 정의되는 속성을 가지고 있다. 생각해 보라. 불과 20년 전만 해도 우리 사회에서는 아동학대나 방임이라는 '사회문제'는 존재하지 않았다. 아동에 대한 학대나 방임이 없었다는 이야기가 아니라 그러한 현상이 사회문제라고 인식되지 않았다는 말이다. 1990년대 말에 몇몇 심각한 아동학대와 방임의 사례들이 매스컴의 집중적인 조명을 받으면서 아동학대와 방임에 대한 사회적 시각이 생겨나게 되었고, 2000년에는 그러한 '사회문제'에 대응하기 위하여 아동복지법이 개정되면서 아동학대와 방임은 사회적으로 개입할 수 있는 문제가 되었다. 그 전에는 아동학대와 방임은 가족 내의 문제였는데 이제는 사회문제가 된 것이다.

프로그램 기획자는 사회문제를 정의할 때 사회문제가 사회적으로 정의된다는 사실에 유념할 필요가 있다. 즉, 문제가 사회문제로 정의되기 전에는 그에 대한 사회적 대책, 즉 프로그램에 필요한 자원을 끌어오기가 쉽지 않다. 그런 이유로 프로그램 기획자는 때로는 문제를 '사회문제'화하는 촉매자의 역할을 지역사회에서 담당하기도 한다.

2) 공백과 결함을 제일 먼저 찾아내는 사람은 흔히 지역주민들이다

전문직으로서의 사회복지사들은 공백과 결함을 찾아내는 것은 전문가들이라고 생각한다. 우리는 흔히 지역의 사회복지관장, 구청의 사회복지과장, 보건소장 등의 지역 기관장들이 그러한 공백과 결함에 대해서 잘 알고 있고 또 찾아내는 사람들이라고 생각하곤 한다. 하지만, 사회복지 프로그램의 역사를 살펴보면 지역사회 문제에 대해서 가장 먼저 알게 되는 사람은 바로 풀뿌리 지역주민들이었다는 사실을 알게 된다. 가만히 살펴보라. 동네 경로당, 미용실, 학교 앞 문방구, 마을회관, 아파트 부녀회 등 어디든 동네사람들이 모이는 곳에 가서 대화의 내용을 들어보면 그 지역사회의 문제에 대한 정보를 얻을 수 있고 또 다양한 대책에 대한 견해도 들을 수가 있다. 프로그램 기획자가 지역사회 문제에 대하여 알고 싶다면 바로 지역주민들의 이야기를 경청할 필요가 있다.

3) 공백과 결함을 찾는 몇 가지 예

이제 지역사회 문제를 찾아내는 방법으로 공백이나 결함을 어떻게 발견해 나가는지를 몇 가지 예를 통해서 알아보자.

사례 1

현재: "이렇다"

우리 동네 영구임대아파트단지에 사는 가구들은 대부분 한부모가구이거나 양부모가구일지라도 대부분 낮동안에 맞벌이를 하기 때문에 초등학생들이 방과후에는 길거리에 방치되는 경우가 많다. 그러다 보니 숙제를 봐줄 사람도 없어 성적이 상당히 떨어지고 학교에 대한 관심도 없어져 비행을 일찍 경험하게 된다.

공백 혹은 결함

이상: "이래야 한다"

영구임대아파트단지 내에 아이들이 안심하고 갈 수 있는 공부방이 있어 방과후에 아이들을 돌봐줄 곳이 있어야 한다. 공부방에서 아이들의 숙제도 정기적으로 도와주고 또 이웃 대학교의 대학생 형, 언니들이 자원봉사자로 아이들의 공부도 돕고 같이 놀아준다면 아이들이 비행으로 빠지는 것을 예방할 수 있을 것이다.

사례 2

현재: “이렇다”

성추행을 당한 여성들은 성추행에 대하여 거의 신고를 하지 않고 있고 또 신고를 하는 경우에도 사법절차를 끝까지 밟아 성추행 범인을 검거하는 경우는 상당히 드물다. 이런 경우 성추행을 당한 여성들은 너무 겁에 질리거나 경찰이나 이웃들을 대할 때 상당히 창피하게 생각한다.

공백 혹은 결함

이상: “이래야 한다”

성추행을 고발하는 여성들에 대한 지원책이 있어야 한다. 경찰관들은 그러한 성추행 피해자들이 겪는 고통을 잘 이해할 수 있도록 교육되어야 한다. 그리고 성추행이 더 심각하게 악화되는 것을 적극적으로 예방하는 방법에 대하여 체계적으로 훈련될 필요가 있다.

3. 2단계: 공백이나 결함의 크기와 특성에 대한 증거 자료를 수집한다

1단계에서 발견된 문제에 대해 지역사회의 동의를 얻고 또 문제해결을 위한 자원을 동원하기 위해서는 통계수치나 이론적인 증거를 제시하여야 한다. 그러한 문제해결의 필요성에 대한 증거는 다음의 몇 가지 방법으로 제시될 수 있다.

- 그러한 공백이나 결함은 해결되어야 한다는 도덕적, 윤리적, 법적 원칙을 제시한다. 즉, 왜 나타난 사회문제를 더 이상 방치할 수 없는지를 윤리적 차원에서 또는 사회규범적 차원에서 지적한다. 가령 아동학대의 문제는 아동은 보호받고 사랑받아야 한다는 사회적 규범과 윤리에 비추어 볼 때 더 이상 방치할 수 없는 문제라고 주장하는 것이 이러한 방법에 속한다.
- 공백이나 결함으로 발생한 구체적인 피해를 제시한다. 가령 예를 들면 방과후 방치의 문제로 발생한 유괴나 기아 아동의 수를 제시하여 방과후 방치의 문제를 해결할 필요성을 역설한다.
- 공백이나 결함으로 고통받고 있는 사람들의 숫자를 제시한다. 가령 예를 들면 청년실업문제해결의 필요성을 역설하면서 실제로 작년 한 해 동안 지역사회 내의 청년실업자의 숫자를 제시한다.
- 지금 그 문제를 해결하지 않는다면 앞으로 그 문제로 인하여 피해를 볼 사람들의 수에 대한 예측을 제시한다. 노인인구의 증가로 장기요양서비스를 필요로 하는 사람들의 수가 2030년에는 몇 명이 된다든지 하는 식의 장기적 예측을 제시하고 지금부터 대책을 세워야 하는 필요성을 제시하는 방법이 예이다.
- 만약 그 문제가 해결되지 않으면 다른 분야에서 파생될 피해에 대한 예측을 제시한다. 방과후 방치의 문제를 해결하지 못하면 향후 청소년 비행의 문제가 심화되어 더 큰 사회적 문제가 발생할 수 있다는 점을 지적하는 방법이 이 예에 속한다.
- 현재 그러한 공백이나 결함을 처리할 프로그램이 지역사회에 존재하지 않거나 있다 하더라도 충분치 않다는 증거를 제시한다. 방과후 방치의 문제는 지역 아동 3,000명에게서 발생하고 있으나 실제로 방과후 프로그램들의 규모는 1,000명밖에 받을 수가 없음을 밝히는 것도 사회문제해결의 필요성에 대한 증거를 제시하는 방법이다.

특히 현재와 같이 효율성이 중시되는 시대에는 문제를 효율성의 차원에서 제기하는 것도 상당히 효과적이다. 즉, 앞에 예를 든 영구 임대아파트 단지의 공부방 프로그램의 경우는 "지금 공부방 프로그램에 2,000만 원을 투자하지 않는다면, 앞으로 청소년 비행에 써야 할 돈은 매년 2억 원에 이를 것이다."라고 표현하는 증거자료가 프로그램의 필요성을 제기하는데 상당히 효과적일 수 있다.

앞에서 살펴본 여러 가지 증거자료를 수집하는 것이 우리가 흔히 이야기하는 욕구조사이다. 다음에서는 그러한 욕구조사에 대하여 보다 상세히 알아보기로 하자.

1) 문제가 해결되지 않았을 때 발생할 피해의 심각성을 확인하기

예를 들어 보자. 지역사회에서 저소득 가정의 저체중아 출산의 문제가 심각하다. 프로그램의 기획자는 우선 저체중아 문제가 어떤 심각한 결과를 초래하는지를 파악할 필요가 있다. 우선, 도서관에서 저체중아 문제를 연구한 논문들을 찾아본다. 연구결과에 의하면 출생 시 저체중아는 우선 건강 면에서 여러 가지 위험 요인이 있고, 그러다 보니 인지발달의 정도도 낮은 것으로 나타나고 있다. 또한 사회성과 정서적인 측면에서도 발달이 늦어 성장한 후에는 학교부적응 현상이 더 높은 것으로 나타난다. 그렇다면 저소득 가정을 대상으로 한 산전관리 프로그램을 통하여 저체중아 출산을 감소시킬 수 있다면 향후 저소득 가정의 아동들의 건강과 인지발달, 사회성, 정서능력을 높일 수 있을 것이다. 또한 그러한 프로그램을 통하여 궁극적으로는 학교적응력을 높여 학습능력이 향상될 것이다. 만약, 저체중아 문제를 해결하지 않는다면 장차 저소득 아동들의 건강, 비행, 학습부진 문제의 해결에 사용해야 할 자원은 지금 저체중아 문제를 해결하는 것보다 훨씬 더 많이 요구될 것이다.

2) 문제가 어디에서, 누구에게, 얼마나 발생하고 있는가를 확인하기

저체중아 문제의 심각성을 확인한 후에는 그러한 문제가 실제로 지역사회에 얼마나 존재하고 있는지를 알아야 한다. 우선, 도서관에서 우리 구의 저체중아 통계를 찾아본다. 하지만, 저체중아 통계는 구 차원에서는 찾을 수가 없을지도 모른다. 그러면 어떻게 하나? 다음은 구 보건소를 방문하여 저체중아 통계가 있는지를 알아본다. 단순히 저체중아 수만 필요한 것이 아니라 이 단계에서는 저체중아 부모의 사회경제적 특성들에 관해서도 알 필요가 있다. 즉, 어느 동에 사는 임신부들 중 특히 저체중아 출산율이 높다거나 수급자 가구 중 특히 저체중아 출산율이 높다는 정보를 알게 되면 저체중아 예방을 위한 산전관리 프로그램의 주 대상을 어느 동으로 해야 하는지 혹은 수급자 가구를 중심으로 하여야 하는지에 대한 결정을 할 수 있기 때문이다.

문제는 구 보건소도 저체중아에 대한 상세한 통계를 가지고 있지 않다. 그렇다면, 이제는 직접 저체중아에 대한 자료를 수집하여야 한다. 일반 가구를 대상으로 하는 서베이는 별로 도움이 안 될 것이다(왜냐하면 모든 가구가 작년에 아이를 낳지는 않았기 때문이다!). 하나의 방법으로 구에 소재하고 있는 산부인과 병원들을 서베이해서 출생한 총 아동 중 저체중아가 얼마나 있었는지를 알아보고 또 출산한 가정에 대한 간단한 사회경제적 정보를 얻는다. 이런 경로를 통해서 구체적으로 저체중아 문제의 규모와 특성을 파악하는 것이 필요하다.

3) 현재 서비스가 문제를 해결하는 데는 부족하다는 것을 입증하기

문제의 심각성과 크기 그리고 문제의 특성을 파악한 후에는 현재 존재하는 서비스나 프로그램이 그런 문제를 해결하는 데는 불충분하거나 부적절하다는 것을 입증하여야 한다. 지역사회에 존재하는 산전관리 서비스와 프로그램들을 파악하고 그런 프로그램들의 규모를 파악하여 앞에서 알아낸 전체 저체중아 위험이 있는 임신부의 수와 비교하여 기존 프로그램이 감당할 수 있는 수가 임신부 수보다 적을 때 새로운 프로그램이 필요하다는 주장을 할 수 있는 것이다. 또는 기존의 프로그램은 모두 기관에서 행하여지고 있으나 임신부 대상 서비스는 가정방문형이 보다 바람직하다면 가정방문형 산전관리 프로그램이 필요하다고 결론지을 수 있을 것이다.

4) 증거자료 찾기

욕구조사를 하다 보면 필요한 자료를 찾는다는 것이 무척 어려운 일이라는 것을 금방 알게 될 것이다. 하지만 너무 걱정하지 말자. 이런 문제는 사실 누구나 경험하는 것이니까. 차근차근 어디서 필요한 자료를 찾을 수 있을까를 생각해 보기로 하자.

우선, 가장 먼저 생각해 볼 곳은 도서관이다. 문제에 대한 기존의 연구, 통계자료, 신문기사 등을 가장 손쉽게 찾아볼 수 있는 곳이 도서관이다. 우리는 흔히 욕구조사하면 우리 기관이나 내가 직접 조사를 해야 하는 것으로 오해하고 있다. 하지만 우리가 관심이 있는 사회문제는 아마도 거의 모두 누군가에 의해서 이미 조사된 적이 있을 것이다. 첫 출발점은 이미 조사된 그리고 연구된 성과를 활용하는 것이다. 만약 기존에 연구된 자료에서 충분한 정보를 얻을 수 없다면 다음 단계를 고려해 보자.

사회문제에 대한 자료를 많이 가지고 있는 곳은 지역사회의 다양한 기관들이다. 사회복지관, 노인복지관, 지역아동센터, 구청, 행정복지센터, 교육청, 학교 등의 기관이 가지고 있는 자료를 생각해 보라. 엄청난 양의 자료를 가지고 있다.

이러한 자료들을 잘 활용하면 훌륭한 욕구조사를 할 수 있다. 이러한 기관들은 지역사회에만 국한되는 것은 아니다. 통계청, 건강보험공단, 국민연금공단, 보건복지부 등의 정부기관도 사회문제에 대한 다양한 통계와 자료를 보유하고 있다.

그림 5-2 욕구조사에 사용될 수 있는 다양한 증거자료

지역사회나 문제에 정통한 전문가도 욕구조사의 중요한 자원이다. 전문가와의 인터뷰를 통해서 좋은 정보를 얻을 수 있다. 이러한 전문가들은 지역사회의 대학교수, 연구소 연구원 등을 들 수 있다. 지역주민들로 구성된 포커스 그룹도 욕구조사에 활용될 수 있는 중요한 자원이다. 포커스 그룹은 또한 지역 내에 사회복지사들을 대상으로 할 수도 있다. 문제에 대해서 토론하고 포커스 그룹이 가지고 있는 견해를 들어 정리하면 훌륭한 자료를 확보할 수 있다.

그 다음 직접 서베이한다. 앞에서 언급했듯이 서베이는 앞의 방법들이 충분한 정보를 제공하지 않을 때 고려되는 것이 순서상 맞다. 왜냐하면 서베이는 시간이 많이 걸리고 자원도 많이 드는 작업이기 때문이다. 또한 잘된, 과학적으로 질이 높은 서베이를 하기란 보통 힘든 일이 아니다. 우리는 잘못된 서베이임에도 불구하고 단순히 서베이를 했다는 이유만으로 서베이 결과를 맹신하는 잘못을 너무 자주 범하고 있을지도 모른다. 다시 한번 강조하지만, 서베이가 욕구조사의 유일한 방법이 아니다. 오히려 욕구조사에서 다른 방법으로는 도저히 안 될 때 사용하는 마지막 방도라고 생각하는 것이 옳다.

4. 3단계: 공백과 결함의 원인을 알아낸다

프로그램이 개입하고자 하는 사회문제가 현실과 이상 사이의 '공백'과 '결함'으로 구체화된 후에는 그 문제의 원인에 대해서 알아야 프로그램의 기획이 가능하다. 우리는 흔히 문제에 직접 개입하는 것이 프로그램이라고 생각한다. 하지만, 잘 생각해 보면 우리가 개입하는 것은 문제 그 자체가 아니라 문제의 완화를 위하여 문제의 원인을 제거하거나 원인이 문제에 미치는 영향을 감소시키는 것이다. 예를 들어 보자. 빈곤의 원인은 무엇인가? 셀 수 없이 많을 것이다. 그 중 대표적인 것은 소득이 없어(낮아) 빈곤한 것이다. 그렇다면 현재 정부에서 시행하고 있는 기초생활보장제도는 소득을 보충 지원하여 빈곤의 문제를 해결하고자 하는 프로그램이다. 즉, 빈곤에 대한 직접 개입이라기보다는 소득이 낮은 원인을 제거하기 위하여 소득을 높여주는 빈곤의 경제적 원인에 대한 개입 프로그램이다. 빈곤의 또 다른 원인은 무엇인가? 예를 들어 낮은 교육수준이 중요한 원인이라는 연구결과가 있다. 그렇다면 또 다른 빈곤 문제에 대한 프로그램은 교육수준을 높이는 프로그램일 것이다. 여기서도 낮은 교육수준이라는 원인에 개입함으로써 궁극적으로 빈곤의 문제를 해결하고자 하는 것이다.

이와 같이 사회문제의 원인에 대한 이해를 우리는 문제의 인과관계에 대한 이해라고 한다. 사회복지 프로그램이 개입하여 사회문제를 완화시키기 위해서는 문제의 원인에 대한 이해가 무엇보다 필요하다. 즉 문제의 인과관계에 대한 이해를 바탕으로 프로그램이 문제의 원인을 제거하거나 감소시켜 궁극적으로 문제의 감소를 이끌어 낼 수 있다는 논리를 바탕으로 프로그램이 설계되어야 하는 것이다.

물론 우리가 다루는 문제들은 복잡한 사회문제들이다. 복잡한 사회문제의 원인을 찾는 것은 더 복잡하다. 즉, 컴퓨터가 고장 난 원인을 찾는 것과는 판이하게 다른 작업이다. 많은 경우에는 원인이 명확치 않다. 학자들 사이에서도 원인에 대하여 다양한 견해가 존재한다. 때로는 원인과 결과 사이에 불확실성이 너무 커서 과연 원인의 영향이 얼마나 큰지를 가늠하기도 힘들다. 그럼에도 불구하고 프로그램의 기획에는 문제의 원인에 대한 일정 정도의 이해와 파악이 필수적이다. 왜냐하면 프로그램은 문제의 원인을 제거하거나 약화시키는 개입이기 때문이다. 만약 원인이 무엇인지에 대한 분석이 전혀 없다면 프로그램을 기획할 수도 없는 것이다.

사회문제의 원인을 파악하기 위해서 우리는 전문가의 견해를 듣기도 하고, 연구 보고서를 읽기도 한다. 그러한 조사에 근거하여 프로그램 기획자는 프로그램이 문제해결을 기대할 수 있다는 일종의 가설을 세우게 된다. 그런 가설은 '만약 이런 프로그램을 한다면 이런 결과가 도출되어 문제해결에 도움이 될 것이다' 하는 식으로 성립되게 된다. 그렇게 가까스로 설정된 가설에 대해서도 아무 누구도 확실하다고는 이야기해 줄 수 없을지도 모른다. 그런 면에서 보면 모든 사회복지 프로그램은 일종의 가설에 기반을 둔 실험이라고 생각해 볼 수 있다.

그러한 실험을 통해서 과연 설계된 프로그램이 의도한 성과를 도출해 내느냐를 점검하는 과정이 프로그램의 효과성 평가이다.

1) 사회문제의 원인 알아내기의 예

여기서는 구체적으로 프로그램 기획자가 문제의 원인을 탐구해 나가는 과정을 살펴보기로 하자. 사회문제의 예로는 노숙인 문제를 들어보자. 노숙인 프로그램을 기획하려는 지역사회복지관의 사회복지사는 앞에서 설명한 다양한 경로를 통하여 노숙인 문제의 원인을 파악하고 그 내용을 다음과 같이 정리해 보았다.

■ 건강문제
- 알코올과 마약중독 문제
- 신체적 장애
- 정신장애

■ 가족과 사회적 지지체계의 부재
- 가족들로부터의 소외
- 도움을 줄 수 있는 친한 친구들이 없음.

■ 도움을 받을 권리나 도움을 받을 수 있는 방법에 대하여 모르고 있음.
- 기초생활보장제도를 신청하는 방법을 모르고 있음.
- 법적으로 보장받을 수 있는 권리를 모름.

■ 취업이 힘들거나 취업했어도 쉽게 해고됨.
- 고등학교도 졸업하지 못하여 취업하기가 힘듦.
- 기술이 없음.
- 학습장애가 있음.
- 취업에 대한 의욕이 없음.

■ 주거문제
- 영구임대아파트를 구하기가 힘듦.
- 전세금을 마련할 수가 없음.

■ 정서적인 문제
- 자아존중감과 자아효능감이 떨어짐.
- 문제해결 수단으로 폭력을 이용함.

2) 어떤 문제의 원인에 초점을 맞추느냐에 따라 프로그램의 유형이 결정된다

프로그램 가설은 프로그램이 어떻게 목적을 달성할 것인가에 대한 로드맵(roadmap)이라고 할 수 있다. 프로그램 가설은 문제의 원인을 분석한 후 문제해결을 위한 관점을 반영하여 논리적으로 설정한 인과관계 구조(If-Then)이다. 앞에서 정리한 노숙인 문제에 대한 원인을 살펴보면 어떤 원인에 초점을 맞추느냐에 따라 프로그램 가설이 다르게 설정되며 이에 따라 문제해결을 위한 프로그램은 상당히 달라질 수 있음을 알 수 있다.

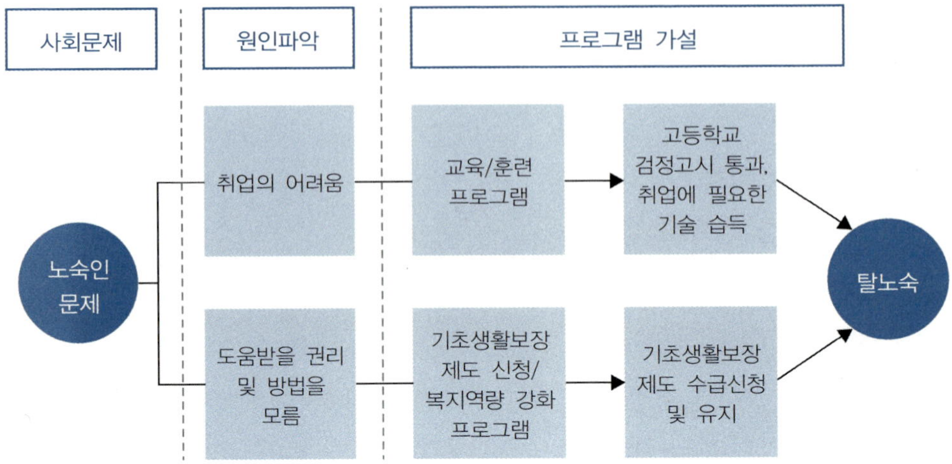

그림 5-3 노숙인 문제해결을 위한 프로그램 가설

- 중요한 원인이 취업에 있다고 판단한다면 교육, 훈련 프로그램을 통해서 노숙인이 고등학교 검정고시를 준비하게 하고, 취업에 필요한 기술을 익히도록 할 것이다.
- 도움을 받을 권리나 도움을 받을 수 있는 방법에 대하여 모르고 있는 것이 주 원인이라고 판단한다면 프로그램은 기초생활보장제도를 신청하는 방법에 대하여 알리고 복지 권리를 행사할 수 있는 역량을 키우는 프로그램이 될 것이다.

여기서 명심해야 할 사항은 세상의 어떤 프로그램도 그 한 프로그램만으로 사회문제의 다양한 원인들에 모두 개입할 수는 없다는 것이다. 그것은 이론적으로나 실천적으로 불가능하다. 오히려 그러한 제한점을 인정하고 우리 기관, 그리고 내가 가지고 있는 역량과 자원을 고려할 때 실시할 수 있고 그리고 가장 우선순위가 높은 원인이 무엇인지를 가려내고 그 원인을 제거하거나 약화시키는 프로그램을 기획한다는 관점이 필요하다.

5. 4단계: 그러한 공백과 결함을 메울 필요가 있다는 의식을 지역사회에 불어넣는다

프로그램 기획자의 입장에서는 앞에 설명한 과정들을 통하여 문제에 대한 정확한 분석을 하고, 원인을 파악하여 그 원인을 제거할 수 있는 전략을 세웠으면 할 일을 다했다고 생각할지도 모른다. 하지만 현실은 꼭 그렇지가 않다. 그럼에도 불구하고 아무도 그런 프로그램을 지원할 생각이 없다면 프로그램은 탁상공론이 될 뿐이다. 즉 자원을 배분하는 사람이나 기관을 설득하여 프로그램에 필요한 자원을 확보할 필요가 있다. 그러한 사람이나 기관은 구청장, 보건소장, 사회복지관장, 보건복지부 담당과장, 공동모금회, 복지재단 등 다양하다. 만약 잘된 문제분석과 욕구조사 그리고 원인에 대한 대책까지 있는데 아무도 프로그램을 지원할 생각이 없다면 어떻게 할 것인가?

그럴 경우에 프로그램 기획자는 지역사회조직 방법을 동원하여 문제에 대한 심각성을 알리고 지역사회를 동원하여 필요한 자원을 끌어오는 운동가의 역할을 할 필요가 있다. 그런 과정은 상대방을 교육시키고, 설득시키고, 필요에 따라서는 지역사회의 여론을 바탕으로 압력을 행사하여 필요한 자원을 확보하는 것이다. 그런 의미에서 보면 프로그램의 기획은 단순히 사무실 내에서 행해지는 작업은 아니다. 프로그램 기획은 지역사회와 호흡을 함께하며 지역사회의 문제해결에 대한 의지를 불어넣는 작업을 포함한다.

* 요 | 점 | 정 | 리

- 프로그램 기획자는 프로그램을 통하여 사회문제를 해결하는 해결사이어야 한다. 사회문제해결사가 해야 하는 첫 번째 일은 현재 서비스 전달체계에서의 중요한 문제나 지역사회 주민의 삶의 질이 낮은 상태에 대하여 알아채는 일이다.
- 프로그램 기획자는 문제에 대한 정확한 이해와 다양한 해결책을 이모저모 충분히 검토해 본 후에만 프로그램을 기획하고 시행하여야 한다.
- 사회문제는 사회적으로 정의되는 속성을 가지고 있다. 그런 이유로 프로그램 기획자는 때로는 문제를 '사회문제'화하는 촉매자의 역할을 지역사회에서 담당하기도 한다.
- 사회복지 프로그램 기획자는 발견된 문제에 대해 지역사회의 동의를 얻고 또 문제해결을 위한 자원을 동원하기 위해서 통계수치나 이론적인 증거를 제시할 수 있어야 한다.
- 욕구조사는 문제의 피해의 심각성을 확인하고, 문제가 어디에서, 누구에게, 얼마나 발생하는지를 파악하고, 현재 서비스가 문제해결에는 역부족임을 입증하고, 증거자료를 찾는 과정을 포함한다.
- 욕구조사의 자료는 도서관, 지역사회 기관, 전문가, 지역주민 포커스 그룹, 직접 서베이 등의 다양한 통로를 통하여 얻을 수 있다.
- 사회복지 프로그램이 개입하여 사회문제를 완화시키기 위해서는 문제의 원인에 대한 이해가 무엇보다 필요하다. 즉 문제의 인과관계에 대한 이해를 바탕으로 프로그램이 문제의 원인을 제거하거나 감소시켜 궁극적으로 문제해결을 이끌어 낼 수 있다는 논리를 바탕으로 프로그램이 설계되어야 한다.
- 세상의 어떤 프로그램도 그 한 프로그램만으로 사회문제의 다양한 원인들에 모두 개입할 수는 없다. 우리 기관, 그리고 내가 가지고 있는 역량과 자원을 고려할 때 실시할 수 있고 그리고 가장 우선순위가 높은 원인이 무엇인지를 가려내고 그 원인을 제거하거나 약화시키는 프로그램을 기획한다는 관점이 필요하다.
- 프로그램 가설은 프로그램이 어떻게 목적을 달성할 것인가에 대한 로드맵(roadmap)이라고 할 수 있다. 프로그램 가설은 문제의 원인을 분석한 후 문제해결을 위한 관점을 반영하여 논리적으로 설정한 인과관계 구조(If-Then)이다.
- 프로그램의 기획은 단순히 사무실 내에서 행해지는 작업은 아니다. 프로그램 기획은 지역사회와 호흡을 함께하며 지역사회의 문제해결에 대한 의지를 불어넣는 작업을 포함한다.

연습문제

1. 프로그램 기획자가 문제의 분석과 이해를 위해서 해야 할 일을 단계별로 설명하여 보라.

2. 사회문제는 사회적으로 정의되는 속성을 가지고 있다는 점을 예를 들어 설명하여 보라.

3. 문제해결의 필요성을 제기하는 증거를 제시하는 방법들에는 어떤 것들이 있는가?

4. 욕구조사의 자료를 얻을 수 있는 방법들에는 어떤 것들이 있는가?

5. 프로그램 가설을 설정할 때 사회문제의 인과관계를 이해하는 것이 왜 중요한지를 설명하여 보라.

연습과제

[과제 1]

최근 몇 년간, 우리 동네에서는 아동학대와 방임 사례에 대한 신고가 눈에 띄게 많아졌다.

- 이 문제에 대한 자료를 찾을 수 있는 곳, 네 군데를 제시하고 각 장소에서는 어떤 자료들을 찾을 수 있는지를 설명해 보라.
- 이 문제에 대해서 사람들을 인터뷰한다면 여러분이 하고 싶은 질문 다섯 가지를 제시해 보라.
- 아동학대와 방임에 대한 연구결과를 살펴볼 수 있는 출판물은 어떤 것들이 있는가?
- 동네 주민들이 아동학대나 방임에 대해서 어떻게 생각하고 또 어떤 경험을 하고 있는지를 알아보기 위한 방법에는 어떤 것들이 있는가?

[과제 2]

- 아동학대와 방임에 대한 조사결과를 이용하여 아동학대와 방임의 주요 원인들을 정리해 보라.
- 어느 한 프로그램이 모든 원인에 개입할 수는 없다. 당신은 과연 어떤 원인들에 대한 개입에 초점을 맞출 것인가? 초점을 맞출 주요 원인 세 가지를 고른 다음 왜 그 원인들을 선택했는지 설명해 보라.

[과제 3]

- 과제 1과 과제 2를 통해서 상당히 잘된 분석을 했음에도 불구하고 지역사회에서 누구도 아동학대 · 방임 예방 프로그램에 재정지원을 할 생각이 없다. 구의회에 재정지원 조례를 상정했음에도 불구하고 찬성이 너무 적어 가결되지 않았다. 당신은 프로그램 지원에 필요한 자원을 얻기 위한 지역사회의 의식을 어떻게 바꿀 것인가? 구체적인 전략을 제시하라.

CHAPTER 06

목표설정:

어떤 바람직한 결과를 기대하는가

1. 프로그램 기획에서 목표의 역할과 의미
2. 목표란 무엇인가
3. 목표에는 어떤 종류가 있는가
4. 목표는 어떠한 역할을 하며 왜 필요한가
5. 바람직한 목표가 갖추어야 할 조건은 무엇인가
6. 목표설정의 위계화와 목표체계도
7. 목표체계도의 구성 사례

이 장의 학습목표

이 장의 학습목표는 프로그램 기획에서 목표설정이 가지는 의미에 대해 이해하고 바람직한 목표를 설정할 수 있는 방법을 익히는 것이다. 무엇보다도 프로그램 기획에서 목표는 하나의 단순한 주장이나 상징이 아니라 실제로 프로그램 전체의 수립, 수행, 평가에서 지침과 방향을 제시하는 기능이 있음을 분명하게 이해하여야 한다. 아울러 목표는 하나의 개념이나 명제라기보다는 체계로서 이해되어야 하며 실제로 목표체계도를 작성하는 방법 역시 명확하게 숙지되어야 한다.

이 장에서 학습하여야 할 세부목표는 다음과 같다.

- 목표의 의미를 이해한다.
- 프로그램 전체 과정에서 목표가 차지하는 역할에 대해 이해한다.
- 좋은 목표가 갖추어야 할 조건은 무엇인지 이해한다.
- 목표설정의 위계화와 목표체계도에 대하여 이해한다.

06 CHAPTER

목표설정:

어떤 바람직한 결과를 기대하는가

1. 프로그램 기획에서 목표의 역할과 의미

대부분의 가정에는 가훈이 있다. 예를 들어 '정직과 성실', '화목', '가화만사성' 등과 같은 좋은 뜻을 가진 단어들이 대표적인 가훈으로 사용되고 있을 것이다. 이러한 가훈들은 한 집안의 구성원들이 어떻게 살아야 하는지에 대한 방향을 제시해 줄 뿐만 아니라 구성원들이 좋은 삶을 살아왔는지 스스로를 돌아보고 평가할 수 있는 기준을 제시하기도 한다.

하지만 대부분의 가훈들이 가족의 구성원들에게 바람직하다고 생각되는 삶의 방향과 기준에 대해 추상적인 내용을 담고 있는 것은 사실이지만 그렇다고 해서 그러한 가훈들이 가족구성원들로 하여금 어떠한 상황에서 구체적으로 무슨 행동을 어떻게 해야 하는지에 대해서는 상세한 지침을 주지는 못한다. 따라서 가족구성원들에게 바람직한 삶에 대하여 보다 구체적인 행동지침을 주기 위해서는 주어진 가훈의 보다 구체화된 형태나 해석 혹은 세부지침과 같은 것이 절실히 필요하다.

가족생활에서 가훈이 가지는 의미와 역할에 대한 이와 같은 이해는 프로그램 기획에서 목표가 가지고 있는 역할과 의미를 이해하는 데 매우 도움이 된다. 프로그램 기획을 수립하는 과정에서 문제를 분석하고 확인하는 단계를 지나게 되면 프로그램 기획가는 프로그램의 대상자나 지역사회의 바람직한 변화와 관련하여 프로그램의 목표를 설정하여야 한다. 그런데 프로그램 기획을 처음 접하는 학생들이 목표설정에 대하여 가지는 공통된 선입견은 프로그램의 목표를 매우 간결하고 단순하며 심지어는 추상적인 것으로 이해한다는 것이다. 다시 말하자면 프로그램의 목표를 '정직과 성실', '가화만사성' 등과 같은 한 집안의 가훈 같은 것으로 간주한다는 것이다.

그러나 실제로 프로그램 기획에서 목표가 차지하고 있는 역할은 그렇게 추상적이지도 그리고 그렇게 간결하지도 않다. 오히려 프로그램의 목표는 프로 그램의 수립, 실행, 평가 전반에 걸쳐 방향과 지침을 제공할 수 있을 정도로 포괄적이면서도 구체적이고, 세부적인 단계와 구조를 가지고 있다. 특히 중요한 것은 프로그램의 기획에서 목표는 하나의 구호나 명제처럼 단순한 형태를 가지기보다는 목표체계도라는 형태로 구조화되어 있다는 점을 깊이 이해하여야 한다.

2. 목표란 무엇인가

목표(objective)는 프로그램이 변화시키려고 하는 상황이나 문제에 대한 특정한 기준을 의미한다. 모든 프로그램은 프로그램이 수행되면서 발생하는 결과로써 영향을 주어 변화하고자 하는 대상을 가진다.

예를 들어 사회복지 프로그램은 자신의 서비스나 프로그램을 통하여 욕구, 문제 혹은 위험을 가진 개인이나 지역사회를 변화시켜 보다 바람직한 인간이나 환경으로 변모시키려는 의도를 가진다. 즉 서비스나 프로그램을 통해 욕구를 충족시키거나 문제를 해결하거나 위험을 제거 혹은 예방함으로써 개인이나 지역사회는 보다 바람직하고 나은 상태에 도달하게 된다. 이 경우 프로그램을 통하여 변모되어 보다 바람직한 인간이나 환경으로 바뀐 그 상태가 이 프로그램의 목표가 되는 것이다.

목표와 유사한 용어로 목적(goal)이 있다. 목적은 프로그램을 실행하여 성취하고자 하는 포괄적인 형태의 성취 수준에 관한 추상적인 기술로서 보다 실현 가능하고 결과 중심적인 하위의 세부목표들에 대한 상위 개념을 의미한다. 반면 목표는 목적을 달성하기 위한 구체적인 개념으로 실현 가능하며 측정 가능하여야 한다(김학주, 2004: 71).

따라서 프로그램 기획과정에서 기획자는 특정 지역사회의 관심문제에 대해 먼저 광범위하고 추상적인 형태로 목적을 설정하고 이러한 목적을 보다 조작적으로 정의하여 측정할 수 있는 형태로 목표를 구성하게 된다.

표 6-1 목적과 목표 간의 비교

목적	목표
- 문제 정의와 인과관계에 대한 설명 - 개입의 포괄적 수준 결정 - 클라이언트 집단의 성격과 규모는 문제의 규모와 범위에 따라 결정되어야 함 - 프로그램 실행의 한계와 지침 제공	- 과정보다는 결과에 중심을 둠 - 명확한 시간기준과 구체적 성취 수준을 제공 - 산술적인 측정이 가능: 정확하게 측정되고 관찰되어야 함 - 목적의 위계화와 조직의 활동 범위에 맞아야 함

출처: 김학주 (2004). p. 72 재인용.

3. 목표에는 어떤 종류가 있는가

1) 절대적 목표와 상대적 목표

절대적 목표는 프로그램이 지향하고 있는 욕구, 문제, 위험이 완전히 해결된 경우를 말한다. 예를 들어 지역사회의 어르신들을 대상으로 문맹퇴치 프로그램을 실시할 경우 이 프로그램이 취할 수 있는 절대적 목표는 해당 지역사회의 모든 어르신들이 문맹으로부터 탈출하는 것이 된다. 즉 절대적 목표가 달성되면 바람직하지 않은 상태나 조건이 완전히 사라지게 된다. 반면에 상대적 목표는 절대적 목표처럼 특정 문제를 완전히 해결하는 것이 아니라 절대적 목표의 일정부분을 성취하고자 하는 것이다. 예를 들어 앞서 언급한 문맹퇴치 프로그램의 목표를 설정하면서 해당 지역사회의 문맹 어르신들 가운데 절반인 50%의 어르신을 문맹으로부터 벗어나게끔 목표를 설정한다면 이는 상대적인 목표설정이다. 결국 상대적인 목표는 절대적 목표의 일정 비율을 의미하는 것이다.

일반적으로 프로그램 기획에서 주로 사용되는 목표는 상대적인 목표이다. 대부분의 경우 프로그램 기획 당시 주어진 상황이나 조건, 예를 들어 동원가능한 자원의 양, 참여 가능한 클라이언트의 규모 등의 현실적 제약을 고려할 수밖에 없고 이러한 경우 설정되는 목표는 절대적 목표의 일정한 부분인 상대적 목표인 것이다.

2) 결과목표와 과정목표

프로그램에서 설정된 목표는 한 번의 서비스나 프로그램에 의하여 달성되는 것이 아니다. 일반적으로 사회복지 프로그램은 몇 주 이상 혹은 몇 회 이상의 일련의 연속적인 활동의 결과로 달성되게 된다.

예를 들어 앞에서 언급한 지역사회 어르신들을 대상으로 한 문맹퇴치 프로그램의 경우에도 한 번의 프로그램으로 그 결과를 달성할 수 있는 것은 아니다. 프로그램에 대한 홍보와 지원자 모집, 동기부여와 모니터링, 직접적인 교육과 시험, 사후 관리와 이후 서비스 연계 등 서로 연관되어 있는 일련의 활동과 서비스의 최종적인 결과로서 어르신들의 문맹퇴치라하는 바람직한 상태에 이르게 된다.

따라서 결과목표는 이와 같이 모든 서비스가 제공되고 난 후에 나타나는 참여자와 지역사회의 변화 정도를 의미하는 것으로 간주할 수 있는 반면, 과정목표는 이러한 최종목표가 달성되는 세부적인 과정에서 단계별로 설정된 목표라고 볼 수 있다. 앞의 경우에서 보면 어르신들의 문맹탈출 정도는 최종목표이지만, 홍보 및 참여자 모집 정도는 하나의 과정목표라고 볼 수 있다. 물론 모든 프로그램의 궁극적인 지향은 최종목표가 달성되는 것이지만 최종목표가 일련의 세부목표의 총합으로 이루어진다는 것을 고려한다면 적절한 과정목표의 설정과 이의 성공적인 달성은 최종목표의 달성에도 매우 중요한 것이다.

4. 목표는 어떠한 역할을 하며 왜 필요한가

앞서 사회복지 프로그램을 다른 프로그램과 구별할 수 있는 가장 중요한 기준 가운데 하나가 프로그램의 목표라고 언급한 바 있다. 즉 사회복지가 지향하는 목표를 달성하는 것이 사회복지 프로그램의 궁극적인 존재 이유이다. 그러므로 목표는 프로그램을 기획하고 실천하고 평가하는 전체 과정에서도 중요한 역할을 담당할 뿐만 아니라 프로그램을 기획하는 세부과정에서도 중요한 역할을 한다.

1) 프로그램과 목표의 역할

(1) 프로그램 기획자에게 구성 방향을 제시

목표는 프로그램 기획자가 구체적인 서비스나 프로그램을 구성할 때 활용할 수 있는 방향과 지침을 제공하게 된다. 즉 프로그램의 구체적 내용은 설정된 목표를 달성하기 위하여 선택된 수단을 의미한다. 따라서 프로그램의 목표는 프로그램을 기획하는 데 사용될 모든 인적 자원과 물적 자원을 조직화하는 데 있어 방향을 제시하는 명확한 기준이 된다.

(2) 프로그램 실천가에게 행동지침을 제공

목표는 작성된 프로그램 기획안을 이용하여 실질적으로 서비스를 수행하는 프로그램 실천가들에게 최종적인 행동 지침을 제공하는 역할을 한다. 일반적으로 프로그램 기획안은 아무리 치밀하고 정교하게 구성된다 하더라도 실천가가 프로그램을 수행하는 과정에서 직면할 수 있는 모든 문제들에 대하여 기획안이 해답을 제공할 수는 없다. 이러한 경우 프로그램 실천가는 주어진 프로그램의 목표를 명확히 이해함으로써 이들 목표를 달성하기에 가장 적절한 방법과 내용으로 프로그램을 시행할 수 있다.

(3) 프로그램 평가의 기준 제공

목표는 프로그램이 종료된 후 프로그램 평가 전문가가 프로그램이 성공적으로 수행되었는지의 여부를 판단할 수 있는 최종적인 평가기준을 제시하게 된다. 비록 어떤 프로그램이 좋은 프로그램이었는지 혹은 나쁜 프로그램이었는지를 판단할 수 있는 평가의 기준은 프로그램의 성격이나 평가자의 취향에 따라 매우 다양할 수 있지만 가장 궁극적이고 최종적인 판단의 기준은 그 프로그램이 시행되어 설정된 목표를 어느 정도 달성하였는지의 여부이다.

2) 프로그램 개발과정에서 목표의 위치

이와 같이 프로그램의 개발, 실행, 평가에서 목표가 수행하고 있는 역할과 기능을 자세히 살펴보면 프로그램 개발과정, 즉 기획과정에서도 목표설정이 얼마나 큰 비중을 차지하고 있는지 미루어 짐작할 수 있다. 앞서 우리는 3장에서 프로그램 기획과정은 크게 문제파악 및 확인단계, 프로그램 설계단계, 프로그램 실행단계, 프로그램 평가단계로 이루어져 있다는 것을 살펴보았다. 각각의 기획단계에서 목표가 차지하고 있는 위상은 매우 중요하다. 개별 단계에서 목표설정이 차지하고 있는 역할을 보다 자세히 살펴보면 다음과 같다.

(1) 문제파악 및 확인단계

프로그램 기획의 첫 번째 단계인 문제파악 및 확인단계는 바람직한 목표를 설정하기 위한 준비와 사전조사를 하는 단계로 간주할 수 있다. 연구자가 수집한 자료에 근거하여 파악한 문제의 정도, 규모, 경향, 심각성 등은 어떠한 문제를 해결할 것인가에 대한 전망, 즉 목표를 확정하는 데 사용되는 직접적인 자료가 된다. 문제와 연관된 지역사회의 자원과 환경에 대한 조사 역시 목표의 수준을 보다 적절하게 확정할 수 있는 근거로 사용된다. 따라서 프로그램 개발의 첫 단계인 문제파악 및 확인단계는 한 마디로 적절한 목표를 설정하기 위한 자료를 체계적으로 수집하고 종합하는 목표설정의 예비단계로 간주할 수 있다.

(2) 프로그램 설계단계

프로그램의 실행단계에서 수행될 구체적 서비스나 프로그램의 내용을 상세하게 확정하는 프로그램의 실행단계는 문제확인 및 파악단계를 통해 확정된 목표를 달성하기에 가장 적절한 수단을 마련하는 단계라고 볼 수 있다. 달리 표현하자면 프로그램 설계단계는 해당 프로그램의 목표를 달성하기 위한 전략을 구체화하는 것으로 간주할 수 있다. 따라서 프로그램 설계단계에서 고려되는 수많은 대안들 가운데 가장 적절한 것을 확정하는 작업에서 프로그램 기획자가 사용하여야 할 가장 중요한 기준은 해당 대안들이 주어진 목표와 가지는 인과적 타당도이다. 어떤 대안이 아무리 현실적으로 실현 가능하고 정치적으로 가장 높은 지지를 받을 수 있다 하더라도 목표와 직접적인 인과성을 가지지 못한다면 결코 적절한 대안이 될 수가 없다. 결국 프로그램 설계단계에서 주요 작업은 주어진 목표와 이를 달성할 수 있는 수단을 연결하는 것이라고 볼 수 있다.

(3) 프로그램 실행단계

두 번째 단계를 거치면서 완성된 프로그램 계획은 프로그램 실행단계에서 실천전문가에 의하여 실제로 수행된다. 프로그램 실행단계는 프로그램 기획단계에서 설정된 프로그램의 목표를 실제 현실에서 구현하는 과정으로 볼 수 있다.

따라서 실천전문가는 자신의 프로그램을 실시할 때 항상 궁극적으로 프로그램의 목표가 달성될 수 있는 방향으로 활동하여야 한다. 프로그램 실천의 궁극적인 결과도 목표에 의해 인도되어야 하지만 프로그램을 구성하는 세부 서비스나 활동 역시 프로그램의 목표달성이라는 전체의 맥락에서 실현되어야 한다.

(4) 프로그램 평가단계

프로그램의 전체 실행이 끝난 후 혹은 프로그램이 진행되는 매 단계별로 프로그램의 결과에 대하여 평가가 수행된다. 프로그램 평가에 있어 가장 중요한 관심은 수행된 프로그램이 성공적으로 완수되었는지의 여부, 즉 프로그램 수행의 결과 기대했던 만족스러운 변화가 나타났는지의 여부이다. 그런데 여기서 기대했던 만족스러운 변화가 다름 아니라 프로그램이 달성하고자 설정했던 목표이다.

달리 표현하자면 프로그램 평가의 실질적인 기준으로 작용하는 것은 프로그램의 목표이다. 따라서 프로그램 평가단계에서도 가장 중요한 역할을 담당하는 것은 프로그램의 목표임을 잘 알 수 있다.

5. 바람직한 목표가 갖추어야 할 조건은 무엇인가

이와 같이 프로그램에서 목표는 프로그램의 전체 과정 및 프로그램 기획 과정에서 매우 중요한 역할을 수행하고 있다는 것을 알 수 있었다. 그렇다면 어떻게 하면 가장 적절하게 프로그램의 목표를 설정할 수 있을까? 달리 표현하면 바람직한 목표는 어떠한 속성을 갖추어야 하는 것일까? 우선 바람직한 목표가 갖추어야 할 속성을 크게 다음과 같은 네 가지를 중심으로 살펴보기로 하자.

1) 조직목표와의 연관성

프로그램의 목표는 해당 프로그램을 수행하고자 하는 조직체가 지향하는 가치와 철학을 담고 있어야 한다. 예를 들어 사회복지 프로그램은 사회복지 조직체의 존재목적인 사회복지전문직의 가치와 철학을 담고 있는 것이어야 한다. 따라서 사회복지 프로그램은 지역사회의 환경을 개선하여 지역주민의 삶의 질과 행복을 증진시키고자 하는 목표를 담고 있어야 한다. 이러한 맥락에서, 사회복지 프로그램을 다른 분야의 프로그램과 가장 손쉽게 구별할 수 있는 방법은 목표의 상이함에 있다고 반복하여 언급하는 것이다.

물론 프로그램을 기획하는 조직체가 종합사회복지관이 아니라 청소년수련원과 같은 특정 인구집단을 위한 사회복지 기관일 경우 해당 기관의 보다 구체적인 가치와 철학을 담을 수 있는 프로그램 목표가 설정되는 것이 당연히 보다 바람직할 것이다.

2) 목표의 활동 지향성

프로그램의 목표는 구체적 행동이나 활동으로 표현되어야 한다. 목표가 과도하게 추상적인 내용으로 구성되면 그와 같은 목표에서 구체적 활동 프로그램을 도출하기 힘들어진다. 따라서 목표가 비록 추상적인 개념이나 내용을 일정 정도 담고 있더라도 그것이 손쉽게 사람의 구체적인 행위나 행동으로 표현될 수 있는 것이어야 한다.

예를 들어 심한 우울증을 겪어 자신감이 없는 청소년들을 위한 프로그램의 목표를 설정할 때는 그들을 자존감 있는 사람으로 만든다는 방식의 목표 설정보다는 그들의 자존감을 향상시킨다거나 손상된 자신감을 회복시킬 수 있는 방식으로 표현하는 것이 보다 활동 지향적인 것이다.

3) 목표의 구체성과 기준 지향성

그러므로 목표달성의 정도를 양이나 질, 빈도 등으로 객관적으로 확인할 수 있는 형태로 제시하는 것이 보다 바람직할 것이다. 이러한 기준을 충족하는 성과목표기술의 원칙으로는 SMART 목표 진술 기법이 있다(조성우 · 안정선 · 최승희 · 김상곤, 2018: 89; 사회복지공동모금회, 2024: 115). SMART 목표 진술 기법에 의한 원칙은 ① 구체적이어야 한다(Specific: 목표의 진술이 명확하고 구체적이어야 함), ② 측정 가능해야 한다(Measurable: 산술적으로 측정 가능하거나 측정도구를 활용해야 함), ③ 성취 가능해야 한다(Attainable: 현실적으로 달성 가능해야 함), ④ 결과 지향적이어야 한다(Result-oriented: 과정이 아닌 결과가 제시되어야 함), ⑤ 시간제한을 가진다(Time-bounded: 사업기간이 설정되어야 함)의 원칙이다. 예를 들어 서울 시내의 청소년 관련 사회복지 기관에서 서울 시내 중학생들의 우범 건수를 감소시키기 위한 프로그램을 기획할 경우 바람직한 목표는 "2025년까지 표적집단인 경범죄 경험이 있는 청소년 500명에게 개별적으로 세 건 이상의 상담 서비스를 제공하여 그들의 범죄 성향을 상담 이전에 비하여 최소 50% 이상 감소시킨다"와 같이 구체적 활동기준을 제시하는 방식으로 설정되어야 한다.

4) 목표의 상황 지향성

목표는 프로그램 활동으로 성취되어야 할 상태나 조건이 어떠한 상황 혹은 환경적 조건하에서 발생해야 하는지를 규정한 것이다. 예를 들어 추상적인 목표가 실현 가능성을 위하여 구체화될 때 그 목표는 어디서 언제까지 무엇을 어떻게 얼마나 달성할 것인지를 제시하여야 한다. 이러한 것이 바로 목표의 상황 지향성이다. 목표는 항상 추상적으로 제시되는 것이 아니라 그 목표가 수행되는 구체적인 시간, 공간, 부대조건, 주체, 역할 등을 통해서 구체화되는 것이다.

6. 목표설정의 위계화와 목표체계도

1) 목표설정의 위계화와 체계도의 필요성

앞서 언급한 바와 같이 프로그램의 목표는 전혀 단일하거나 단순하지 않다. 목표는 프로그램을 수행하는 기관이나 기획자의 가치와 철학을 담을 수 있을 정도로 포괄적이며, 가치 지향적이어야 하는 동시에 프로그램의 수행과 평가기준을 제시할 수 있을 정도로 구체적이어야 하며 상황 맥락적이어야 한다. 뿐만 아니라 목표를 설정하는 과정에서 관련된 많은 사람들이 논의하고 합의할 수 있을 정도의 경험성과 객관성을 가지고 있어야 한다.

그렇다면 프로그램을 기획할 때 목표가 포괄성과 구체성이라는 두 가지 상반된 속성을 동시에 갖도록 하기 위해서는 어떠한 방식으로 목표를 설정하여야 할까? 이러한 문제를 해결하는 수단이 바로 목표의 위계화를 통한 목표체계도의 구성이다.

(1) 목표설정의 위계화와 체계도

목표의 위계(hierarchy of objectives)를 설정한다는 것은 프로그램의 지향 방향과 과정을 보다 명료하게 하기 위한 방법으로서 추상적인 최종 목적을 몇 단계의 구체적인 하위목표(objectives)로 구분하는 것이다. 이러한 작업은 추상적인 언어로 개념화되어 표현되고 있는 목표를 보다 구체적이고 측정 가능한 형태의 하위목표로 전개하는 것이다.

목표의 위계를 설정하는 방식은 다양한 하위목표들 가운데 내용이 보다 계량적이고 구체적이어서 검증 가능할수록 하위목표가 되고, 목표의 내용이 최종 목적이 가진 내용, 즉 추상적이고 선언적인 지표와 유사하면 할수록 상위에 배치하는 것이 바람직하다. 최종목표와 하위목표들을 이와 같이 배치하여 하위목표들 사이의 위계관계와 연관관계가 드러나도록 배치한 것을 목표체계도라고 한다.

(2) 하위목표들 간의 관계

위계적으로 설정된 하위목표들은 각자 개별적으로 존재하는 것이 아니라 일정한 연관관계를 구성하고 있다. 앞서 설명한 것처럼 목표의 위계화는 추상적인 최종목표를 개념적으로 분화해서 보다 구체적이고 경험적인 하위목표들로 설정해 나가게 된다. 따라서 하위목표는 상위목표에 대해 두 가지의 기능을 하게 된다.

첫째, 하위목표는 추상적인 상위목표를 구체적으로 개념화하고 조작적으로 정의할 수 있는 지표(indicators)의 역할을 한다. 둘째, 하위목표는 상위목표가 지향하는 바람직한 상태나 활동을 구현할 수 있는 전략적 수단(measures)으로 작용하게 된다. 즉 하위목표를 통해 상위목표가 정의되고 실현될 수 있게 된다.

2) 하위목표들의 종류

하위목표들은 구체성의 정도와 역할에 따라 다양한 종류의 하위목표들로 구분될 수 있다. 프로그램 기획에서 목표의 위계화를 통해 최종적인 목표체계도를 완성하는데, 널리 사용되고 있는 하위목표는 1차 하위목표(first-order objectives), 영향목표(impact objectives), 성취목표(achievement objectives), 활동목표(activity objectives), 이용자목표(consumer objectives)이다.

그런데 프로그램이 상대적으로 소규모이거나 단순하여 목적이나 목표가 가진 추상성의 정도가 그다지 높지 않고 따라서 1차 하위목표가 필요하지 않다고 판단할 때는 프로그램의 목표 아래 바로 영향목표, 성취목표, 활동목표, 이용자목표로 이어지는 목표체계도를 구성할 수도 있다. 각각의 하위목표를 보다 상세하게 살펴보면 다음과 같다.

(1) 하위목표나 1차 하위목표

하위목표(objective) 혹은 1차 하위목표(first-order objective)는 추상적인 최종목표를 개념화하고 조작적으로 표현할 수 있는 기초가 되는 하위목표이다. 하위목표는 최종목표를 조작적으로 정의할 수 있는 기초가 될 뿐 아니라 이를 달성할 수 있는 구체적 실천전략의 방향을 제시하는 수단의 역할을 한다. 아울러 이러한 전략들의 실질적인 내용과 방식이 확정되는 프로그램 설계의 틀을 확정한다는 측면에서 매우 중요하다.

(2) 영향목표(impact objectives)

영향목표는 1차 하위목표를 구체화하는 목표들 가운데에는 가장 높은 수준의 하위목표 중 하나이다. 영향목표의 목적은 최종목표와 1차 하위목표가 제시하고 있는 문제의 지표는 그대로 유지한 채 이 지표를 어떻게 바람직한 상태로 변화시킬 수 있는 영향력을 모색할 수 있을지를 구체적으로 제시하는 것이다. 따라서 영향목표는 프로그램 대상집단을 최종적으로 어떤 상태로 변화시키겠다는 형태로 표현된다.

(3) 성취목표(achievement objectives)

위에서 제시한 영향목표가 최종목표나 1차 하위목표가 담고 있는 문제를 중심으로 대략적으로 제시하고 있는 반면, 성취목표는 프로그램의 표적집단을 대상으로 구체적으로 무엇을 얼마만큼 변화시켜 어떠한 상태에 도달하게 만들지를 제시하는 목표이다. 달리 표현하면 프로그램이 관심을 가지고 있는 문제와 관련된 서비스 대상자가 프로그램을 통해 어떤 정도의 변화에 도달할 것인가를 표현하는 목표이다.

(4) 활동목표(activity objectives)

앞서 설명한 영향목표나 성취목표가 주로 산출(output)을 중심으로 설정되는 목표라면 활동목표는 프로그램의 투입(input)에 주목하는 목표이다. 즉 영향목표나 성취목표를 달성하기 위해서 얼마만큼의 인적 · 물적 자원이 사용되어야 하는지를 구체적으로 제시하는 목표이다. 따라서 활동목표의 구성에는 어느 정도의 기간 동안, 어떠한 종류의 서비스나 프로그램이 어느 정도 제공될 것인지가 구체적으로 제시된다.

(5) 이용자목표(consumer objectives)

이용자목표는 얼마나 많은 서비스 대상자들이 프로그램에서 제공되는 서비스를 이용할 것인지를 결정하는 목표이다. 이는 목표를 프로그램의 달성 정도나 프로그램의 투입량 같은 프로그램 공급자 중심으로 보는 것이 아니라 해당 프로그램의 현재적 혹은 잠재적 이용 대상자인 소비자의 입장에서 목표를 설정하는 것이다. 즉 프로그램을 얼마나 많은 서비스 대상자에게 실제로 노출시킬 수 있을지를 목표로 하는 것이다.

이들 하위목표들의 내용과 관계를 개략적으로 표현하면 [그림 6-1]과 같다.

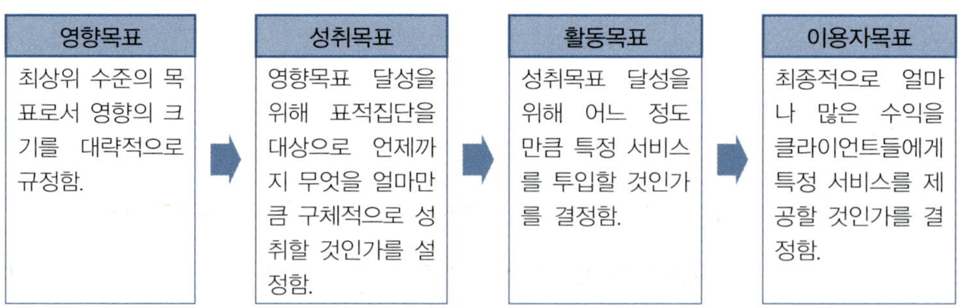

그림 6-1 목표체계도를 구성하는 다양한 하위목표들의 역할

출처: 김학주 (2004). p. 74 재인용.

7. 목표체계도의 구성 사례

프로그램 기획에서 목표가 가진 중요성과 함께 목표를 어떻게 설정하는지에 대하여 살펴보았다. 이번에는 앞서 설명한 내용들을 보다 명확하게 이해할 수 있도록 구체적인 사례들을 들어 목표체계도를 구성하는 방법을 익혀보도록 하자.

하위목표들에 대한 이해와 목표체계도 설정 방식에 도움을 주기 위해 [그림 6-2]와 같은 가상의 목표체계도를 제시한다. 이 프로그램은 서울 시내 중 · 고등학교 학생들의 비행을 감소시키려는 목적에서 만들어진 프로그램이다.

프로그램은 그림에서 보는 바와 같이 최종적이자 궁극적인 목표를 '서울 시내 중 · 고등학교 재학 학생들의 비행 및 우범 건수 감소'라고 설정하였다. 이러한

추상적인 목표를 구체적인 프로그램으로 구현하기 위해 매우 다양하고 구체적인 하위목표들이 있을 수 있다. 그 가운데에서 프로그램 기획자가 고려하여야 할 다양한 상황과 조건 등을 고려하여 하위목표들을 체계화한 것이 그림과 같은 목표체계도이다. 이 체계도를 이용하여 각각의 하위목표의 내용과 관계를 설명하여 보도록 하자.

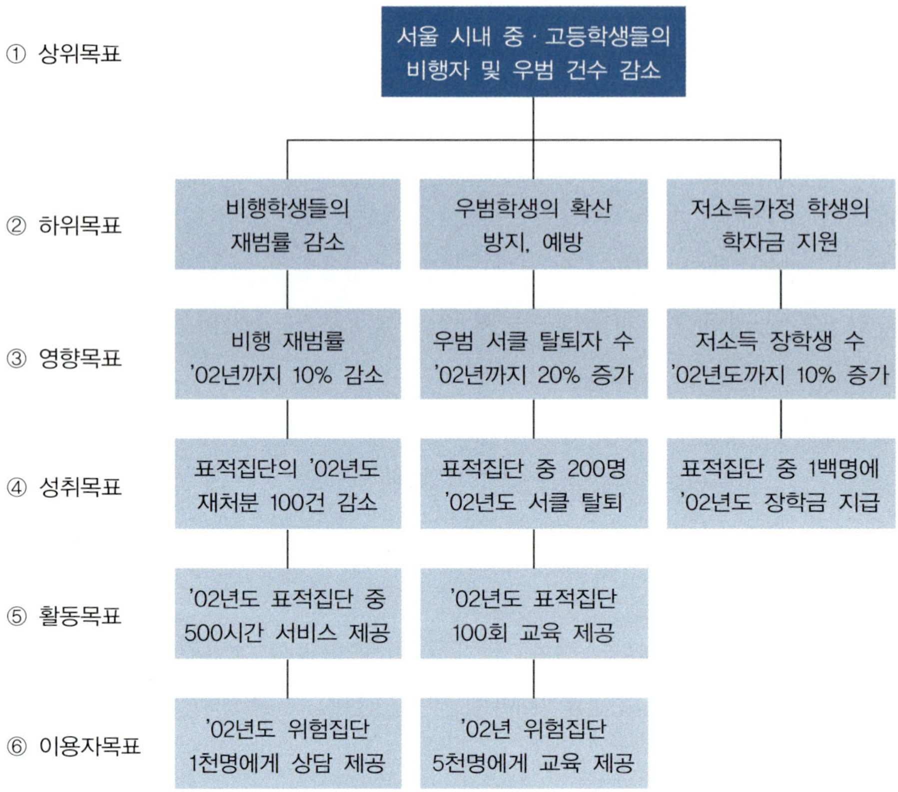

그림 6-2 **목표체계도의 실제 사례**

출처: 최일섭 · 이창호 (1993). p. 220.

1) 최종목표의 확인과 1차 하위목표의 설정

이 그림에서 볼 수 있듯이 이 프로그램의 최종목표는 '서울 시내 중고등학교 재학생들의 비행자 및 우범 건수 감소'라고 설정되었다. 이 최종목표는 프로그램 기획자 스스로가 설정한 것일 수도 있고, 기관의 이사회나 최고경영자 등에 의하여 설정되어 기획자에게 주어질 수도 있고, 서울시나 서울시 교육청 등 관련 기관이 프로그램 기획자에게 의뢰할 수도 있다. 프로그램 기획자는 '서울 시내 중 · 고등학생들의 비행자 및 우범자 감소'라고 하는 추상적인 최종목표를 보다 개념화하고 구체화하기 위해 '비행학생들의 재범률 감소', '우범학생의 확산 방지, 예방', '저소득 가정학생의 학자금 지원'이라고 하는 세 개의 하위목표로 구성한다. 이러한 하위목표는 주어진 최종목표를 구성하는 하위범주 가운데 선택될 수도 있고, 최종목표를 달성하는 데 있어 인과성이 있다고 간주되는 수단이나 전략이 될 수도 있다. 이 경우 세 개의 하위목표 가운데 '비행학생들의 재범률 감소'나 '우범학생의 확산 방지 혹은 예방'은 비행자 및 우범 감소라고 하는 최종목표를 구성하는 하위범주의 성격에 가깝고, '저소득 가정학생의 학자금 지원'이라고 하는 하위목표는 최종목표를 구성하는 하위범주는 아니지만 최종목표를 달성하기에 가장 효과적인 전략적 수단으로 설정된 것이다.

2) 영향목표의 설정

영향목표는 1차 하위목표를 구체화하는 목표들 가운데 가장 높은 수준의 하위목표로서 최종목표와 1차 하위목표가 제시하고 있는 문제를 바람직한 상태로 변화시킬 수 있는 영향력을 모색할 수 있을지 구체적으로 제시하는 것이다. 따라서 영향목표는 주로 프로그램 대상 집단을 최종적으로 어떤 상태로 변화시키겠다는 형태로 표현된다.

앞의 사례를 통해 살펴보면 이 프로그램의 최종목표는 '서울 시내 중 · 고등학생들의 비행자 및 우범 건수를 감소'시키는 것이고 이러한 최종목표를 일차적으로 구체화한 하위목표 가운데 하나는 '비행학생들의 재범률을 감소'시키는 것이다. 영향목표는 이러한 최종목표와 하위목표의 지표, 즉 '재범률 감소'라고 하는 문제 지표에 실질적으로 어떠한 영향을 주어 바람직한 목표인 비행자 감소 및 우범 건수 감소를 달성할지를 표현하는 목표이다. 이 경우 프로그램 기획자는 비행 학생집단에 대해 이들의 비행 재범률을 10% 정도 감소시킬 수 있는 영향력을 프로그램으로 인해 야기되는 변화의 정도로 제시하는 것이다.

3) 성취목표의 설정

성취목표는 프로그램의 표적집단을 대상으로 구체적으로 무엇을 얼마만큼 변화시켜 어떠한 상태에 도달하게 만들지를 제시하는 목표이다. 달리 표현하면 프로그램이 관심을 가지고 있는 문제와 연관되어 있는 서비스 대상자가 주어진 프로그램을 통해 어떤 정도의 변화에 도달할 것인가를 구체적으로 표현하는 목표이다.

주어진 사례를 이용하여 살펴보면 비행에 노출되어 있는 위기집단(At-Risk Population)인 서울 시내에 거주하는 중 · 고등학생들 가운데 프로그램이 보다 관심을 가지고 있는 인구집단, 예를 들어 비행을 저질렀던 경험자 가운데 재범의 가능성이 있는 집단을 표적집단(Target Population)으로 설정하고 이들을 대상으로 구체적으로 어떠한 성과를 얻을 것인지를 설정하는 것이 성취목표이다. 이 경우에는 표적집단을 대상으로 다양한 프로그램을 실시하여 이들이 다시 비행을 저질러 재처분을 받지 않는 상태를 목표로 하고 구체적인 성취의 정도를 100건 감소로 분명하게 제시하고 있다. 따라서 이 경우를 보면 프로그램이 없었다면 발생했을 재처분의 총량이 프로그램을 통해 100건 정도 줄어들 것을 예상하고 있고 이 차이가 바로 프로그램의 성취량이다.

4) 활동목표의 설정

앞서 설명한 바와 같이 영향목표나 성취목표가 산출 중심의 목표라면 활동목표는 투입(input) 중심의 목표이다. 활동목표는 프로그램이 설정한 결과를 달성하기 위해 얼마만큼의 인적 · 물적 자원이 사용되어야 하는지를 구체적으로 제시한다. 따라서 활동목표의 구성에는 어느 정도의 기간 동안, 어떠한 종류의 서비스나 프로그램이 어느 정도 제공될 것인지가 구체적으로 설정되어야 한다.

주어진 사례의 경우 서울 시내 중 · 고등학생들의 비행자 및 우범 건수를 감소시키겠다는 프로그램의 최종목표는 위험집단의 재범률을 10% 감소시키겠다는 영향목표나 표적집단이 비행자의 재처분을 100건 감소시키겠다는 성취목표로 구체화되었다. 이 영향목표나 성취목표를 달성하기 위해서 프로그램 기획자는 표적집단을 대상으로 500시간의 서비스가 투입되어야 함을 활동목표로 설정하고 있다.

5) 이용자목표의 설정

이용자목표는 목표를 프로그램의 달성 정도 혹은 프로그램의 투입량과 같이 프로그램 공급자 중심으로 보는 것이 아니라 해당 프로그램의 현재적 혹은 잠재적 이용대상자인 소비자의 입장에서 목표를 설정하는 것이다. 즉 프로그램을 얼마나 많은 서비스 대상자에게 노출시킬 수 있을지를 목표로 하는 것이다.

제시한 사례의 경우 '비행학생들의 재범률 감소'라고 하는 1차 목표에 대하여 이용자목표는 '위험집단 1천명에게 상담 제공'으로 설정되었다. 이러한 이용자목표를 보면 1천명의 서비스 대상자가 해당 프로그램의 프로그램을 이용하는 것에 주안점을 두고 있다. 설정되는 이용자의 규모는 해당 프로그램의 다양한 여건, 예를 들어 인적 · 물적 자원의 정도, 프로그램 기간, 회계연도 등을 고려하여 설정된다.

이러한 방식으로 해당 프로그램이 설정한 하위목표의 숫자만큼 프로그램 위계화가 이루어져야 한다. 사례의 경우 하위목표는 '비행학생들의 재범률 감소', '우범학생의 확산 방지, 예방', '저소득 가정학생의 학자금 지원'의 세 가지이므로 프로그램 기획자는 별도의 세 가지 종류의 프로그램 위계화를 수행하여야 한다.

* 요 | 점 | 정 | 리

- 목표는 프로그램이 변화시키려고 하는 상황이나 문제에 대한 특정한 기준을 의미한다.
- 프로그램을 통하여 변화되어 보다 바람직한 인간이나 환경으로 바뀐 상태가 프로그램의 목표이다.
- 절대적 목표는 프로그램이 목표로 하고 있는 욕구, 문제, 위험이 완전히 해결된 경우를 말한다.
- 상대적 목표는 절대적 목표와 같이 어떤 문제를 완전히 해결하는 것이 아니라 절대적 목표의 일정 부분을 성취하고자 하는 것이다.
- 결과목표란 모든 서비스가 제공되고 난 후에 나타나는 서비스 이용자와 지역사회의 변화 정도를 의미한다.
- 과정목표는 최종목표가 달성되는 세부적인 과정에서 단계별로 설정된 목표이다.
- 목표는 구체적인 서비스나 프로그램 구성의 방향과 지침을 제공하며 서비스를 수행하는 실천가들에게 최종적인 행동지침을 제공한다.
- 목표는 프로그램이 성공적으로 수행되었는지의 여부를 판단할 수 있는 최종 평가기준을 제시한다.
- 프로그램 개발과정은 문제 파악 및 확인단계, 프로그램 설계단계, 프로그램 실행단계, 프로그램 평가단계로 이루어진다.
- 바람직한 목표는 조직목표와의 연관성, 활동 지향성, 구체성과 기준 지향성, 그리고 상황 지향성을 갖추어야 한다.
- 목표체계도는 추상적인 최종목표를 구체적인 하위목표들로 구분하고 이들을 위계화한 것이다.
- 목표체계도의 하위목표들로는 1차 하위목표, 영향목표, 성취목표, 활동목표, 이용자목표 등이 있다.

연습문제

1. 프로그램의 목적, 목표, 하위목표들의 개념 및 관계에 대해 설명하여 보라.

2. 프로그램을 기획하는 각각의 단계별로 프로그램 목표가 차지하고 있는 역할에 대하여 설명하여 보라.

3. 다음 주어진 최종목표를 대상으로 하위목표들을 차례로 설정하고 목표체계도를 완성하여 보라.

   1) 서울 시내에 거주하고 있는 초·중학교 재학생 가운데 학교폭력 가해 경험이 있는 학생들의 정서적 기능을 강화할 수 있는 프로그램의 목표체계도를 구성해 보라.

   2) 서울 시내에 거주하고 있는 저소득층 맞벌이 부부의 초등학교 자녀들에게 보여지는 약화된 사회성을 강화할 수 있는 프로그램의 목표체계도를 구성해 보라.

연습과제

[과제 1]

SMART 원칙에 따라 다음 목표진술의 잘못된 부분을 찾아 바람직한 목표로 서술하고 그 이유에 대해 설명하시오.

1. 장애인들이 직업재활훈련에 참여하여 100% 원하는 직장에 취업한다.

2. 다문화가정의 아동들이 복지관 프로그램에 참여한다.

3. 장애 청소년들이 2박3일 캠프에 참여하여 소속감을 갖는다.

4. 미혼모보호시설의 임신 중인 학생들이 대안학교에 참여하여 보다 즐거운 학교생활을 한다.

CHAPTER

07

프로그램 활동내용 구성:

목표달성을 위해서는 어떤 수단들이 바람직할까

이 장의 학습목표

이 장의 학습목표는 기획과정에서 설정된 목표를 현실적으로 구현하기 위한 구체적 실천 전략을 모색하는 데 있어 요구되는 지식과 기술을 분명히 이해하는 것이다. 특정한 기획 목표는 구체적 프로그램을 통해 현실로 구현되며 서비스 대상자들에게 직접적으로 영향을 주어 변화를 야기하는 수단과 전략은 추상적 목표가 아니라 구체적 프로그램이다. 이 장에서는 목표를 구현할 대안인 프로그램을 구성하는 적절한 기준이 무엇인가를 학습하고 그에 따라 구체적인 대안을 구성하는 능력을 함양한다. 이 장에서 학습할 세부목표는 다음과 같다.

- 프로그램 구성에 대하여 이해한다.
- 프로그램 구성과 대안선택의 관계를 이해한다.
- 프로그램의 구성요소와 구성 원리를 이해한다.
- 바람직한 프로그램을 위한 내용분석에 대하여 이해한다.

07 CHAPTER

프로그램 활동내용 구성:
목표달성을 위해서는 어떤 수단들이 바람직할까

1. 프로그램 구성과 대안의 선택

훌륭한 요리사는 좋은 조리 기구를 사용하여 맛있는 음식을 만들어 내고, 훌륭한 군인은 좋은 무기를 자신의 몸처럼 다루도록 거듭하여 훈련한다. 이와 마찬가지로 좋은 사회복지사 역시 자신의 임무와 사명을 다하기 위해서는 요리사의 조리 기구와 군인의 무기와 같은 역할을 할 자신만의 수단이 필요하다.

사회복지사가 자신의 실천 활동을 해나가는 과정에서 사용하는 도구가 바로 서비스이며 이러한 서비스들이 합쳐진 것을 우리는 프로그램이라고 부른다. 달리 표현하면 사회복지사의 임무와 사명은 서비스 혹은 프로그램의 실천을 통해 완수되는 것이다. 지난 강의에서 살펴본 바와 같이 특정 프로그램을 기획할 때 그 기획의 임무와 사명은 목표를 설정함으로써 분명해진다. 따라서 이러한 목표를 구체적으로 실현하는 수단이 바로 서비스 혹은 프로그램인 것이다.

그런데 많은 경우에 목표에 적합한 프로그램을 구성하는 과정에서 저지르기 쉬운 오해가 있다. 그것은 해당 목표를 달성할 수 있는 최선의 프로그램이 어딘가 존재할 것이라고 생각하고 그것을 발견하고자 끊임없이 노력하는 것이다. 물론 이와 같은 자세는 바람직하고 그러한 노력의 결과 좋은 프로그램을 발견한 가능성이 높은 것은 사실이다. 그러나 일반적으로 프로그램을 구성해 나가는 과정은 절대적으로 최선의 수단을 택하기보다는 오히려 주어진 대안들 가운데에서 가장 적절한 대안을 선택하는 것이다. 그러므로 프로그램을 구성하는 과정에서 가장 중요한 것은 현실적으로 선택 가능한 대안들 가운데 가장 적절한 대안을 골라낼 수 있는 바람직한 기준이 무엇인지를 분명히 하는 것이다.

달리 표현하자면 주어진 목표를 달성하기 위한 수단은 오직 한 가지만 존재하는 것이 아니다. 오히려 특정한 프로그램 기획에서 설정된 목표를 달성할 수 있을 것으로 기대되는 대안들은 수없이 많다. 따라서 프로그램 구성의 가장 바람직한 전략은 주어진 목표의 유일한 수단을 선택하는 것이 아니다. 오히려 목표달성이 기대되는 많은 대안들 가운데 가장 적절한 대안을 선택하는 의사결정이 중요하다.

프로그램 구성에서 가장 중요한 쟁점들이 대안선택의 기준인 점은 바로 이러한 맥락에서이다. 그렇다면 어떠한 기준들이 대안선택의 바람직한 기준인지를 차례대로 살펴보자.

2. 프로그램 대안선택의 기준

1) 대안선택의 이론적 모형

목표달성에 기여할 것으로 기대되는 대안들 가운데 바람직한 것들을 어떻게 선택할 수 있을지에 관해서는 몇 가지 상이한 이론적 관점들이 있다. 이러한 이론적 관점들은 프로그램 기획자가 프로그램의 구체적 내용을 구성하는 대안들을 선택하는 데 있어 기본적인 방향과 기준을 제시하여 준다.

대표적인 대안선택의 이론적 모형으로는 점증주의 모형, 포괄적-합리적 모형, 제한적-합리적 모형을 들 수 있다(최일섭 · 이창호, 1993).

(1) 점증주의 모형

점증주의 모형은 주어진 목표에 부합하는 대안들을 선택할 때 개혁적이거나 파격적인 대안들보다는 현존 혹은 기존의 프로그램들을 소폭으로 개량할 수 있는 대안들을 선택하는 것이 바람직하다고 간주한다. 이는 기본적으로 프로그램에 영향을 받을 수 있는 많은 이익집단들의 다원적 가치를 최대한 많이 고려하여야 한다는 기본 생각을 반영한 것이다.

따라서 점증주의 모형에 의해 선택되는 대안들은 기본적으로 제한적이며, 가시적이고, 지엽적이면서, 손쉬운 것들이어서 매우 안정적인 특성을 공유한다.

(2) 포괄적-합리적 모형

포괄적-합리적 모형에 근거하여 대안을 선택하게 되면 주어진 목표를 달성할 수 있을 것으로 판단되는 모든 대안들에 대해 가능한 가장 체계적인 분석방법을 사용하여 대안을 선별하게 된다. 포괄적-합리적 모형이 근거하고 있는 전제는 인간은 이성과 합리성을 가지고 모든 대안을 분석할 수 있다는 것과 이에 필요한 모든 가능한 정보를 얻을 수 있다는 것이다. 따라서 포괄적-합리적 모형에 의하여 선택되는 대안은 현실적인 제한을 초월하여 논리적으로 타당한 인과성을 갖추면 적절한 것으로 간주된다.

(3) 제한적-합리적 모형

제한적-합리적 모형은 포괄적-합리적 모형의 전제와는 달리 인간은 항상 부분적인 지식만을 가지고 있을 뿐이며 인간이 고려할 수 있는 대안 역시 인간이 가지고 있는 능력의 한계로 말미암아 제약을 받을 수밖에 없다는 것이다. 따라서 프로그램 기획자가 고려할 수 있는 대안들은 인과적 타당성뿐만 아니라 현실적인 실현 가능성까지 갖춘 제한적인 대안일 수밖에 없다. 이러한 맥락에서 실제 프로그램 기획에서 많이 사용되고 있는 모형이 바로 제한적-합리적 모형이다.

2) 대안선택의 기준

기획가가 고려하여야 할 수많은 대안들 가운데 바람직한 것을 선택할 때 사용하여야 하는 기준은 크게 두 가지이다. 하나는 타당성(validity) 혹은 소망성(desirability)이고 다른 하나는 실행 가능성(feasibility)이다(정무성 · 정진모, 2001; 김학주, 2004).

타당성이란 고려되는 대안이 주어진 목표의 달성 수단으로 내적인 인과관계가 있는가를 검증하는 것인 반면 실행 가능성은 어떤 대안이 비록 내적인 타당성이 있다고 할지라도 현실적으로 실행 가능할 것인지를 검증한다. 각각의 기준을 보다 자세히 살펴보면 다음과 같다.

(1) 타당성

타당성(validity)이란 선택된 대안이 목표와 내적인 인과관계를 가지고 있어야 함을 의미한다. 달리 표현하자면 선택된 대안을 수행하면 반드시 설정된 목표가 달성되어야 한다. 예를 들어 두통을 해결하고자 하는 목표가 설정되고 수많은 의약품들이 대안으로 모색되고 있다면 일단 고려의 대상이 되는 대안은 기본적으로 두통 해소에 도움이 될 것으로 기대되는 두통약들 가운데에서 선택되어야 할 것이다. 두통 해소가 목표인데 대안으로 소화제를 고려할 수는 없다. 왜냐하면 소화제는 기본적으로 두통 해결과는 인과관계(causal relationship)를 가지고 있지 않기 때문이다. 목표와 수단의 인과관계를 고려하는 기준인 내적 타당성에도 다음과 같은 하위기준들이 존재한다.

① 효과성(effectiveness)

어떤 대안이 설정된 목표를 달성하였는지의 여부를 판단하는 기준을 효과성이라고 한다. 앞에서 든 예에서 특정의 두통약을 복용하고 두통이 완전히 사라졌다면 그 대안은 효과성 100%의 아주 좋은 대안이 된다. 반면에 어떤 대안의 경우 복용 후 두통의 절반 정도 밖에 사라지지 않았다면 이 대안의 효과성은 목표의 50%에 불과하다. 결국 효과성은 투입된 비용에 관계없이 선택된 대안이 주어진 목표를 어느 정도 달성하였는지를 판단의 기준으로 삼는다.

② 효율성(efficiency)

어떤 대안이 주어진 목표를 달성하는 데 있어 효과성 100%의 인과관계를 보이고 있다고 하더라도 이 대안을 수행하는 데 너무 많은 인적 · 물적 자원이 투입되어야 한다면 기획자의 입장에서는 선뜻 이 대안을 선택하는 것을 망설이게 된다.

달리 표현하자면 아무리 효과성이 높은 대안이라고 하더라도 그 대안을 실현하는 데 있어 너무 많은 비용이 요구된다면 한정된 자원을 효율적으로 사용하지 못하는 것일 수 있다. 앞의 예에서 두통을 완전히 제거하는 두통약이 너무 비쌀 경우 비록 두통은 50% 밖에 제거하지는 못하지만 보다 저렴한 두통약이 현실적으로 효율적인 대안이 될 수 있다는 것이다.

③ 적절성(adequacy)

어떤 대안이 설정된 목표에 대하여 의도한 결과를 낳기 위해서는 목표가 해결하고자 하는 문제와 수단과의 인과관계가 가장 중요한 요소라는 것을 효과성을 설명하는 과정에서 살펴보았다. 하지만 해결하고자 하는 문제는 그 자체로 독립적으로 존재하는 것이 아니라 문제를 가진 대상자나 인구집단의 특성이나 상태, 그 문제가 놓여 있는 지역적 특성이나 환경 등과 연관되어 복합적으로 존재한다. 따라서 문제해결의 가능성을 높이기 위해서는 이와 같은 여건도 충분히 고려되어야만 한다.

이와 같이 대상자의 상황이나 지역적 여건 등을 고려하면 할수록 보다 적절성 있는 대안을 모색할 수 있을 것이다. 앞서 든 예를 통해 볼 때 두통을 해결할 수 있을 것으로 기대되는 많은 두통약 가운데 어떠한 두통약을 골라야 할지 선택하기가 어려운 경우에는 시골 지역에 사는 어린이 환자라는 대상자의 특성을 고려한다면 보다 적절한 두통약을 선택할 수 있을 것이다.

④ 형평성(equity)

서비스나 프로그램의 대상자는 한 명인 경우도 간혹 있지만 대개의 경우

다수의 집단으로 이루어져 있다. 그런데 목표달성을 위해 구성된 프로그램이 대상자 집단 가운데 몇몇 사람에게만 유리하게 구성되어 있을 경우 집단 전체의 프로그램 효과는 떨어질 것이고 결국 프로그램의 목표는 성공적으로 달성되지 못할 것이다. 뿐만 아니라 이와 같은 프로그램의 비형평성에 불만을 가진 여타의 대상자들이 다수를 차지할 경우 프로그램의 성공적인 수행은 불가능할 것이다.

앞 사례의 경우 특정지역의 주민들이 겪고 있는 두통 문제를 해결하기 위해 두통약을 공급하는 프로그램을 추진하면서 배급장소를 시내 한 가운데로 정한다면 시의 외곽지역에 거주하고 있는 주민들의 경우 접근성의 문제로 해당 프로그램을 이용하지 못할 것이다. 그 결과 프로그램의 목표달성이 불가능할 것임은 자명하다.

(2) 실행 가능성

어떤 대안이 주어진 목표와 강한 인과관계를 가지고 있어 만일 실행된다면 의도한 바람직한 결과를 가져올 것이라는 것을 기대할 수 있지만 현실적으로 그러한 대안을 실행하는 것이 불가능하다면 그 대안은 바람직하지 못하다. 따라서 기획자는 고려하고 있는 대안이 현실적으로 실행 가능한 것인지 다음과 같은 항목을 조목조목 점검하여야 한다.

① 기술적 실행 가능성

어떤 대안이 목표와 높은 인과관계를 가지고 있다 하더라도 현재의 조직구조나 인력수준 혹은 기술적 능력을 고려할 때 실행이 불가능한 경우가 있을 수 있다. 예를 들어 서울 시민을 대상으로 한 사회복지 인식 제고 프로그램을 개별 복지관에서 수행하고자 하는 것처럼 주체의 시설 규모나 인력보다 너무 큰 대안은 현실적인 수행이 불가능한 대안이다.

② 경제적 실행 가능성

어떤 대안의 경우 기술적으로 실행 가능할지라도 실행에 너무 많은 비용이들 경우 실제로 수행되기는 힘들다. 특히 프로그램의 많은 비용을 직접 조달하기보다는 외부 사회에서 지원받고 있는 사회복지 시설 및 기관의 경우 비용의 적절한 사용은 조직의 사회적 인정과 관련하여 매우 중요한 고려사항이다.

③ 이용자 확보 여부

어떤 대안이 기술적으로 실행 가능하고 경제적으로 문제가 없지만 막상 이러한 프로그램에 참여할 이용자를 실제로 확보하기 힘들다면 그 대안은 실행될 수 없다. 특히 그 대안이 사회적으로 민감한 방법을 이용한다든지, 혹은 사회에서 부정적으로 생각하고 있는 내용을 담고 있을 경우 프로그램에 참여하고자 하는 이용자를 확보하기 힘들 것이다. 예를 들어 알코올 중독 혹은 마약중독자들을 위한 프로그램이나 AIDS 환자들을 위한 프로그램 등 클라이언트가 사회적으로 비난을 받거나 찾기 어려운 경우 프로그램 이용자 확보는 쉽지 않을 것이다.

④ 윤리적, 정치적 실행 가능성

어떤 대안이 아무리 목표와 인과성을 가지고 있다 하더라도 해당 지역사회의 문화적 · 윤리적 정서에 반하는 내용이나 방식을 사용하거나, 법적으로 허용되지 않은 것을 이용한다면 이러한 대안은 현실화될 수 없다. 예를 들어 자원봉사자를 이용하여 어르신들을 대상으로 한 의료행위를 계획할 경우 이러한 활동은 기본적으로 무면허 진료행위로서 의료법에 저촉되는 것으로 실현이 불가능하다.

3. 프로그램 구성요소와 구성 원리

1) 프로그램 구성요소

아무리 간단한 프로그램이라고 하더라도 프로그램이 되기 위해서는 반드시 갖추어야 할 요소들이 존재한다. 물론 프로그램 내용, 주요 관심대상 혹은 시행 순서에 따라 강조되는 요소들이 각기 다를 수 있지만 기본적으로 다음과 같은 요소들이 반드시 포함되어야만 목표달성의 수단으로서 프로그램의 위치를 차지할 수 있다. 달리 표현하면 다음의 요소들 가운데 한 가지라도 빠져 있다면 프로그램 실행 담당자는 프로그램을 성공적으로 수행할 수 없게 된다.

(1) 참가자

참가자란 프로그램을 이용할 서비스 대상자를 의미한다. 이들 참가자들은 프로그램의 목표가 설정되면서 동시에 확정되게 된다. 전체 인구집단에서 프로그램이 관심을 가지고 있는 문제에 노출되어 있는 위험집단(at-risk group) 중에 프로그램의 구체적인 표적집단(target group)이 바로 프로그램의 잠재적 대상자이다. 이들 가운데 서비스나 프로그램에 참가하기로 동의한 사람들이 최종 참가자가 된다. 프로그램의 참가자는 프로그램의 활동내용을 구성하는 데 있어 가장 중요한 핵심요소이다.

(2) 실시 주체의 의도

프로그램 속에는 프로그램 실시 주체의 의도가 분명히 담겨 있어야 한다. 예를 들어 프로그램을 실시하는 기관이나 시설의 철학, 목표, 설립목적 등이 프로그램 속에 분명하게 표현되어야 한다. 프로그램 실시 주체의 의도는 설정된 목표를 통해 혹은 선정된 대상자 집단의 특성을 통해 표현되기도 하지만 구체적인 서비스나 프로그램의 내용에 반영되어야 한다.

(3) 활동내용

프로그램은 기본적으로 전문가에 의해 수행되는 활동이다. 따라서 프로그램에는 구체적인 장소나 환경, 시간, 서비스의 양과 질, 수행방법, 사용될 장비와 도구 등에 대한 구체적인 설명과 고려점이 담겨 있어야 한다. 예를 들어 대상자의 참여 정도, 전문가가 주의해야 할 점 등도 필요할 경우 제시되어야 한다.

(4) 프로그램 담당자

프로그램은 반드시 전문인력에 의하여 수행되어야 한다. 특히 휴먼서비스(Human Service)인 사회복지 프로그램의 경우 프로그램 수행 담당자의 역할은 더욱 중요하다.

기본적으로 프로그램을 수행하는 담당자는 크게 세 가지 종류의 인력으로 이루어져 있다. 프로그램을 직접 수행하는 전문인력(staff), 전문인력의 원활한 프로그램 진행을 지원하는 슈퍼바이저(supervisor), 전문인력은 아니지만 전문가의 지도 아래 프로그램 수행을 돕는 자원봉사자(volunteer)가 프로그램 담당자이다. 프로그램의 구성에는 각각 이들 담당자들 사이의 역할과 책임을 분명히 제시하여야 한다.

(5) 경비

프로그램은 두 가지 방식으로 표현될 수 있다. 하나는 프로그램 참가자들의 활동방식이고 다른 하나는 이에 필요한 인적 · 물적 자원의 경제적 표현인 경비방식이다. 앞서 설명한 프로그램의 활동내용과 담당자가 활동의 방식으로 프로그램을 표현한 것이라면 이들 활동에 필요한 인건비, 관리비, 기자재 및 집기 비용 등을 일목요연하게 표현한 것이 바로 프로그램의 경비 혹은 예산이다. 특히 이들 프로그램 수행에 필요한 경비를 어떻게 조달할 것인가와 관련된 자원출처 및 산출 근거도 명확히 제시할 수 있어야 한다.

(6) 프로그램 평가계획

프로그램을 기획하고 수행하는 궁극적인 목표는 프로그램이 설정한 목표를 달성하기 위해서이다. 따라서 프로그램의 구성에는 시행된 프로그램의 결과에 대하여 언제, 어떻게, 어디서, 누가, 그 결과를 평가할 것인가에 대한 상세한 계획을 담고 있어야 한다. 이러한 프로그램의 계획을 사전에 분명히 하는 작업은 해당 프로그램의 정확하고 적절한 평가를 위해서도 꼭 필요한 것이지만, 이 프로그램과 유사한 다른 프로그램을 기획하는 데 있어서도 가장 적절한 기초 자료가 된다.

2) 프로그램 구성 원리

대부분의 프로그램은 단 한 번의 활동으로 이루어지기보다는 일정한 시기와 횟수에 걸쳐 논리적으로 연속된 여러 번의 활동으로 이루어진다. 프로그램의 진행 시기를 보면 짧은 경우 한 달 만에 종료하는 경우도 있지만, 긴 경우는 1년 이상 지속되는 프로그램도 있다. 따라서 프로그램의 목표를 성공적으로 달성하기 위해서는 연속적으로 진행되는 각각의 프로그램을 어떻게 연결하는 것이 바람직한지 그 연결논리와 기법에 대한 이해가 필요하다. 설정된 목표를 달성할 수 있을 것으로 판단된 대안들은 그들 사이의 관계에 따라 적절하게 조직화되어야 한다.

예를 들어 집단 프로그램을 효과적으로 수행하기 위해서는 참여자들 사이의 친밀감을 형성하는 프로그램이 선행되어야 한다. 또한 친밀감을 형성하는 프로그램을 수행하기 위해서는 프로그램 담당자가 프로그램 참가자를 충분히 파악하는 초기면접 프로그램이 먼저 수행되어야 할 것이다. 이와 같이 각각의 프로그램이 그들 사이의 연속성과 인과관계에 따라 논리적으로 배치될 때 프로그램의 목표는 성공적으로 달성될 수 있을 것이다.

(1) 단순한 프로그램에서 복잡한 프로그램으로

프로그램이 성공적으로 수행되기 위해서는 참가자들이 프로그램을 충분히 이해하고 적응해 나가는 것이 중요하다. 이를 위해서는 프로그램 가운데 단순하고 간단한 프로그램을 먼저 실시하고 이에 참가자들이 익숙해지면 점점 더 복잡한 프로그램으로 전개해 나가야 한다. 그렇지 않으면 프로그램 참여자들이 쉽게 흥미를 잃어버리거나 프로그램 전개과정에 적응하지 못해 효과적인 목표달성을 이루지 못할 것이다.

프로그램은 포괄성과 다양성을 적절히 활용하여 구성되어야 한다. 포괄성이란 한 가지 프로그램을 통해 여러 가지 목표를 달성할 수 있게 프로그램을 구성하는 방식을 의미하며, 다양성이란 한 가지 목표를 달성하기 위하여 여러 가지 다양한 프로그램이나 서비스를 사용하여 목표달성의 가능성을 높이고 프로그램 대상자의 흥미를 유발할 수 있어야 한다는 것이다. 따라서 프로그램의 전반부에는 다양성을 살린 프로그램을 배치해 참가자의 관심과 자발성을 자극하는 것이 좋을 것이고 후반부에 갈수록 포괄적인 프로그램을 통해 프로그램의 효과성과 효율성을 극대화하는 것이 좋을 것이다.

(2) 구체적인 프로그램에서 추상적인 프로그램으로

만약 프로그램 진행과정에서 비슷한 프로그램이나 서로 연관된 프로그램을 동시에 수행할 경우에는 상대적으로 명료하고 구체적인 프로그램을 먼저 실시하고 그 이후 추상적인 프로그램으로 넘어가는 것이 바람직하다. 동일한 성격의 프로그램에서 구체적인 프로그램을 통해 참가자들이 프로그램의 의도와 내용에 익숙해지면 보다 추상적인 프로그램에 쉽게 적응하고 그 의미를 이해하게 될 것이다. 예를 들어 가족 기능 강화 프로그램을 실시할 경우 먼저 가족들 간의 대화 정도와 횟수 등에 대한 반성과 회고 등과 같은 구체적이고 경험적인 프로그램이 선행되고 난 이후에 가족헌장 작성 등과 같은 창조적이고 추상적인 사업을 나중에 진행하는 것이 보다 바람직할 것이다.

(3) 전체에서 부분으로

프로그램 참가자들이 자신이 참가하고 있는 프로그램에 대하여 쉽게 흥미를 상실하는 가장 큰 이유는 참여하고 있는 프로그램의 전반적인 목표나 진행에 대하여 인식하지 못한 채 처음부터 아주 미세한 프로그램에 여유 없이 참여할 때이다. 따라서 프로그램을 구성할 때 처음에 프로그램에 대한 전체적이고 전반적인 이해를 도울 수 있는 프로그램을 배치하고 그 이후 작은 영역에 대하여 미세한 부분에 해당하는 프로그램을 구성하는 것이 바람직하다. 만약 전체적인 이해를 도울 수 있는 프로그램이 별로 없는 세부 프로그램들로 이루어진 프로그램이라면 프로그램 초기에 설명회나 소개 모임을 통해 프로그램의 전체적인 의도와 진행에 대한 정보를 충분히 제공하는 것도 바람직할 것이다.

(4) 자발성과 창의성을 자극하는 활동을 먼저 배치하기

최근 들어 사회복지 프로그램에서는 점점 더 참여자의 자발성과 임파워먼트를 강조하고 있으며 프로그램 참여자의 자발성과 의욕이 프로그램 결과를 제고하는 가장 중요한 요소임이 보고되고 있다. 따라서 프로그램은 참여자의 자발성과 창의성을 충분히 이끌어 낼 수 있는 방식으로 구성되어야 하며, 특히 프로그램의 초기에 이러한 자발성과 참여 동기를 극대화할 수 있는 프로그램을 배치하여야 할 것이다.

참여자의 자발성과 동기에 대한 강조는 프로그램 목표의 효과적 달성을 극대화하는 데도 중요하지만 프로그램 참여자의 의사와 동기가 충분히 반영되어야 한다는 민주적 정서에 부합하기 때문에도 중요하다.

4. 프로그램 활동에 대한 관리기법

앞서 거듭 설명한 바와 같이 프로그램의 목표는 하나의 프로그램이나 서비스로 달성되기보다는 다양한 서비스나 프로그램의 연속적인 과정으로 이루어져 있다. 따라서 다양한 서비스나 프로그램의 전체적인 진행과정과 순서를 체계적으로 관리할 수 있는 기법이 프로그램을 구성해 나갈 때 미리 확보되어야 한다.

대표적인 프로그램 활동에 대한 관리기법으로는 활동별 시간계획표(Gantt Chart), 프로그램 평가검토기법(PERT: Program Evaluation and Review Technique), 월별 활동카드(Shed-U Graph) 등이 있다(최성재 · 남기민, 2006: 219-223).

1) 활동별 시간계획표(Gantt Chart)

활동별 시간계획표는 프로그램의 시작에서부터 종료까지 수행될 모든 프로그램 활동들의 진행일정을 일목요연하게 정리한 표이다(〈표 7-1〉 참고). 기본적으로 프로그램의 세부목표와 수행하여야 할 과업을 세로축에 기입하고 가로축에는 프로그램의 전체 시간을 표시하여 해당 프로그램의 진행 시기와 일정을 도표로 표현한 것이다.

활동별 시간계획표는 작성하기가 쉽고 프로그램의 세부목표와 세부과업에 대한 이해가 쉬운 반면 세부활동이나 과업 사이의 관계에 대해 알기 힘들다는 단점이 있다.

표 7-1 활동별 시간계획표의 사례

기간 내용	7월				8월				9월				10월				11월			
	1	2	3	4	1	2	3	4	1	2	3	4	1	2	3	4	1	2	3	4
프로그램 활동 확정																				
프로그램 참가자 모집																				
사전준비모임																				
프로그램 진행																				

2) 프로그램 평가검토기법(PERT)

프로그램 평가검토기법은 프로그램에서 설정된 주요 활동이나 과업 간의 관계 및 시간계획을 분명하게 밝혀 도표화한 것이다. 특히 개별 활동 간의 상관관계를 파악할 수 있도록 활동내용을 담은 상자를 화살표로 연결하여 활동들 간의 선후 인과관계를 파악할 수 있도록 하였다. 게다가 활동들을 연결하는 화살표상에 소요되는 예상시간을 밝힘으로써 전반적인 일정관리가 가능하도록 하였다.

프로그램 평가기법은 목표달성에 이르는 명확한 활동들의 순서와 일정을 관리할 수 있지만 너무 복잡한 프로그램에서는 작성하기가 용이하지 않을 뿐만 아니라 사전에 관련 프로그램의 진행 경험이 많지 않은 경우 적용이 쉽지 않다는 단점이 있다.

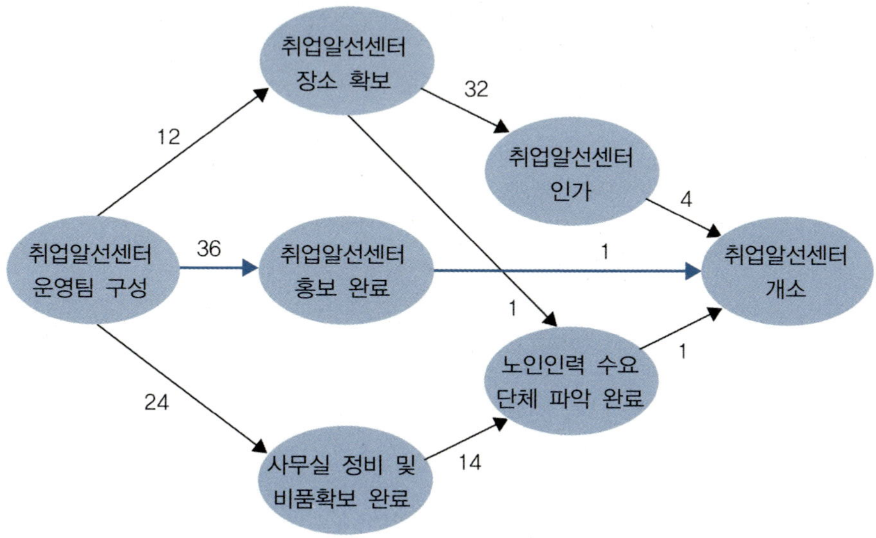

그림 7-1 **프로그램 평가검토기법 사례**

출처: 최성재 · 남기민 (2006). p. 220.

3) 월별 활동카드

월별 활동카드법은 프로그램의 활동이나 서비스를 카드에 기입하여 월별로 만들어진 상자에 삽입하거나 해당란에 붙이는 방식이다. 이렇게 되면 해당 월에 들어 있는 카드를 확인함으로써 월별로 진행되는 사업을 손쉽게 관리할 수 있다. 게다가 이렇게 만들어진 카드는 자유롭게 이동이 가능하여 활동일정의 변경에 따라 활용할 수 있다는 장점이 있는 반면, 개별 과업이나 활동들의 관계나 전체적인 목적을 파악하기가 쉽지 않다는 단점이 있다.

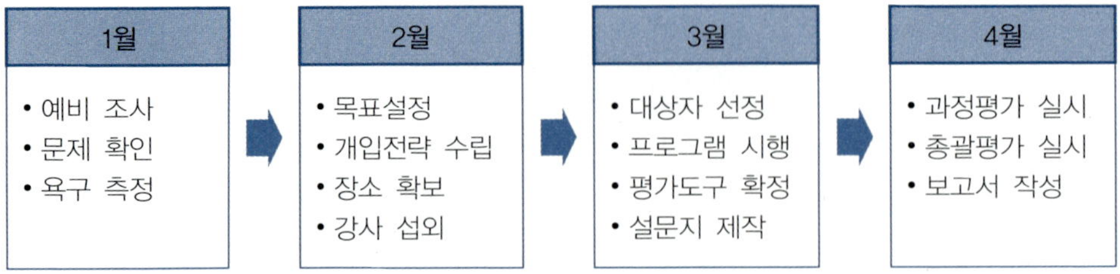

그림 7-2 월별 활동카드 사례

* 요 | 점 | 정 | 리

- 프로그램 구성이란 문제 확인 단계를 거쳐 설정된 목표를 달성할 프로그램을 구체적으로 설계하는 과업이다.
- 프로그램 구성에서 가장 중요한 것은 목표를 달성할 수 있을 것으로 기대되는 많은 대안들 중에서 가장 바람직한 것을 선택하는 것이다.
- 대안선택의 이론적 모형으로는 점증주의 모형, 포괄적-합리적 모형, 제한적-합리적 모형이 있다.
- 대안선택의 기준은 크게 타당성과 실행 가능성이다.
- 대안선택의 타당성이란 선택된 대안이 목표와 내적인 인과관계를 가지고 있어야 한다는 것이고 관련된 세부 기준으로는 효과성, 효율성, 적절성, 형평성 등이 있다.
- 대안선택의 실행 가능성이란 목표와 인과관계가 있다고 선택된 대안이 현실적으로 실행될 가능성이 있는지를 검토하는 것으로서 기술적 실행 가능성, 경제적 실행 가능성, 이용자 확보 여부, 윤리적, 정치적 실행 가능성 등을 내용으로 한다.
- 프로그램을 구성하는 요소들로는 참가자, 실시 주체, 활동내용, 프로그램 담당자, 경비, 프로그램 평가계획 등이 있다.
- 프로그램은 크게 단순함에서 복잡함으로, 구체적인 것에서 추상적인 것으로, 전체에서 부분으로, 그리고 자발성과 창의성을 자극하는 방식으로 구성되어야 한다.
- 프로그램의 활동수행과 일정을 관리하는 기법으로는 활동별 시간계획표, 프로그램 평가 검토기법, 월별 활동카드법 등이 있다.
- 활동별 시간계획표는 프로그램의 시작에서부터 종료까지 수행될 모든 프로그램 활동들의 진행 일정을 일목요연하게 정리한 표이다.
- 프로그램 평가검토기법은 프로그램에서 설정된 주요 활동이나 과업 간의 관계 및 시간계획을 분명하게 밝혀 도표화한 것이다.
- 월별 활동카드법은 프로그램의 활동이나 서비스를 카드에 기입하여 월별로 만들어진 상자에 삽입하거나 해당란에 붙이는 방식이다.

연습문제

1. 프로그램 구성 혹은 프로그램 활동구성이 무엇을 의미하는지를 프로그램의 목표설정과 관련하여 설명하여 보라.

2. 프로그램 대안 선택의 이론적 모형 가운데 포괄적 합리성 모형과 제한적 합리성 모형의 차이점을 설명하여 보라.

3. 프로그램의 대안을 선택하는 두 가지 큰 원리인 타당성과 실행 가능성을 사례를 들어 설명하여 보라.

4. 프로그램을 구성하는 원리를 사례를 들어 설명하여 보라.

5. 프로그램 활동관리기법 가운데 대표적인 활동별 시간계획표와 프로그램 평가검토기법의 장단점을 비교 설명하여 보라.

CHAPTER

08

예산수립:

목표달성을 위해서는 어떤 자원이 얼마나 필요할까

이 장의 학습목표

이 장의 학습목표는 프로그램 수행에 필요한 인적 · 물적 자원을 어떻게 동원하고 어떻게 배분, 사용할 것인가를 종합적으로 기획하는 것이다. 이전의 기획단계에서 목표를 달성하기 위하여 설정된 구체적 실천전략들은 수행에 필요한 인적 · 물적 자원이 적절히 확보되지 못한다면 결코 수행되지 못할 것이다. 그리고 충분하게 자원이 확보된다 하더라도 세부 프로그램에 따라 자원이 효율적으로 배분되지 않는다면 성공적인 결과를 산출하지 못할 것이다. 따라서 훌륭한 프로그램 기획가는 자신이 기획하고 있는 프로그램이 성공적으로 수행되기 위해서는 정확하게 어느 정도의 인적 · 물적 자원이 필요한지를 산출할 수 있는 지식을 갖추어야 한다.

이상의 학습목표와 관련하여 이 장에서 수행할 구체적인 학습내용을 명확히 하면 다음과 같다.

- 예산수립의 성격에 대하여 이해한다.
- 예산수립 방법의 유형을 이해한다.
- 프로그램 예산을 수립하는 과정에 대하여 이해한다.
- 예산수립을 구성하는 하위활동과 관련 개념에 대하여 이해한다.
- 바람직한 예산수립을 익힌다.

08 CHAPTER

예산수립:

목표달성을 위해서는 어떤 자원이 얼마나 필요할까

1. 프로그램 기획과 예산수립

역사 속에 등장하는 유명한 전쟁들을 살펴보면 직접적인 전투에 의해서가 아니라 의외의 다른 요소 때문에 승리하는 것을 종종 볼 수 있다. 그러한 의외의 요소 중에 대표적인 것은 병사들이 먹을 식량이나 의복, 화살이나 대포 등과 같은 군수물자들이다. 이것들이 부족해지면 아무리 뛰어난 장수가 최선의 전쟁 전략을 세웠다고 하더라도 이를 전투에서 직접 구현할 수 없게 되고, 결국 하는 수없이 항복을 할 수밖에 없을 것이다. 어떤 경우에는 지휘관의 잘못된 군수물자의 배분으로 불만을 가진 병사들이 중간에 도망을 가고 이로 인해 떨어진 사기와 전력의 손실로 전쟁의 승부가 갈리는 경우도 있다. 다시 말하자면 아무리 좋은 전략과 계획이 있고 이를 수행할 수 있는 지휘관이 있다 하더라도 이러한 전략을 직접 수행할 병사들과 각종 군수물자가 충분히 확보되고 적절히 배분되지 못한다면 효율적인 목표의 달성이 힘들어질 것이고 심지어는 목표달성 자체를 이루지 못할지도 모른다.

또 다른 사례로 가끔 우리는 신문이나 방송에서 사회적 범죄를 저질렀거나 혐의를 받고 있는 기업에 대한 검찰 수사가 해당 기업체의 서류들, 특히 그 중에서도 회계장부에 대한 확보 및 압수로 시작되는 것을 목격한다. 왜 검찰에서는 수사에 있어 가장 먼저 그리고 가장 전격적으로 하는 일이 회계장부의 확보 및 압수일까? 그 이유는 기업체에서 회계장부야 말로 기업이 활동을 해 나가는데 필요한 인적 · 물적 자원에 대한 상세한 양과 집행을 기록한 서류이기 때문에 기업의 목표, 활동, 실적 등의 흐름을 한눈에 파악할 수 있는 최선의 도구이기 때문이다.

사회복지 프로그램의 기획 역시 예외는 아니다. 프로그램의 목표와 이를 달성하기 위한 구체적 노력은 단순히 사회복지사들의 마음이나 정성으로 이루어지는 것이 아니라 구체적인 활동으로 이루어진다. 그런데 이러한 사회복지사의 활동은 다양한 인적 · 물적 자원을 필요로 한다. 충분한 자원의 확보와 효율적인 자원의 배분과 집행은 프로그램의 성공적인 수행의 필수요소인 것이다.

게다가 사회복지 프로그램의 경우, 수행에 필요로 하는 대부분의 자원들은 사회복지 시설이나 기관이 스스로 조달하기보다는 대부분 지역사회를 포함하여 사회로부터 동원하는 경우가 일반적이다. 따라서 프로그램 예산의 적절한 수립과 아울러 효율적이고 투명한 예산집행은 사회복지 기관이 가지고 있는 사회적 책임을 다하는 것으로도 볼 수 있다.

이러한 맥락에서 8장에서는 프로그램 기획에서 예산수립이 차지하는 비중과 역할을 분명히 이해하고 적절한 예산수립을 하기 위해서는 어떠한 절차를 따라야 하는지 모색해 본다. 무엇보다도 사회복지 프로그램 기획이 요구하는 구체적인 예산수립 항목과 구성을 다양한 사례를 통해 구체적으로 학습하는 것이 중요하다.

2. 예산수립의 개념과 성격

효과적이고 바람직한 예산을 수립하기 위해서는 먼저 예산의 개념과 성격을 정확하게 파악하여야 한다. 특히 예산이 프로그램 수행의 물적 표현이라는 것을 감안한다면 프로그램의 속성과 예산수립의 속성이 깊이 연관되어 있다는 것을 인식하는 것이 무엇보다도 중요하다.

1) 예산의 개념

예산(budget)이란 어떤 조직체가 일정 기간 사용할 지출과 그 지출에 필요한 자원의 조달계획이라고 볼 수 있다. 일반적으로는 1년간의 회계년도 내에서 조직목표를 금전적으로 표시하여 해당 기간 동안 수행되는 조직체의 재정활동의 계획을 편성한 것으로 볼 수 있다.

예산을 협의의 개념으로 볼 때는 조직체가 일정 기간 동안 사용할 지출을 어떻게 배분할 것인지에 초점을 맞추는 것이고, 광의의 개념으로 예산을 볼 때는 협의의 개념에 사용될 예산을 어떻게 확보할 것인가에 대한 조달계획까지도 포함하는 것으로 볼 수 있다.

2) 예산의 속성

대부분의 프로그램 기획자는 예산수립이 매우 명확하고 분명한 활동으로 간주하는 경향이 있다. 이러한 경향의 이면에는 예산수립 활동이 주로 프로그램에 필요한 인적 · 물적 자원의 금전적 고려에 치중하기 때문에 다른 과업보다는 상대적으로 객관적이고 수량화 가능한 작업일 것이라는 선입견이 존재하고 있기 때문이다. 하지만 실제로 아무리 간단한 프로그램 기획과정에서도 예산을 수립하는 과정은 기획자의 복잡한 의사결정을 요구하는 정치적 결정과정이다. 그리고 프로그램 기획자가 이와 같은 예산의 독특한 특성과 성격을 충분히 이해하고 있을 때 가장 적절한 예산수립이 가능할 것이고 이는 곧바로 성공적인 프로그램 결과의 산출로 이어지게 된다. 그런데 앞서 언급한 바와 같이 예산은 프로그램 구성의 재정적 표현이다. 따라서 예산수립의 성격은 기본적으로 프로그램 수립의 성격, 나아가 프로그램 기획의 속성과 그 맥을 같이 한다. 그렇다면 예산 및 예산수립의 성격을 보다 자세히 살펴보도록 하자.

(1) 예산수립은 정치적 과정이다

예산수립은 명확하게 설정된 절차에 따라 투명하게 전개되는 과업이 아니라 기본적으로 정치적 성격을 내포하고 있는 작업이다. 예산수립의 정치적 성격이란 어느 정도의 예산을 어디에 어떻게 분배할 것인가에 대해서 다양한 관련 집단들로부터 여러 가지 의견들이 존재할 수 있고 따라서 이러한 이해집단들끼리의 갈등과 알력이 존재할 수 있다는 것이다. 따라서 예산수립의 과정은 이러한 다양한 의견들의 조정과 협력을 이루어 나가는 작업이라고 할 수 있다.

예를 들어 특정 사회복지 기관이나 시설에서 수행하는 프로그램의 예산은 사업 자체의 성격에도 연관이 있지만 조직체의 철학과 기획자의 의도에도 영향을 많이 받는다. 왜냐하면 개별 프로그램의 예산수립은 사회복지 기관이나 시설에서 1년 동안 집행할 예산을 분배할 때 사업비를 많이 사용할 것인지 혹은 관리비를 많이 사용할 것인지 등과 관련된 기관의 예산수립 규정과 방향에 직접적인 연관을 받는다. 예를 들어 예산수립에 있어 사회복지실천을 직접 담당하는 사회복지팀의 경우 사업비를 많이 할당할 것을 선호하는 반면, 사회복지팀의 프로그램 수행을 지원하는 총무팀의 경우 사업비보다는 관리비를 보다 많이 사용하고자 할 것이다. 이러한 것과 관련된 기관의 내부 규정이 개별 프로그램의 예산수립에도 하나의 기준으로 작용할 가능성이 크다.

(2) 프로그램 기획과정과 불가분의 관계이다

사회복지 예산은 사회복지 기획과정과 불가분의 관계이다. 얼핏 보면 예산수립은 전체 프로그램 기획과정의 일부를 이루고 있는 것처럼 보이고, 특히 단순히 목표를 달성하기 위한 수단을 모색하는 과정인 것처럼 보인다. 하지만 실제 예산수립의 성격은 전체 프로그램 설계과정과 동전의 양면을 이룬다. 왜냐하면 실제로 프로그램 기획에서 예산은 프로그램 설계과정에서 필요로 하는 모든 물적 · 인적 자원의 체계적 종합을 의미한다. 달리 표현하자면 프로그램 예산은 프로그램 설계의 경제적 표현인 동시에 프로그램의 목표설정 및 대안선택의 제한점이자 기준으로 작동한다. 실제로 프로그램 기획에서 예산수립 과정은 프로그램을 설계하는 전체 과정을 따라 이루어지게 되며 동시에 프로그램의 목표 및 대안선택 역시 프로그램 예산의 한계 내에서 모색되어야 한다.

(3) 프로그램 관리과정이다

앞서 언급한 바와 같이 예산이 수립되어 제공되지 않으면 프로그램은 진행될 수 없다. 뿐만 아니라 예산의 집행정도나 집행과정을 보면 프로그램의 진행과정이나 상황을 충분히 미루어 파악할 수 없다. 예를 들어 예산이 계획대로 충분히 집행되지 않았다면 프로그램이 원활하게 진행되고 있지 않는 것이고, 예산이 계획과 달리 과도하게 사용되고 있다면 프로그램이 뭔가 잘못 진행되고 있는 것이다. 그러므로 예산을 관리하는 것은 직접적으로 프로그램을 관리하는 것이므로 예산수립과 집행과정은 크게 볼 때 프로그램 관리과정으로 간주하여도 무방하다. 이러한 측면에서 예산을 수립할 때는 예산을 통해 프로그램 진행상황에 대한 관리와 평가가 용이하도록 수립하는 것이 보다 바람직하다.

(4) 인간적인 과정이다

사회복지 프로그램은 계획적인 활동을 통해 사회적 문제를 해결하거나 사회적 위험을 예방하고 사회적 욕구를 충족시키고자 한다. 하지만 이러한 활동의 궁극적 대상은 목적이나 위험, 욕구가 아니라 이러한 문제들을 가진 개인이나 지역사회의 주민이다. 뿐만 아니라 이 같은 과업을 달성하기 위해 서비스나 프로그램을 실제로 수행하는 주체 역시 인간들인 실천전문가이다. 그러므로 사회복지 프로그램은 기본적으로 살아 있는 인간들의 상호작용과 활동과정에 다름 아니다. 따라서 이러한 프로그램의 집행에 필요한 인적 · 물적 자원의 동원과 집행을 구성하는 예산수립 역시 그 성격이 인간적일 수밖에 없다. 달리 표현하면 예산수립과정은 자신만의 가치와 의미를 지향하는 살아 있는 인간들의 상호작용과정이고 인간의 변화나 행복을 지향하고 있는 것이다.

(5) 미래지향적이다

앞장에서 설명한 바와 같이 프로그램의 속성은 미래지향적이다. 프로그램은 현재의 문제 분석에서 출발하지만 기본적으로 미래에 발생할 결과에 대한 예측에 근거하여 활동을 구성한다. 프로그램의 기획과정 자체가 미래 지향적이기 때문에 프로그램 활동에 대한 재정적 표현인 예산수립 역시 미래 지향적일 수밖에 없다. 이러한 이유 때문에 예산수립은 즉흥적으로 한번에 결정되기보다는 체계적인 과정을 따라 시행착오를 가장 줄일 수 있는 방식으로 이루어져야 한다.

3. 예산수립의 일반적 방식

앞서 살펴본 바와 같이 예산의 수립은 단순하게 결정될 수 있는 작업이 아니라 매우 체계적인 기획을 필요로 한다. 이를 위해 일반적으로 계획예산 배분방식(PPBS: Planning Program Budget System), 영기준 예산방식(ZBB: Zero-based Budget), 항목별 예산방식(Line-item Budget), 성과주의 예산방식(PB: Performance Budget)의 네 가지 정도의 예산수립 방식이 개발되어 사용되고 있다(최성재 · 남기민, 2006: 300-309).

1) 계획예산 배분방식과 영기준 예산방식

계획예산 배분방식과 영기준 예산방식은 예산수립의 근거가 되는 시간 기준의 차이에 따라 크게 구분될 수 있는 예산방식들이다. 계획예산 배분방식은 예산을 수립하는 기관이나 조직체가 설정한 장기적인 전망이나 계획에 근거하여 목표를 수립하고 이들 목표를 수행하기 위해 선정된 프로그램이나 전략들을 가장 효율적으로 달성할 수 있는 방향으로 예산을 편성한다. 따라서 계획예산 배분방식을 사용하게 되면 대규모 조직체의 전체 활동을 대상으로 포괄적인 평가가 가능할 뿐만 아니라 특히 장기적인 전망과 계획을 가지고 예산을 수립할 수 있다는 장점이 있다.

매년 예산수립이 조직체의 장기적인 전망과 계획에 따라 설정되는 것이 계획예산방식이라면 매년도의 예산수립에 있어 이전 연도의 실적이나 평가에 관계없이 언제나 영(zero)에서 새롭게 출발하는 것이 영기준 예산방식이다. 조직체의 예산이 그해 설정되는 사업계획의 우수성에 따라 매년 새롭게 배분되기 때문에 사업주체의 책임성이 증대될 수 있을 뿐만 아니라 단기적인 프로그램의 효과적인 수행에는 매우 유리하다.

2) 항목별 예산방식과 성과주의 예산방식

항목별 예산방식과 성과주의 예산방식은 실제로 수행될 프로그램 자체에 초점을 두고 예산을 수립하는 방식들이다.

먼저 항목별 예산방식은 수행될 프로그램에 사용될 다양한 인적 · 물적 자원을 항목별(items)로 정리한 다음 이 항목을 금전적인 방식으로 표현한 것이다. 일반적으로 프로그램에 사용될 다양한 인적 · 물적 자원들을 인건비, 사업비, 교통비, 관리비, 기타 등의 항목으로 구분하여 분류한 다음 해당 항목별로 내용을 확정한다. 이와 같이 예산을 수립하게 되면 프로그램에 사용되는 자원이 매우 간편하고 관리하기 쉬운 형태로 분류되기 때문에 규모가 크지 않거나 예산의 통제에 주목적이 있는 프로그램의 경우 널리 사용되고 있다.

예산을 항목별로 수립하게 되면 프로그램에 사용될 인적 · 물적 자원이 무엇인지는 분명하게 알 수 있지만 이러한 자원을 이용하여 과연 어떠한 프로그램을 수행하려고 하는지는 명확하게 파악할 수 없다. 따라서 프로그램에 사용될 자원과 프로그램의 활동을 연결시켜 수립하는 예산방식을 성과주의 예산 혹은 기능별 예산(functional budget)이라고 한다. 성과주의 예산은 프로그램을 활동별로 분류한 다음 이 활동에 소요되는 비용을 단위활동비용과 활동량의 곱으로 표현한다.

이상의 주요 예산수립 방식의 특성을 요약하면 다음의 〈표 8-1〉과 같다.

표 8-1 주요 예산수립 방식의 특성

특성	항목별 예산	성과 예산	프로그램 예산	영기준 예산
기준 방향	통제	관리	계획	의사결정
범위	투입	투입, 산출	투입, 산출, 효과, 대안	투입, 산출, 효과, 대안
기능	회계	관리	경제학, 기획	관리와 기획
중요 정보	지출대상	기관 활동	기관 목적	사업계획 혹은 기관의 목적
정책결정방식	점증적	점증적	체제적	체제적
예산기관의 역할	재정적 적절성	능률	정책	정책의 우선순위화
기획책임	일반적으로 부재	분산적	중앙	분권화

4. 프로그램 예산수립 과정

기획수립이 일련의 과정으로 이루어지는 것과 마찬가지로 예산수립의 과정 역시 연속된 활동으로 이루어진다. 예산수립은 우선 기획과정에서 확정된 목표와 프로그램 활동내용을 참조하여 이를 수행하는 데 필요한 인적 · 물적 자원의 성격을 명확하게 분석, 분류하는 것으로 시작된다. 그런 다음 분류된 이들 자원의 구체적인 액수와 양을 계산하는데 일반적으로 최종적으로 계산되는 자원의 가치는 가격으로 환산된 금액으로 표시한다. 마지막으로 이렇게 최종 결정된 자원들을 어떻게 조달할 것인가를 분명히 하는 작업으로 끝맺게 된다.

이 장에서는 1년 이내의 단기 프로그램이나 소규모로 진행되는 사회복지 프로그램 예산수립 방식으로 널리 사용되는 항목별 예산수립 방식을 중심으로 소개한다.

1) 예산수립 1단계: 산출 항목의 명확화

먼저 프로그램의 목표체계도와 구성 내용을 면밀하게 검토하여 프로그램 수행에 요구될 것으로 판단되는 모든 인적 · 물적 자원을 목록화한다. 그런 다음 목록의 자원들의 각각의 성격에 따라 인건비, 사업비, 관리운영비, 기타 등의 항목으로 구분한다. 각 항목의 성격은 크게 다음과 같다.

(1) 인건비

인건비는 프로그램의 실천에 필요한 모든 인적 자원의 동원과 활용에 사용되는 비용의 총합이다. 사회복지 프로그램의 중요한 구성요소 가운데 하나는 프로그램 수행 인력이다. 예를 들어 어떤 프로그램을 성공적으로 수행하기 위해서 해당 기관의 기관장, 프로그램 담당자, 외부강사, 자원봉사자 등 인적 자원이 필요하다. 하지만 인건비는 필요한 인적 자원 중 해당 사업의 수행을 위해 직접적으로 고용되는 직원에게 지급되는 비용에 한정한다. 즉 해당 사업 수행을 위해 사업수행기간 동안 고용되는 조건으로 계약된 직원의 급여 전액(4대 사회보험료 포함)이나 기존 직원 중 해당 사업 수행을 위해 투입된 업무 시간과 관련한 급여 일부[2] 혹은 추가근무수당이 인건비 항목으로 분류된다. 반면 외부강사나 자원봉사자에게 지급되는 경비는 사업비에 해당되기 때문에 예산 항목에 대한 명확한 이해가 필요하다.

(2) 사업비

사업비는 구체적인 프로그램 활동에 사용되는 재료와 물품 구입에 사용되는 총비용이다. 예를 들어 어떤 활동이 참가자와 실무자들 사이의 만남의 장이라고 가정하여 보자. 그리고 이 모임은 전문강사에 의해 진행된다고 하자. 이 경우 전문강사의 초청에 필요한 경비뿐만 아니라 현수막 제작, 기록을 위한 캠코더 대여, 장식을 위한 풍선, 친교를 위한 다과 등의 구입 및 제작비용 모두 사업비에 해당된다.

(3) 관리운영비

대부분의 프로그램은 프로그램의 목표달성에 가장 적합한 일정한 공간과 시설에서 이루어지는 것이 보통이다. 따라서 프로그램의 수행에는 앞서 언급한 인건비와 사업비 이외에 이와 같은 시설 및 공간의 사용과 관련된 비용이 들기 마련이다. 프로그램의 인건비와 사업비는 실제 사업의 진행과 관련된 항목인 반면, 활동이 이루어지는 공간과 관련된 비용이나 이들 활동을 추진하기 위해 필요한 부대시설이나 관련 장비와 같은 비용을 관리운영비라고 한다.

2) 예를 들어 해당 사업 수행을 위해서 월 급여 240만 원을 받는 기존 직원이 해당 사업에 투입된 업무 시간이 월 40시간(전체 업무시간의 25%)에 해당된다면 해당 사업의 인건비는 240만 원×25%=60만 원으로 산정된다.

(4) 기타

인건비, 사업비, 관리운영비 등에 해당되지 않은 예비비[3] 등과 같은 비용들 역시 기타 비용으로 분류하여 명확히 하여야 한다.

한편, 사회복지공동모금회의 예산수립과 관련한 지침에 의하면, 인건비, 사업비, 관리운영비에 대한 설명과 해당 항목은 〈표 8-2〉와 같이 제시되어 있다.

표 8-2 예산 항목 구분

목	설명	해당 항목
인건비	해당 사업을 직접적으로 수행하는 인력에 투입되는 비용	프로그램 담당자/보조담당자 인건비
사업비	프로그램의 수행에 필요한 직접비용(실인원수에게 제공되는 서비스에 필요한 비용)	강사비, 자원봉사자 관리비, 자문비, 회의비, 행사진행비, 홍보물품 구입, 프로그램 구입, 사업결과보고서/결과물 제작 등
관리운영비	프로그램의 수행에 필요한 간접비용(사업관리에 필요한 비용)	사무용품, 냉난방비, 우편료, 사업담당자 교통비 등

출처: 사회복지공동모금회 (2024). p. 89.

2) 예산수립 2단계: 산출 근거의 구체화

1단계에서 분류된 예산은 2단계에서 구체적인 액수와 내용이 명확하게 계정되어 최종 비용의 가치가 분명하게 산정되어야 하며 아울러 그 비용의 성격이 분명히 확정되어야 한다.

3) 일반적으로 사회복지공동모금회와 같은 지원조직기관에 지원하는 신청사업의 예산에는 예비비 항목을 포함하지 않는다.

(1) 구체적 비용의 산출

예산의 항목별 명확화는 단위가격과 항목의 총량으로 계산된다. 예를 들어 앞서 언급한 가상의 프로그램 활동의 첫째 프로그램이 실무자와 참가자 간의 첫인사모임이라고 할 때 이 활동에 사용되는 사업비 가운데에는 현수막 제작비가 들어 있다. 이 경우 현수막 제작에 사용되는 총비용은 다음과 같이 산정된다.

현수막 총비용 = 현수막 한 개의 제작비 × 소요되는 개수

그리고 프로그램을 기록할 캠코더 대여비의 경우 역시 동일한 방식으로 산출된다.

캠코더 대여비 = 일일 대여비 × 일수 × 캠코더 개수

일반적으로 비용 산출에 널리 사용되는 기준은 시장가격이다. 해당 물품에 대한 몇 가지 시장가격의 평균으로 최종비용을 산정하면 큰 무리는 없다. 시장에서 판매하지 않는 물품인 경우에는 해당 물품의 제작에 필요한 재료비와 인건비의 합산으로 산정하면 되고, 시장에서 아예 구입하지 못하는 물품이라면 해당 물품과 비슷한 시장판매물품의 가격을 준용하면 된다. 이러한 방식으로 인건비, 사업비, 관리운영비, 기타 항목의 비용을 명확하게 한다.

(2) 비용의 성격 규명

이렇게 산출된 비용은 해당 프로그램만을 위해 신규로 편성된 비용인지 아니면 다른 프로그램과 공유하는 비용인지의 여부에 따라 직접비와 간접비로 구분된다.

① 직접비

직접비는 특정 프로그램만을 위하여 새롭게 편성되어 지출되는 비용이다. 일반적으로 어떠한 프로그램을 수행하기 위해서는 해당 프로그램을 위해 전적으로 새로운 인력과 시설이 필요하게 되는데 여기에 해당하는 비용을 직접비라고 한다. 예를 들어 앞서 예로 든 프로그램에서 참가자들의 첫 번째 만남을 진행할 강사를 외부에서 초청할 경우, 이러한 강사 초빙에 해당하는 비용은 전적으로 신규비용으로서 직접비에 해당한다. 달리 표현하면 직접비는 이 프로그램이 존재하지 않았다면 전혀 필요하지 않았을 비용이다.

② 간접비

간접비는 특정 프로그램의 수행만을 위해 완전히 새롭게 지출되는 비용이 아니라 기존에 사용되던 시설이나 인력 가운데 새롭게 수행되는 프로그램에 활용될 비용을 말한다. 다시 이야기하자면 특정 프로그램 수행의 간접비는 다른 프로그램의 수행과 공유되는 비용을 말하는 것이다.

예를 들어 앞서 든 사례에서 참가자들의 만남을 진행할 인력을 외부에서 전문강사를 초청하지 않고 기존의 복지관 직원 중 한 명을 파견하여 사용한다면 이에 사용되는 비용은 직접비용이 아니라 간접비용으로 분류된다. 그리고 만남의 장소 역시 외부의 특정 장소를 임대하게 되면 직접비로 분류되겠지만, 복지관의 강당을 이용하여 진행한다면 이는 간접비로 간주된다. 따라서 특정 프로그램을 수행하는 데 있어 전체적인 비용 규모가 매우 크다고 하더라도 그 중에서 간접비가 차지하는 부분이 상당히 크다면 실제로 소요되는 예산은 그다지 많지 않을 것이다.

3) 예산수립 3단계: 예산조달계획의 명확화

예산수립의 마지막 단계인 3단계에서는 이상의 소요되는 자금을 어떻게 동원할 것인가를 분명히 하여야 한다. 대부분의 프로그램 수행은 작성된 기획서를 제출하여 특정 단체나 기관에 프로그램 예산을 신청하는 방식으로 이루어지는 것이 보통이다. 앞서 항목별로 구분된 프로그램의 전체 예산을 신청분과 자부담분으로 구분한다.

(1) 신청분

프로그램 예산 가운데 신청분은 프로그램을 작성하고 수행할 기관이나 조직이 외부기관이나 단체에 지원을 신청하는 프로그램 비용이다. 예를 들어 한국의 대표적인 프로그램 지원기관인 사회복지공동모금회에 프로그램 기획서를 제출할 경우 전체 예산 중에서 공동모금회가 직접 지원해 주기를 요청하는 부분이 신청분 예산이 된다.

(2) 자부담

프로그램 수행에 필요한 예산 가운데 일부는 프로그램 기획 및 수행기관에서 자체적으로 조달한다. 이와 같이 전체 예산 가운데 기관에서 자체적으로 조달하는 부분을 자부담분이라고 한다. 프로그램 예산수립에서 자부담 부분을 설정하는 이유는 사회 전체적으로 한정된 예산을 적절하게 배분하자는 취지와 함께 자부담을 통해 프로그램 수행기관의 자체 의지와 능력을 보여주기 위함이다. 일반적으로 자부담은 크게 프로그램 수행기관의 기존 시설이나 인력 가운데 신청 프로그램에 활용할 부분인 간접비와 각종 기부금 및 수혜자 부담금 등으로 나누어진다. 일반적인 프로그램 기획에서는 자부담의 비중을 20~50% 정도 요구하고 있다(정무성 · 정진모, 2001: 143).

5. 예산구성의 사례

다음 예산서 사례는 실제로 가상의 사회복지 프로그램 기획안으로 사회복지공동모금회 사업제안서 양식에 맞춰 작성한 예산계획이다. 예산서는 기본적으로 항목별 예산수립 방식을 이용하여 작성되었다. 먼저 프로그램 활동에 소요될 자원들이 인건비, 사업비, 관리운영비 항목으로 정확하게 구분되어 있고 각각의 항목에 해당하는 비용이 산출 근거를 가지고 산정되어 있다. 또한 프로그램을 수행할 때의 비용이 공동모금회에 신청할 비용과 자부담으로 조달할 비용으로 구분되어 있다. 자부담의 경우 자부담 재원을 제시한다.

이러한 예산 기획을 보면 프로그램 수행에 필요한 인적 · 물적 자원에 대한 모든 정보가 일목요연하게 정리되어 있음을 알 수 있다.

(단위: 원)

관	사업비							
항	공동모금회"다문화가정 청소년 문화적응"사업비							
목	세목	계	산출 근거	예산조달 계획				
				신청 금액	비율 (%)	자부담	비율 (%)	자부담 재원
총계		4,252,000		3,752,000	100	500,000	100	
인건비	담당인력 수당	640,000	담당인력 4명×10,000원 ×2시간×월2회×4개월	640,000				
	소 계	640,000		640,000	17.1			
사업비	아이스 브레이킹	152,000	사업소개 프린트 제작비 50원×40명	2,000				
			레크리에이션 상품비 5,000원×20가구	100,000				
			레크리에이션 간식비 1,250원×40명	50,000				
	또래관계 개선 프로그램	1,060,000	생활체육교실 강사비 35,000원×2시간×주 2회×4개월	560,000				
			음악치료 악기 구매비 15,000원×20명	300,000				
			미술치료 재료 구매비 10,000원×20명	200,000				
	한국전통 문화체험	1,400,000	버스 대여료 700,000원×1대	700,000				
			현수막 100,000원	100,000				
			전통문화관 입장료 5,000원×40명	200,000				
			도시락 10,000원×40명	400,000				
	홍보비용	100,000	홍보물 (포스터) 100,000원	100,000				
	소 계	2,712,000		2,712,000	72.3			
관리운영비	사무용품	400,000	100,000원×4개월	400,000				
	전기료	500,000	월 평균 50,000원×4개월 냉방비(에어컨) 100,000원×3개월			500,000		자체 예산
	소 계	900,000		400,000	10.6	500,000	100	

* 요 | 점 | 정 | 리

- 예산수립은 프로그램 수행에 필요한 인적 · 물적 자원을 어떻게 동원하고 배분하여 사용할 것인지를 종합적으로 기획하는 것이다.
- 예산의 속성은 정치적 과정이며, 프로그램 기획과정이고, 프로그램 관리과정이며 인간적인 과정이며 미래지향이다.
- 예산수립의 정치적 성격이란 예산분배에 대하여 다양한 이해집단끼리의 갈등과 알력이 존재할 수 있다는 것이다.
- 프로그램 예산은 프로그램 설계의 금전적 표현으로 기획과정과 동전의 양면과 같다.
- 예산관리는 직접적으로 프로그램 수행을 관리하는 것이다.
- 예산수립 방식에는 항목별 예산방식, 성과주의 예산방식, 프로그램 예산방식, 영기준 예산방식 등이 있다.
- 프로그램 예산수립 과정은 산출 항목의 명확화, 산출 근거의 구체화, 예산조달계획의 명확화로 이루어진 3단계 과정이다.
- 인건비는 프로그램 실천에 필요한 모든 인적 자원의 동원과 활용에 사용되는 비용이다.
- 사업비는 구체적인 프로그램 활동에 사용되는 재료와 물품의 구입에 사용되는 비용이다.
- 직접비는 특정한 프로그램만을 위하여 새롭게 편성되어 지출되는 비용이다.
- 간접비는 특정 프로그램 수행만을 위하여 완전히 새롭게 지출되는 비용이 아니라 다른 프로그램과 공유되는 비용이다.
- 예산 신청분이란 프로그램을 수행할 기관이 외부에 대해 지원을 신청하는 프로그램의 비용분이다.
- 예산 자부담분이란 프로그램 예산 가운데 프로그램 기획 및 수행기관에서 자체적으로 조달하는 부분이다.

연습문제

1. 예산의 개념을 설명하여 보라.

2. 프로그램 예산의 수립 과정을 간략하게 제시하여 보라.

3. 예산수립의 대표적인 속성인 정치적 성격의 의미를 설명하여 보라.

4. 프로그램 예산수립 방식 가운데 항목별 예산과 성과주의 예산을 비교하여 설명하여 보라.

5. 예산항목의 성격 가운데 직접비와 간접비를 예를 들어 설명하여 보라.

6. 간단한 프로그램 활동 내역을 가상으로 설정하고 이에 필요한 예산서를 직접 작성하여 보라.

PART 03
프로그램 평가에 대한 이해

CONTENTS

CHAPTER

09

프로그램 평가의 개념과 방법

1. 프로그램 평가의 목적
2. 프로그램 평가의 유형
3. 프로그램 평가의 다양한 모델
4. 프로그램 결과평가의 방법
5. 서비스 만족도 평가
6. 질적 평가

이 장의 학습목표

이 장의 학습목표는 프로그램 평가의 개념을 이해하고 그 다양한 방법을 학습하는 것이다. 이 장의 학습을 통하여 프로그램 평가에 대한 과학적 이해를 높이고자 한다.
이 장의 세부 학습목표는 다음과 같다.

- 다양한 프로그램 평가의 목적에 대해서 이해한다.
- 프로그램 평가의 다양한 유형을 알아본다.
- 프로그램 평가의 다양한 접근법을 프로그램 평가의 모델을 통해서 이해한다.
- 프로그램 결과평가의 대표적인 방법들에 대해 이해한다.
- 서비스 만족도 평가와 질적 평가에 대해 이해한다.

09 CHAPTER

프로그램 평가의 개념과 방법

앞 장들에서 여러분들은 프로그램을 기획하는 방법을 익혔다. 그러한 방법을 바탕으로 실제로 프로그램도 기획을 해보았다. 이제 그러한 기획을 실행할 수 있는 예산도 확보가 됐다. 그렇다면 의도한 대로 프로그램을 실행에 옮길 차례다. 프로그램을 실행에 옮기게 될 때 무슨 생각을 하는가? 그냥 내가 기획한 프로그램을 하게 되어 기쁠 뿐인가? 그렇다면 프로그램의 궁극적인 목적을 다시 생각해볼 때다. 프로그램은 프로그램을 기획하고 수행하는 여러분을 위해 존재하는 것이 아니다. 여러분은 그렇게 프로그램을 기획하지 않지 않았는가? 프로그램의 궁극적인 목적은 클라이언트의 삶의 질의 증진이다. 여러분이 프로그램 기획의 본질을 잘 이해했다면 당연히 기획한 프로그램이 클라이언트의 삶의 질을 증진시키는지 궁금할 것이다.

일상생활에서도 항상 자신의 노력을 평가하는 것은 너무나 자연스러운 일이다. 열심히 공부해서 시험을 봤다면 그 노력이 효과가 있었는지 성적을 통해서 평가한다. 욕조에 물을 받았다면 바로 욕조로 뛰어들기 전에 물의 온도가 적당한지 확인한다. 음식에 간장을 넣었으면 음식을 먹기 전에 제대로 간이 됐는지 확인한다. 어떤 면에서는, 프로그램 평가는 이러한 상식적인 행동을 기획된 프로그램에 적용하는 것일 뿐이다. 프로그램 평가는 상식이다!

하지만 우리가 일상생활에서 상식적으로 행하는 평가와 프로그램 평가 사이에는 몇 가지 중요한 차이가 있다. 이러한 차이는 프로그램 평가를 우리가 일상생활에서 자연스럽게 하는 평가보다 훨씬 복잡하고 어렵게 만든다. 첫 번째 차이점은 프로그램은 보통 팀 차원에서 이루어진다는 점이다. 여러 사람이 각자의 전문성을 보태 프로그램이라는 계획된 노력을 이루기 위해 노력한다. 그러다 보니 프로그램 평가의 책임도 여러 사람들에게 분산된다. 또한 프로그램의 최종 생산물도 어느 한 사람이 전적으로 책임을 지지 않는 경우가 많다.

두 번째로는, 대부분의 프로그램은 그 목표를 시간이 어느 정도 경과한 미래에 달성하고자 한다는 점이다. 우리가 일상생활에서 평가하는 것들은 거의 즉각적으로 그 결과를 알 수 있는 경우가 많은 것과는 다른 점이다. 프로그램의 활동과 그러한 활동의 결과 사이에 시간이 길어지면 활동이 적절했는지 또는 활동의 결과를 개선하기 위해서는 무엇을 해야 하는지를 결정하기 위해서 무엇을 관찰해야 하는지가 불명확해진다. 더 나아가서 프로그램이 잘 작동하고 있는지를 판단하는 기준을 정할 때도 평가자, 프로그램 수행자, 클라이언트, 그리고 프로그램 재정지원자 간에 논란이 있을 수 있다.

세 번째 다른 점은 프로그램 평가는 제삼자에 의해서 이루어지는 경우가 많다는 것이다. 제삼자인 평가자의 역량과 의도에 대해서 신뢰를 가지지 못할 경우는 평가 대상인 프로그램을 책임지고 있는 사람은 상당히 위협을 느낄 수 있다. 자칫 잘못 행해진 프로그램 평가는 프로그램을 책임지고 있는 사람들의 일자리를 앗아갈 수도 있다.

마지막으로 사회복지 프로그램은 보통 프로그램의 혜택을 받는 사람과 프로그램의 비용을 지불하는 사람이 다르다. 프로그램을 수행하는 사회복지사는 당연히 프로그램이 클라이언트에게 도움이 되었으면 할 것이다. 하지만 평가를 잘 받는다는 것은 어쩌면 클라이언트를 만족시키기보다는 프로그램의 비용을 지불하는 정부 혹은 민간재단 등의 재정지원자를 만족시키는 것과 더욱 밀접하게 관련이 있을 수 있다.

프로그램의 이러한 복잡한 특성은 프로그램 평가를 우리가 일상생활에서 자연스럽게 행하는 평가보다 훨씬 어렵게 만든다. 그렇게 때문에 프로그램 평가는 그냥 자연스럽게 할 수 있는 것이 아니라 평가에 대한 체계적인 지식과 훈련이 필요하다. 이 장의 목적은 프로그램 평가에 대한 과학적인 이해를 돕는 것이다.

1. 프로그램 평가의 목적

프로그램 평가는 다양한 목적을 가진다. 그리고 그러한 목적에 따라 사용하는 평가의 방법도 달라진다.

1) 자원이 필요로 하는 곳에 적절히 투입됐는지를 확인한다

프로그램 평가는 때로 프로그램이 개입하고자 하는 문제의 분석이 적절했는지, 욕구는 제대로 파악했는지, 그리고 대상자는 적절히 잘 선정됐는지를 확인한다. 만약 그러한 확인들이 적절히 이루어지지 않았다면, 프로그램에 투입되는 자원은 엉뚱한 곳에 낭비될 소지가 많다. 이미 서비스를 받고 있는 집단에게 비슷한 프로그램을 제공하는 경우도 자원의 낭비가 될 것이다. 자활사업 문제의 핵심은 지역사회에 일자리가 부족한 것인데, 자활사업 대상자의 자아존중감을 높이기 위해 투입되는 프로그램 자원은 제 효과를 발휘하기 힘들 것이다. 평가는 이와 같이 자원의 낭비를 막기 위해 자원이 필요로 하는 곳에 적절히 투입됐는지를 확인하는 데 쓰이기도 한다.

2) 계획된 프로그램이 실제로 서비스를 제공하고 있는지를 확인한다

사회복지 프로그램의 가장 큰 문제는 어떤 프로그램들은 아예 실행되지 않거나 실행됐더라도 워낙 적은 예산으로 실행되다 보니 프로그램의 내용이 부실해져서 프로그램 참여자가 실질적인 서비스를 받지 못하는 경우다. 그렇기 때문에 프로그램 인력이 계획대로 충원됐고, 사무실을 개소했으며, 서비스가 제공되고 있으며, 클라이언트들은 그러한 서비스를 이용하고 있는지를 평가하는 것은 매우 중요하다. 언뜻 생각하기에는 이러한 모니터링 기능의 평가가 과연 필요할까라고 느낄 수도 있다. 하지만, 실제로는 프로그램에 예산이 투입됐는데도 실제로 프로그램이 실행되지 않은 경우가 상당수 있을 수 있다. 그 이유로는 부정행위도 있을 수 있다. 어떤 경우는 꼭 부정행위가 아니더라도 프로그램의 기획이 워낙 부실하거나 욕구조사가 부실해서 프로그램이 개시되지도 못하거나 클라이언트들이 이용하지 않게 되어 슬그머니 사라져 버리는 경우도 있다.

3) 결과를 분석한다

위의 모니터링의 경우는 프로그램이 시작되었으면 서비스 제공 활동이 있어야 한다는 점을 강조한다. 하지만 서비스가 제공된다고 해서 프로그램이 그 목적을 달성한 것은 아니다. 서비스는 클라이언트의 삶의 질을 도모하기 위한 수단에 불과하다. 궁극적으로는 서비스의 결과가 과연 기대했던 성과를 내고 있는가를 확인하는 것이 중요하다. 결과에 대한 분석은 평가의 중요한 목적이다.

4) 어떤 프로그램이 가장 좋은 결과를 내고 있는지를 결정한다

어떤 사회문제를 해결하고 클라이언트의 삶의 질을 향상하는 방법은 여러 가지가 있을 수 있다. 여러분이 사회복지실천기술론에서 배웠듯이 개입의 방법에는 정신역동모델, 인지행동모델, 과제중심모델, 심리사회모델 등이 있다. 문제의 성격에 따라 각 모델이 도출할 수 있는 성과는 다르다. 각기 다른 프로그램이 모두 성과를 내고 있다는 사실만으로는 사회복지의 궁극적인 목적을 달성하는 데 불충분하다. 가장 좋은 성과를 내는 프로그램이 무엇인지 알아내야 하고 그러한 지식에 근거해 그러한 프로그램을 선택해야 한다. 만약 모든 프로그램이 비슷한 성과를 내고 있다면, 그중에서 가장 비용이 적게 드는 프로그램을 가려내는 것도 중요한 평가의 목적이다. 왜냐하면 그런 프로그램을 선택함으로써 같은 비용으로 보다 많은 성과를 낼 수 있기 때문이다.

5) 가장 필요한 서비스를 제공하는 프로그램을 선택한다

어떤 하나의 목적을 달성하기 위하여 여러 가지 방법이 있는 것에 더해서, 사회는 여러 가지 목적을 달성할 필요가 있다. 노인빈곤 문제가 있는가 하면 아동빈곤 문제도 서비스를 필요로 한다. 문제는 한정된 재원 때문에 세상의 어느 사회도 필요로 하는 모든 서비스를 제공할 수 없다는 데 있다. 알코올

중독 예방 서비스와 청소년 비행 예방 프로그램 중 어느 서비스가 더 필요한가? 평가는 다양한 잠재적 수혜층을 대상으로 하는 여러 프로그램들의 편익을 비교할 수 있도록 도와준다. 종래에는 그런 결정이 정치적인 목소리나 힘의 논리로 결정되는 경우가 많았다. 정치적 힘의 논리를 완전히 무시할 수는 없지만, 최근에는 제한된 자원하에서 여러 가지 대안들을 보다 과학적으로 비교하여 우선순위를 가려내는 평가라는 도구가 보다 윤리적이고 사회정의에 부합하는 선택의 가능성을 높이고 있다.

6) 서비스의 질을 유지하고 향상시키는 데 필요한 정보를 제공한다

프로그램 이용자에게 편익을 제공하는 것도 중요하지만, 지속적으로 프로그램의 질을 유지하는 것도 중요하다. 평가는 클라이언트와 직원들에게 프로그램의 질이 유지되고 있다는 보장을 하는 데도 중요하다. 프로그램의 질을 유지하는 데서 한 걸음 더 나아가서, 최근의 평가는 서비스의 질을 향상시키는 데 초점을 두기 시작했다. 초기에는 경영학 분야에서 강조되기 시작했던 서비스 질 향상의 기술과 도구들이 이제는 사회복지 분야에서도 적극적으로 활용되고 있다.[4)]

7) 계획되지 않았던 부작용을 가려낸다

평가의 중요성이 강조되는 또 다른 이유는 어떤 특정한 사회문제를 해결하기 위한 노력은 바람직하지 않은 다른 부작용을 낳을 수 있다는 자각에서 비롯된다. 공공부조 프로그램은 저소득층이 위기상황을 벗어나 생산적인 사

4) 그러한 도구의 예로는 Total Quality Management(TQM) 방식 등을 들 수 있다.

회의 구성원으로 회복하는 데 도움을 준다. 하지만 어떤 경우에는 복지의존성을 조장하는 것도 사실이다. 프로그램이 가져올 수 있는 바람직하지 않은 부작용을 밝혀내고 그러한 부작용을 최소화할 수 있는 방안을 찾는 데 평가는 중요한 역할을 수행할 수 있다.

2. 프로그램 평가의 유형

앞에서 살펴본 다양한 프로그램 평가의 목적은 다른 프로그램 유형을 통해서 달성할 수 있다. 대표적인 프로그램 평가의 유형으로는 욕구평가, 과정평가, 결과평가, 효율성 평가 등을 들 수 있다.

1) 욕구평가

욕구평가(혹은 욕구조사)의 목적은 조직이나 지역사회 내에 사각지대로 존재하는 욕구를 발견하고 그 수준을 측정하는 데 있다. 욕구를 사정하는 것은 효과적인 프로그램 기획을 위해서는 필수적인 첫 번째 단계다. 프로그램 기획은 대상층의 욕구를 충족하기 위하여 여러 가지 대안적인 방법들을 고려한다. 그 과정에서 어떤 대안들을 선택하고 어떤 대안들은 선택하지 않는 결정을 내리면서, 프로그램 기획자는 프로그램을 시작하기도 전에 일종의 프로그램 평가를 하게 되는 것이다.

2) 과정평가

프로그램이 개발되고 시작되면, 평가자는 프로그램 실행의 정도, 프로그램 이용자들의 특성, 프로그램이 의도된 대로 진행되는 정도 등을 꼼꼼하게 기록하는 역할을 하게 된다. 과정평가는 프로그램을 기획하는 동안 세웠던 가정들을 확인하는 것도 포함한다. 기획과정에서 생각했던 조직이나 지역사회의 욕구는 실제와 부합하는가? 기획과정에서 했던 욕구사정이 적절했다는 증거는 있는가? 프로그램 실무자들의 활동은 기획했던 대로 진행되고 있는가? 프로그램 기획자가 세웠던 가정들을 지지할 수 있는 증거는 있는가? 이러한 질문들을 통해서 실제로 프로그램이 어떻게 실행되고 있는가를 알아내는 것은 그 프로그램을 다른 지역이나 다른 대상들을 상대로 확대하기 전에 꼭 해야 할 일 중에 하나다.

3) 결과평가

결과평가(outcome evaluation)는 프로그램의 궁극적인 목표인 클라이언트의 삶이 질이 과연 기대한 대로 향상되었는가를 확인하는 데 초점을 둔다. 하지만 삶의 질 변화는 보통 인간의 행동변화를 의미하기 때문에 실제로 프로그램이 기대했던 성과를 이루어 냈는가를 알아내는 작업은 상당히 어려울 수 있다. 가장 기초적인 수준의 결과평가는 서비스를 이용한 클라이언트들의 상태에 초점을 둔다. 프로그램 이용자는 잘 기능하고 있는가? 하지만 좀더 정교한 평가는 서비스를 받은 집단의 기능수준을 서비스를 받지 않은 집단의 기능수준과 비교할 필요가 있다. 그래서 서비스를 받은 집단의 기능수준이 서비스를 받지 않은 집단의 기능수준보다 높으면 프로그램이 성과가 있었다고 추정하는 방식이다. 그보다 더 정교한 평가는 프로그램 이용이 이용자 상태 변화의 원인이라는 것으로 밝히는 것이다.

프로그램을 수행하는 입장에서는 프로그램이 이용자의 긍정적인 변화의 원인이기를 바랄 것이다. 하지만 그러한 변화의 원인이 프로그램이라고 꼭 집어서 말하는 것은 상당히 어려운 일이다. 가령 위기상황에서 심리치료를 받는 경우를 생각해 보자. 심리치료를 받은 사람들이 몇 달 후에 상태가 호전된다면, 그러한 변화는 심리치료 자체가 원인일 수도 있지만 위기상황 자체가 없어졌기 때문일 수도 있다. 또는 전혀 다른 무엇 때문에 변화가 왔을 수도 있다. 인간 행동변화의 원인을 찾아내는 데는 상당히 정교한 방법들이 필요하다. 이 장의 뒷부분에서 그러한 방법들을 간략히 살펴본다.

4) 효율성 평가

평가를 통해 프로그램이 이용자에게 도움이 됐다는 것을 입증했을 때라도, 비용 문제는 여전히 중요한 문제다. 성공적인 프로그램이라도 막대한 자원이 투입된 경우는 그보다 훨씬 적은 자원으로 비슷한 정도의 성공을 가져올 수 있는 프로그램이 있다면 선택될 수 없는 것이다. 만약 복수의 프로그램이 비슷한 종류의 결과를 지향한다면, 효율성은 비교적 쉽게 평가될 수 있다. 이러한 방법을 비용효과분석(cost-effectiveness analysis)이라고 한다. 하지만 프로그램들이 다른 종류의 결과를 지향하거나 전혀 다른 대상을 상대로 하는 경우는 효율성을 비교하는 것은 상당히 어려운 일이다. 가령 지역사회는 추가적인 재정을 청소년 비행을 예방하는 데 투입할 것인가 혹은 미혼모 예방 프로그램에 투입할 것인가?

이와 같이 프로그램 간에 목표가 다른 경우는 바로 비용대비 목표달성도(효과)를 비교할 수 없다. 이 경우는 목표달성도를 동일한 척도, 가령 화폐단위로 환산한 후에 비교하는 방법을 쓰기도 한다. 이와 같은 방법을 비용편익분석(cost-benefit analysis)이라고 한다.

3. 프로그램 평가의 다양한 모델

프로그램 평가는 평가의 목적과 유형에 따라 다양한 접근법이 존재한다. 우리는 이러한 평가에 대해 접근해 나가는 방식을 평가의 모델이라고 부른다. 이곳에서는 몇 가지 대표적인 평가의 모델들을 살펴본다.

1) 전통적인 모델

과거에는 사회복지 분야에서 일하는 사람들이 공식적인 평가에 대한 부담 없이 스스로 일을 보람 있게 느끼며 상당히 자유롭게 일할 수 있었다. 일에 대한 평가는 슈퍼바이저가 특정 사실이나 세부내용보다는 전체적인 인상에 근거해서 내리는 비공식적인 평가가 대부분이었다. 그도 아니면 스스로 하는 자기평가인 경우도 많았다. 하지만 이러한 평가는 주로 서비스를 제공하는 기관의 이익을 보호하는 쪽으로 이루어질 수밖에 없었다. 그렇다고 사회복지 분야의 종사자들이 비윤리적이라거나 양질의 서비스를 제공하는 데 관심이 없었다는 이야기는 결코 아니다. 공식적인 평가 모델에 바탕을 둔 규율된 분석 없이 행해지는 비공식적인 평가는 언제나 스스로를 유리하게 평가하는 인지적인 편견에 영향을 받을 수밖에 없는 것이다.

2) 사회과학연구 모델

평가를 보다 엄밀하게 하고 자기편견을 최소화하기 위해서 일군의 평가자들은 프로그램 평가를 사회과학연구의 특수한 한 형태로 취급하게 됐다. 이러한 형태의 모델은 흔히 실험적 설계방식을 활용한 프로그램 평가로 이해된다. 실험적 설계방식의 기본은 프로그램 대상자를 두 집단으로 무작위로 배정하고, 한 집단에게는 서비스를 제공하고 다른 집단에게는 서비스를 제공하지 않은 후, 프로그램이 종료된 후에 두 집단의 상태를 비교하는 방법이다. 이러한 방법은 마치 사회과학자가 실험실에서 하는 실험과 같다고 해서 실험적 설계방식이라고 불린다. 사회과학연구 모델은 프로그램 평가에 과학적인 체계성과 엄밀성을 불어넣었다는 점에서는 상당한 기여를 해왔다. 하지만 문제는 사회복지 프로그램은 실험실에서 이루어지는 것이 아니라 현실의 현장에서 이루어진다는 점이다.

실험실에서와 같은 철저한 통제가 현장에서 불가능할 때는 실험적 설계방식은 여러 가지 문제점을 일으키게 된다. 그런 이유로 실험적 설계방식의 평가가 가장 엄밀하고 체계적임에도 불구하고 그러한 방법을 사용하는 데는 상당한 주의가 따르며 그 결과를 해석하는 데도 유의할 점이 많은 것이 사실이다.

3) 블랙박스(Black Box) 평가 모델

블랙박스 평가 모델은 프로그램이 어떻게 작동하는지에 대한 분석 없이 프로그램의 산출물만을 평가하는 방법이다. 어떤 경우에는 이러한 방법이 상당히 유용할 수 있다. 가령 여러분이 휴대폰을 구입한다고 하자. 아마 여러분은 제품의 성능, 광고, 상품에 대한 전문가의 평, 다른 사람들의 의견 등을 고려해서 어느 휴대폰을 구입할 것인지 결정할 것이다. 대부분 실제로 휴대폰 내에서 어떤 칩이 어떻게 작동하는지에 대해서는 관심이 없을 것이다. 즉, 블랙박스 평가 모델에서는 과정의 작동에 대해서는 별로 관심이 없고 그 결과로 나타나는 산출물의 평가에 초점을 둔다. 이러한 평가 모델은 상품을 평가하는 방법으로는 유용할 수 있다. 하지만 궁극적으로 서비스의 질을 향상시키는 것을 목적으로 하는 사회복지 프로그램 평가의 방법으로는 한계가 많은 모델이다.

4) 목표기반 평가 모델

어떤 프로그램의 평가를 기획할 때, 목표기반 평가 모델은 평가자가 명확하게 작성된 프로그램의 목적과 목표에 바탕을 두고 그러한 목적과 목표가 얼마나 달성됐는가를 측정하는 것을 강조한다. 목표기반 평가 모델은 프로그램 평가에서 가장 자주 사용되는 대표적인 모델이다. 프로그램의 목적과 목표를 분석하고 그에 따라 프로그램이 설정된 목표 대비 얼마나 성과를 내고 있는지를 밝혀내는 것은 프로그램 평가의 매우 중요한 부분임이 틀림없다. 하지만 어떤 평가자는 프로그램의 목적과 목표달성 정도에만 너무 집중하다 보니 왜 프로그램이 성공했는지 혹은 실패했는지에 관심을 두지 않는 오류를 범하기도 한다. 또 어떤 경우는 설정된 목적과 목표 외에 어떤 긍정적인 효과가 있었는지 혹은 부작용이 있었는지를 간과할 수도 있는 한계도 있다.

5) 책임성 모델

공적인 자원이 투입되는 프로그램은 재원을 사용할 때 엄격히 설정된 규정을 따라야 한다. 책임성(accountability) 모델은 공적인 자원이 투입된 프로그램(주로 대규모 프로그램)이 규정에 따라 예산을 집행하고 있는가를 확인하는 평가 모델이다. 이러한 책임성 모델은 감사(audit) 모델이라고도 불린다. 책임성 모델은 규정에의 부합 여부에 거의 모든 초점을 두기 때문에 프로그램의 효과성이나 효율성에 대한 고려 없이 규정 준수 여부만이 기준이 돼 상당히 관료적인 평가가 될 위험이 있다. 그렇기 때문에 책임성 모델 평가는 일반화하기에는 많은 한계가 있는 모델이다.

6) 임파워먼트 평가 모델

임파워먼트 평가 모델은 프로그램의 대상자들이 지역사회 문제를 처리하거나 자원을 활용하는 역량을 높일 수 있는 방식으로 평가를 진행하는 모델이다.

임파워먼트 평가 모델은 클라이언트들이 활발히 평가과정에 참여하는 것을 장려한다. 클라이언트들이 평가자를 보조하는 역할을 통해 클라이언트 자신들의 기술을 향상시키는 것도 임파워먼트 평가 모델의 한 방법이다. 이러한 과정을 통해 클라이언트들이 그들 자신의 가족과 지역사회를 개선하는 일에 보다 능동적이고 적극적으로 참여할 수 있도록 하는 것이 임파워먼트 평가 모델의 목표다.

7) 이론기반 평가 모델

이론기반 평가 모델은 실험적 설계에 바탕을 둔 사회과학연구 모델의 현실적 한계에 대응해서 대두된 모델이다. 이론기반 모델에서는 프로그램이 제공할 서비스들에 대한 자세한 파악이 첫 번째 단계다. 그 다음은 그러한 서비스들이 프로그램 참여자들의 변화를 어떤 경로로 가져오게 될 것인지를 명시한다. 마지막으로, 프로그램의 구체적인 결과들을 명시한다. 평가는 프로그램의 구체적 결과들이 제시된 변화의 경로(이론)와 얼마나 부합하고 있는지를 분석한다. 분석은 여러 가지 상관관계를 살펴보게 된다. 가령 서비스와 참여자들의 특성 간의 상관관계, 서비스와 단기결과와의 상관관계, 단기결과와 장기결과와의 상관관계 등을 복합적으로 분석한다. 이때 여러 영역의 상관관계가 서비스와 장기결과와의 상관관계를 보여 주는 쪽으로 나타나면 서비스가 결과에 영향을 미쳤다는 결론에 이르게 된다. 사회복지 분야의 많은 평가전문가가 이러한 방법을 받아들이지만, 일각에서는 실험적 설계에 바탕을 둔 평가방식에 비해서 과학적인 엄밀성이 떨어진다는 비판을 제기하기도 한다.

8) 프로그램 개선 평가 모델

프로그램 개선 평가 모델에서 평가의 주목적은 프로그램의 개선에 있다. 프로그램 개선의 출발점은 실제로 관찰되는 것들과 의도되고 계획된 것들 간의 간격을 알아내는 것에서 출발한다. 그러한 간격을 알 수 있다면 어떻게 하면 그런 간격을 줄일 수 있는가를 모색함으로써 프로그램의 개선을 도모할 수 있다. 그렇기 때문에 프로그램 개선 평가 모델에서는 프로그램 계획이 평가의 준거틀이다. 프로그램 개선 평가 모델은 그 초점을 프로그램이 실제로 실행되는 과정에서 계획대로 이루어지지 않은 부분들을 알아내고 그 이유를 밝혀내는 것에 둔다. 프로그램 개선 평가 모델에서는 평가자와 프로그램 실무자가 프로그램 개선이라는 목적을 공유하고 긴밀하게 협업하는 과정이 필요하다.

4. 프로그램 결과평가의 방법

앞에서 살펴본 대로 프로그램 평가는 욕구평가, 과정평가, 결과평가, 효율성 평가 등 다양한 유형으로 구분할 수 있다. 평가의 목적에 따라 이러한 유형들은 모두 중요한 역할을 수행한다. 하지만 프로그램이 그 궁극적인 목적인 클라이언트의 삶의 질 증진에 도움이 됐는가를 평가하는 방법은 결과평가다. 그만큼 결과평가는 프로그램 평가에서 중요한 위치를 차지한다. 이곳에서는 결과평가의 대표적인 방법들에 대해서 알아본다.

1) 단일집단 비실험적 설계 결과평가

단일집단 비실험적 설계 결과평가는 프로그램 시행 전과 후의 프로그램 참여집단의 삶의 질 수준을 비교함으로써 프로그램이 삶의 질 증진에 효과가 있었는지를 알아보는 방법이다. 이때 삶의 질은 그 프로그램이 달성하고자 했던 목표를 나타내는 삶의 질이다. 청소년 비행 예방 프로그램의 예를 들어 보자. 이 프로그램의 궁극적인 목표는 청소년 비행 발생률의 감소다.

청소년 비행 예방 프로그램에서는 청소년 비행 발생률이 삶의 질의 수준이 될 수 있다. 가장 간단하게는 프로그램에 참여한 청소년들의 비행률을 프로그램 시행 전에 측정하고 프로그램 시행 후 일정한 시간이 지난 후 (가령 6개월 후) 같은 집단을 대상으로 비행률을 측정해서 비행률이 감소했다면 프로그램이 작동했다고 판단하는 것이다. 이 방법은 사회복지 실천현장에서 가장 간편히 사용할 수 있는 방법이고 실제로 우리나라 사회복지 현장에서 가장 보편적으로 사용하는 방법이다. 이러한 방법을 그림으로 나타내면 [그림 9-1]과 같다.

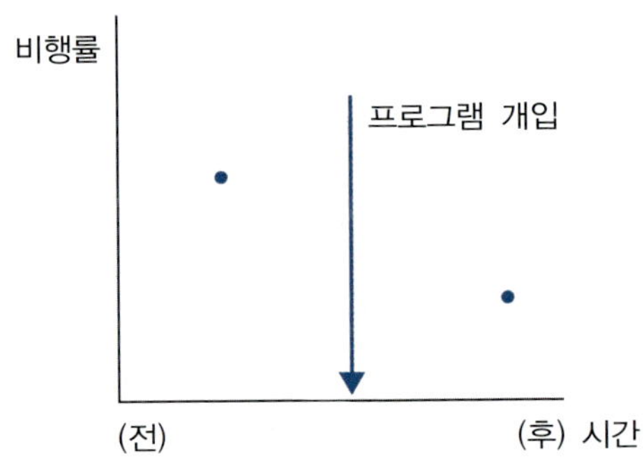

그림 9-1 단일집단 비실험적 설계 결과평가

이 방법은 현장에서 가장 간편하게 사용할 수 있는 방법이긴 하지만, 프로그램이 실제로 프로그램 참여자들의 삶의 질을 변화시켰는지를 알아보는 데는 한계가 많은 방법이다. 즉, 프로그램의 개입과 삶의 질의 변화 사이에 인과적인 관계를 확정할 수 없는 방법이다. 그 이유는 프로그램 참여집단의 삶의 질이 프로그램 시행 후에 향상(즉, 비행률이 감소)되었다고 하더라도 그 이유가 오직 프로그램 때문이라고 말할 수 없기 때문이다.

앞의 청소년 비행 예방 프로그램의 예를 들어 보자. 우선 우리는 청소년들이 나이가 들어감에 따라 철이 들어 자연적으로 비행률이 감소한다는 것을 선행연구 등을 통해 알고 있다. 프로그램이 진행되는 동안 청소년들은 나이가 더 들었으니 프로그램 시행 후의 비행률은 자연적으로 프로그램 시행 전보다 낮을 것이라는 예측이 가능하다. 그렇다면, 프로그램 시행 후에 낮게 나타난 비행률이 프로그램 때문인지 아니면 프로그램 참여자들의 자연적인 변화 때문인지를 가늠할 수 없다는 문제가 발생한다. 다른 예를 들어 보자. 프로그램이 시행되는 동안 청소년 비행에 대해 더 엄격한 처벌을 가하는 법안이 통과됐다고 가정하자. 그렇다면 아마도 대부분의 청소년들은 비행을 저지르기 전에 한 번 더 생각을 하게 될 것이고 비행률은 낮아지게 될 것이다. 이 경우도 낮아진 비행률이 프로그램 때문인지 그 시기에 통과된 새로운 법안 때문인지는 불명확하다. 이런 이유 때문에 단일집단 비실험적 설계 결과평가는 프로그램의 효과성을 평가하는 데 한계가 많은 방법이다.

2) 유사실험적 설계 결과평가

유사실험적 설계 결과평가는 단일집단 비실험적 결과평가의 단점을 보완하기 위해 조금 더 복잡한 방법을 동원하는 평가방법이다. 하지만 유사실험적 설계에 의한 결과평가는 실험적 설계에 의한 결과평가의 엄밀성에는 아직 미치지 못하는 방법이다. 유사실험적 설계에 의한 결과평가에는 상당히 다양한 유형이 있다. 이곳에서는 가장 대표적인 유사실험적 설계 결과평가의 모형으로 시계열(time-series) 설계와 비교집단(comparison group) 설계에 대해 살펴본다.

시계열설계의 기본적인 구조는 앞에서 살펴본 단일집단 비실험적 결과평가와 같다. 즉, 프로그램 집단의 삶의 질 변화를 프로그램 시행 전과 시행 후로 나누어 비교한다. 다른 점은 삶의 질을 측정하는 빈도를 높여 프로그램 시행 전후로 여러 번 측정한다는 것이다. 즉, 프로그램 개입 전에 여러 번 그리고 프로그램 개입 후에 여러 번 삶의 질을 측정한다. 이 설계방법의 이점은 여러 번 측정한 삶의 질 변화 추이를 통해 프로그램과 삶의 질 변화 사이의 인과관계를 보다 분명히 할 수 있다는 것이다. 다음 [그림 9-2]를 통해서 어떻게 시계열설계가 단일집단 비실험적 결과평과보다 프로그램의 효과성을 밝혀내는 데 유리한지 살펴보자.

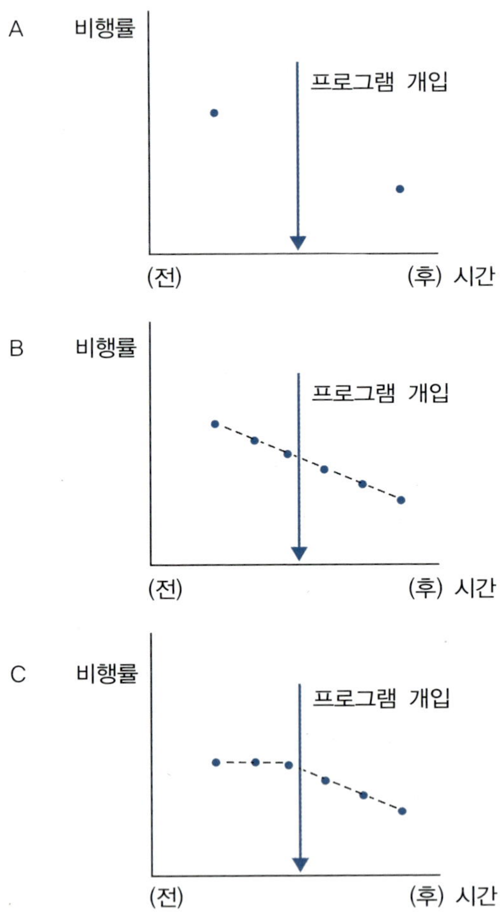

그림 9-2 시계열설계

앞의 그림 A는 단일집단 비실험적 결과평가의 모형을 보여 준다. 이제 같은 결과가 도출됐지만 시계열설계에 의해 여러 번 청소년 비행률을 측정한 B와 C를 보자. B의 경우에는 프로그램 개입 전부터 후까지 비행률이 지속적으로 완만하게 변하고 있는 것을 알 수 있다. 이 경우 프로그램 시행 전과 후의 비교에서 비행률의 변화가 프로그램 개입 때문만이었다고 주장하기 곤란하다. 이제 C의 경우를 살펴보자. C도 전과 후 사이의 비행률 감소는 동일한 양상을 보인다. 하지만 여러 번 측정된 비행률의 변화 추이를 살펴보면 프로그램 개입 전에는 별로 변화가 없었던 것이 프로그램 개입 후에 급격히 변하고 있는 것을 알 수 있다. 이 경우는 비행률의 변화가 프로그램의 영향 때문이었을 개연성이 큰 경우다. 이때 B와 C의 모형은 시계열설계 모형이다. 이 모형은 단일집단 비실험적 결과평가보다는 프로그램의 효과성을 밝혀내는 데 보다 엄밀한 방법이다. 하지만 이 방법도 다른 영향을 완전히 배제할 수 없기 때문에 실험적 설계의 엄밀성에는 미치지 못한다.

비교집단설계는 프로그램 참여집단 외에 프로그램에 참여하지 않은 집단을 추가로 측정해 두 집단의 삶의 질 수준을 비교해서 본다는 점에서 단일집단설계와는 근본적으로 다른 방법이다. 이때 프로그램 참여집단의 삶의 질이 비참여집단의 삶의 질보다 높다면 프로그램이 삶의 질의 향상에 효과적이었다는 추정을 할 수 있다. 이 방법이 프로그램과 삶의 질 변화 사이의 인과관계를 밝히는 데는 단일집단 비실험적 설계보다는 엄밀한 방법이지만, 실험적 설계 결과평가의 엄밀성에는 미치지 못하는 방법이다. 그 이유는 두 집단이 프로그램 개입 전에 그 특성 면에서 동일하다는 가정을 할 수 없기 때문이다. 즉, 비교집단 자체가 프로그램 집단과 원래 다른 면이 있다면 프로그램 개입 후에 발생한 두 집단 간의 삶의 질 차이가 프로그램 때문이었는지 아니면 원래 있었던 두 집단 간의 특성 차이 때문이었는지가 불명확하게 된다. 다음 [그림 9-3]은 비교집단설계의 한 유형을 보여 준다.

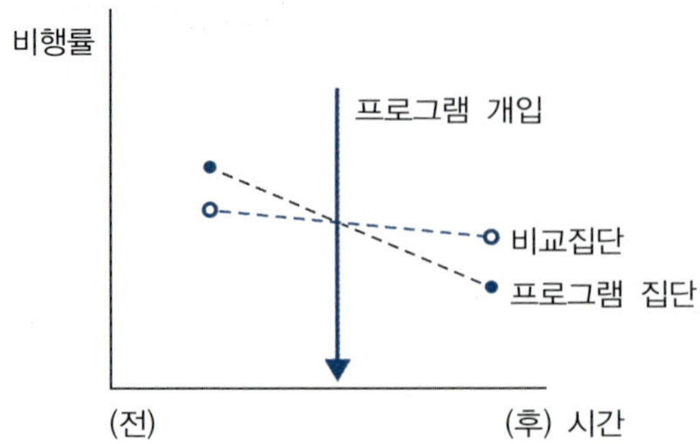

그림 9-3 비교집단설계

3) 실험적 설계 결과평가

실험적 설계 결과평가가 비교집단설계와 근본적으로 다른 점은 두 집단을 설정할 때 두 집단의 특성을 평균적으로 동일하게 설정한다는 점이다. 아주 간단하게는, 평가에 참여하는 연구대상을 무작위로 두 집단으로 나눈 후에,[5] 한 집단에게는 프로그램을 시행하고 다른 집단에게는 프로그램을 시행하지 않는다. 프로그램이 종료된 후 일정 시점에서 두 집단의 삶의 질 수준을 비교한다. 이때 프로그램 참여집단과 프로그램 비참여집단 간의 삶의 질 수준은 프로그램의 영향으로 해석된다. 그 이유는 두 집단의 특성을 동일하게 구성했기 때문에 프로그램 개입 후에 두 집단의 차이는 프로그램, 오직 프로그램 때문이라는 유추가 가능하기 때문이다. 다음 [그림 9-4]는 실험적 설계 결과평가의 전형적인 모형을 보여 준다.

5) 두 집단을 특성 면에서 동일하게 구성하는 가장 좋은 방법은 무작위 배정이다. 이러한 사실은 통계적으로 입증 가능한 가설이다. 그 가설의 설명은 이 책의 범위를 벗어나기 때문에 이곳에는 제시하지 않기로 한다. 이러한 것들에 관심이 있는 학생들은 통계학이나 조사방법론 관련 서적을 참고하기 바란다.

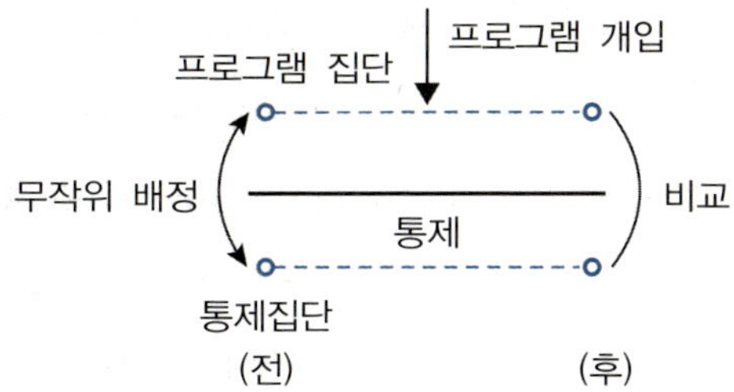

그림 9-4 실험적 설계 결과평가

실험적 설계 결과평가방법이 프로그램과 삶의 질 변화 사이의 인과관계를 검증하는 가장 엄밀한 방법인 이유는 두 집단 간에는 프로그램에 참여했다는 점 말고는 모든 점에서 평균적으로 동일하다는 가정을 성립할 수 있기 때문이다. 우선 그러한 가정을 충족하기 위하여 두 집단으로 배정할 때 무작위 배정의 방법을 쓴다. 그리고 평가가 진행되는 동안(혹은 프로그램이 진행되는 동안), 두 집단 간에 프로그램 참여 여부를 제외한 모든 조건이 동일하도록 해야 한다. 그렇기 때문에 프로그램 개입 후 두 집단 간의 차이는 프로그램 때문이라는 유추가 가능한 것이다.

연구방법론적으로는 실험적 설계 결과평가가 가장 우수한 방법이다. 하지만 앞에서 거론한 바와 같이 두 집단을 동일하게 구성하고 유지한다는 것이 현실적으로 현장에서는 상당히 힘든 일이다. 특히 사회복지 분야에서는 더 그렇다. 우선 무작위 배정을 생각해 보자. 사회복지 현장에서 프로그램 평가를 하기 위해 프로그램에 참여할 사람들과 참여하지 않을 사람을 무작위로 배정한다는 것은 현실적으로 상당히 힘들다. 일각에서는 그러한 방법이 비윤리적이라는 주장도 있다. 또 무작위 배정을 했다고 하더라도 두 집단을 동일하게 일정 기간 유지한다는 것도 역동적인 사회복지 현장에서는 매우 힘든 일이다. 실험적 설계 방법은 폐쇄된 실험실의 조건에서는 가능할지 모르지만 현장에서는 실현하기가 매우 힘들다는 문제 제기가 설득력이 있는 이유다.

5. 서비스 만족도 평가

서비스 만족도(service satisfaction)는 서비스를 받았거나 프로그램에 참여한 클라이언트가 서비스 및 프로그램을 통해 얻거나 느끼게 되는 주관적 만족의 정도를 의미한다. 이는 품질이 우수한 서비스를 받는 클라이언트는 서비스에 대해 만족하지만 품질이 떨어지는 서비스를 받는 클라이언트는 서비스에 만족하지 않을 것이라는 클라이언트 주관적 관점을 서비스의 품질과 연관시키는 품질 관리의 핵심 논리이다(우수명, 2018: 210-211). 프로그램 평가에서 서비스 만족도 평가가 중요해진 기원은 1960년대 후반과 1970년대 초 미국에서 일어난 소비자 보호운동이라고 할 수 있다(김창대 · 김형수 · 신을진 · 이상희 · 최한나, 2011: 358). 서비스 제공자 입장에서 경쟁력을 높이기 위해서는 소비자의 피드백을 적극적으로 이용해 질적 개선을 위한 노력을 기울여야 했기 때문에 만족도 평가는 프로그램 및 조직 관리에서 필수적인 요소가 되었다. 또한 우리나라에서는 사회복지시설 평가가 시작된 초기부터 이용자 만족도를 평가 영역으로 포함함으로써 시설 및 프로그램 평가에서 만족도 평가가 필수적인 것으로 인식하게 되었다.

서비스 만족도 평가를 실시하는 이유는 다음과 같다.

첫째, 서비스 만족도는 클라이언트 관점에서 서비스의 품질이 측정되기 때문에 서비스의 성과지표 중 하나이다. 즉 클라이언트 관점에서 서비스 및 프로그램이 얼마나 전달되고 운영되었는지, 그리고 그로 인해 클라이언트의 삶의 질 향상에 얼마나 기여하였는지를 알 수 있는 정보를 제공한다.

둘째, 서비스 만족도 평가를 통해 조직 관점에서 조직 및 서비스의 부족한 점을 찾고 개선에 필요한 정보를 제공한다. 아무리 이론에 근거하여 논리적으로 잘 기획된 프로그램이라고 하더라도 참여한 클라이언트가 만족하지 못한다면 분명히 개선해야 할 점이 있는 것이다. 예를 들어 프로그램 실행 시간에 대해 불만족하는 클라이언트가 많다면 클라이언트가 원하는 시간을 조사하여 프로그램 실행 시간을 중도에 조정할 수 있는 것이다. 이렇듯 문제점을 발견하고 개선한다면 클라이언트의 만족도는 높아지고 프로그램의 목적을 달성할 수 있을 것이다.

셋째, 서비스 만족도 평가는 비교적 수행하기 쉽고 해석하기 쉬운 평가방법이다. 일반적으로 전체 프로그램 종료 시점에 혹은 회기가 마칠 시점에 간단한 설문조사 혹은 초점집단인터뷰(FGI) 방식으로 수행한다. 또한 비교적 짧은 시간에 조사할 수 있기 때문에 클라이언트 참여도도 높은 편이다. 그리고 사전사후 비교를 위한 사전검사를 실시할 필요가 없으며 결과 해석도 어렵지 않기 때문에 높은 전문성을 필요로 하지 않는다.

하지만 서비스 만족도 평가를 실시하거나 해석할 때 주의할 점이 있다.

첫째, 서비스 만족도 평가결과가 실제 클라이언트가 주관적으로 느끼는 만족도보다 긍정적으로 나올 가능성이 크다. 대체로 만족도 평가는 프로그램 종료 시점에 실시하는 경우가 많은데 이러한 경우 그동안 프로그램을 진행한 담당자에 대한 고마움이나 우호적인 관계 형성으로 인해 클라이언트가 긍정적으로 표현할 가능성이 크다. 더구나 차후 동일 프로그램이나 다른 프로그램이 있을 경우 클라이언트 입장에서 참가할 기회를 얻기 위해 만족도 평가를 통해 좋은 인상을 남기려는 경향도 있을 수 있다.

둘째, 보통 만족도 평가는 프로그램 종료 시점에 실시하다 보니 응답자들은 중도에 탈락하지 않고 종료 때까지 프로그램에 참여한 클라이언트들이다. 대체로 프로그램에 만족을 느끼는 클라이언트들은 중도에 탈락하지 않고 참여하는 반면 프로그램에 불만족을 느끼는 클라이언트들은 중도에 탈락하는 경우가 많다. 이로 인해 만족도 평가에 참여하는 표본 자체에 긍정적 응답을 하게 될 응답자로 구성될 선정 편향(selection bias) 오류가 작용하게 된다.

이러한 문제점으로 인해 서비스 만족도 평가는 프로그램 성과 평가에서 다른 평가방법과 함께 보완적인 평가방법으로 활용한다. 서비스 만족도 평가를 위한 평가도구는 목적, 참여자 유형, 프로그램 및 서비스 유형과 조사 형태에 따라 다양하게 개발되어 활용되고 있다. 만족도 평가도구는 타당도와 신뢰도가 검증된 도구를 사용하는 것이 바람직하다. 다음 만족도 평가도구는 McMurtry와 Hudson(2000)에 의해 개발된 Client Satisfaction Inventory(CSI)를 김용석 등(2007)이 한국형으로 검증한 도구이다.

사회복지서비스 이용자 만족도 척도

다음 내용을 읽고 이용하고 있는 프로그램이나 서비스에 대해서 옳은 곳에 ✓표해 주십시오.

	문항내용	전혀 그렇지 않다	많이 그렇지 않다	약간 그렇지 않다	보통이다	조금 그렇다	대체로 그렇다	매우 그렇다	해당 사항 없음
1	이곳에서 받은 서비스는 나에게 큰 도움이 된다.	①	②	③	④	⑤	⑥	⑦	X
2	이곳의 직원은 진심으로 나를 도와주는 것 같다.	①	②	③	④	⑤	⑥	⑦	X
3	만일 다시 도움이 필요하면 이곳을 이용할 것이다.	①	②	③	④	⑤	⑥	⑦	X
4	이곳의 직원은 나를 업무적으로 대하지 않고 인격적으로 대해준다.	①	②	③	④	⑤	⑥	⑦	X
5	이곳에서 나는 나의 문제를 다루는 방법에 대해 많이 배웠다.	①	②	③	④	⑤	⑥	⑦	X
6	내가 이곳에서 도움받은 것에 대해 다른 사람에게도 추천하고 싶다.	①	②	③	④	⑤	⑥	⑦	X
7	이곳의 직원은 자신들의 일을 성의껏 한다.	①	②	③	④	⑤	⑥	⑦	X
8	나는 이곳에서 진정으로 내가 필요로 하는 도움을 받았다.	①	②	③	④	⑤	⑥	⑦	X
9	이곳의 직원은 나의 모습을 있는 그대로 받아준다.	①	②	③	④	⑤	⑥	⑦	X
10	내가 처음 이곳에 왔을 때보다 지금이 훨씬 좋아졌다고 생각한다.	①	②	③	④	⑤	⑥	⑦	X

11	이곳에 오기 전까지는 나를 도와줄 사람은 아무도 없다고 생각한다.	①	②	③	④	⑤	⑥	⑦	X
12	여기서 받은 도움은 내가 지불한 이용료만큼의 가치가 있다.	①	②	③	④	⑤	⑥	⑦	X
13	이곳의 직원은 자신의 업무보다 내가 요구하는 것을 먼저 해준다.	①	②	③	④	⑤	⑥	⑦	X
14	이곳에서 내가 받은 가장 큰 도움은 나 자신을 돕는 방법을 배운 것이다.	①	②	③	④	⑤	⑥	⑦	X
15	내가 아는 사람들은 이곳에서 내가 긍정적으로 변화되었다고 말한다.	①	②	③	④	⑤	⑥	⑦	X
16	이곳의 직원은 내가 다른 곳에서 어떻게 도움을 받을 수 있는지를 알려준다.	①	②	③	④	⑤	⑥	⑦	X
17	이곳의 직원은 내 심정을 이해하는 것 같다.	①	②	③	④	⑤	⑥	⑦	X
18	나는 이곳의 직원에게 속마음을 털어 놓을 수 있을 것 같다.	①	②	③	④	⑤	⑥	⑦	X
19	내가 여기서 받은 도움은 기대 이상이었다.	①	②	③	④	⑤	⑥	⑦	X
20	나는 이곳을 다시 이용하고 싶다.	①	②	③	④	⑤	⑥	⑦	X

출처: 최소연 외 (2018). pp. 419-420.

6. 질적 평가

질적 평가는 질적 연구방법을 적용하여 프로그램이나 서비스의 과정 및 성과를 평가하는 것을 의미한다. 질적 연구방법을 적용하는 질적 평가의 특징은 사물이나 현상의 양을 숫자로 단순화하기보다는 그것이 갖고 있는 속성, 가치, 유용성 등을 파악하는 것에 목적으로 두며, 연역법보다 귀납법을 활용하여 특정 현상을 있는 그대로 이해하고, 그 의미를 해석하며, 본질을 탐구하려는 관점을 가지고 있다는 점이다. 또한 질적 평가는 심층면접, 관찰,

참여관찰, 사례기록 등의 자료수집방법을 활용하며 현상학, 질적 사례연구나 문화기술지 같은 전통적인 질적연구방법을 적용한다(권지성 · 염태산, 2019). 일반적으로 질적 평가는 개인이나 집단, 가족을 대상으로 하는 사회복지실천뿐만 아니라 지역사회복지실천이나 사회정책과 같은 거시적 실천에도 적용될 만큼 광범위하게 활용될 수 있다.

프로그램 담당자는 평가계획을 수립하거나 평가를 수행할 때에 평가방법으로 양적 평가 혹은 질적 평가 중 하나를 선택해야 하는 상황에 있을 수 있다. 그동안 과거 실증주의적 패러다임에서는 프로그램 평가에서 양적 평가를 우선시하고 필요한 경우 질적 평가를 활용한다는 관점이 우세하였다. 하지만 해석주의적 패러다임의 등장으로 질적 연구의 중요성이 커지면서 양적 평가와 질적 평가의 통합적 접근이나 단독의 질적 평가를 적용하는 프로그램 평가가 증가하고 있다. 중요한 것은 프로그램 담당자는 개인의 선호도나 지식 정도가 아닌 평가 목적에 따라 평가방법을 결정해야 한다는 점이다. 이에 따라 다음과 같은 경우에는 질적 평가를 적용하는 것이 더 유용하기 때문에 질적 평가를 고려할 필요가 있다.

첫째, 평가결과를 수치화하기 어려운 경우에 질적 평가를 유용하게 적용할 수 있다. 예를 들어 장애인 취업역량 강화 프로그램으로 바리스타 교육을 실시한다고 할 때 1년 간의 교육 이후 참여자들의 취업이 성사되지 못했을 경우 이 프로그램은 실패하였다고 결론을 내리기 쉽다. 하지만 질적 평가를 통하여 교육에 참여하는 동안 참여자의 취업에 대한 자신감이 증가하고 취업을 하기 위한 노력의 과정에 대한 경험과 생각을 잘 보여준다면 이 프로그램이 성과가 없다고 단정적으로 결론내리기 어려울 것이다.

둘째, 양적 평가의 의미를 좀더 풍부하게 이해하기 위해 질적 평가를 적용한다. 예를 들어 자살 예방을 위한 독거노인 대상의 우울증 예방 프로그램을 진행한다고 할 때 우울증 감소에 대한 사전사후검사 결과 통계적으로 유의한 수준에서 평균 1.2점 감소하였다고 할 때 이 프로그램의 평가결과는 우수하다고 결론을 내리기 쉽다. 하지만 실제로 참여자들의 1.2점 감소라는 의미가 과연 무엇인지에 대해 깊게 생각해 보면 답변하기 어려워진다. 질적 평가를 통하여 참여자들의 실제 삶 속에 우울할 수밖에 없는 상황에도 슬픈 생각이 나지 않으며 주변에 도움을 청하고 잠이나 식사가 줄지 않는 행동이나 생활의 변화를 보여준다면 수치화된 평가결과보다 프로그램의 성과로서 더 풍부한 정보를 제공할 수 있을 것이다.

셋째, 프로그램이나 서비스의 과정을 평가하여 프로그램이나 서비스가 당초 계획대로 추진되었는지를 이해하기 위해 질적 평가를 적용한다. 과정 평가는 양적 평가와 질적 평가 모두 적용 가능하지만 양적 평가보다는 질적 평가를 통해 프로그램 수행과정에 대한 상세한 정보와 그 정보를 바탕으로 한 다양한 개선방안이 도출된다. 이러한 질적 평가를 통해 도출된 과정평가결과들은 프로그램 담당자로 하여금 프로그램 수행과정에서 얻게 된 교훈을 얻게 할 뿐만 아니라 타 기관이 벤치마킹할 수 있도록 구체적인 정보를 제공할 수 있다.

질적 평가는 기본적으로 평가자 자신이 조사도구가 되기 때문에 질적 평가를 잘 수행하기 위해서는 질적 연구에 대한 지식과 기술을 습득하기 위한 훈련이 요구된다. 이러한 과정은 단기간의 책읽기나 강의로 소화될 수 없기 때문에 많은 시간의 학습과 실습이 필요하다. 프로그램 담당자는 적어도 다음과 같은 질적 평가에서 많이 활용되고 있는 자료수집방법에 대한 기본적인 이해를 가질 필요가 있다.

첫째, 질적 연구에서 가장 일반화된 자료수집방법은 심층면접이다. 심층면접은 특정 주제에 초점을 두고 면접자와 피면접자 간의 주의 깊게 나누는 대화 형식의 자료수집방법이다. 질적 평가의 면접은 다양한 형태로 수행될 수 있다(권지성 · 염태산, 2019: 152-155). 일반적으로 개입 이전과 종결 이전 시점에서 평가를 위한 회기를 따로 설정하여 1~2시간 정도의 면접을 진행한다. 또는 개입 초기의 형성평가, 중간시점의 중간평가, 매 회기의 수시평가 차원에서 10~20분 정도 면접을 진행할 수도 있다. 또한 특정 주제에 관하여 집중적으로 담화를 나누는 소집단 형식(5~15명)으로 구성하여 2시간 정도 집단 면접을 진행하는 초점집단인터뷰(FGI: Focus Group Interview)를 진행할 수도 있다. 심층면접을 진행할 때 많이 활용되는 질문은 "이 프로그램을 통해 귀하의 무엇이 변화되었습니까?", "이 프로그램이 귀하에게 도움이 되었습니까? 만일 그렇다면 어떤 측면에서 도움이 되었습니까?" 등이다. 보통 평가를 위한 면접 시 반드시 녹음이나 녹화를 할 필요가 있으며, 이때 연구 참여자에게 동의를 얻고 가능한 한 빨리 녹취록을 작성하는 것이 좋다.

둘째, 심층면접 다음으로 많이 활용되고 있는 질적 자료수집방법은 관찰법이다. 관찰은 참여관찰(participant observation)과 비참여관찰(non-participant observation)로 구분된다(조성우 외, 2018: 275). 참여관찰은 관찰자가 프로그램 과정 중에 참여자들과 상호작용하면서 참여자 입장에서 프로그램을 경험하는 방법이다. 비참여관찰은 관찰자가 참여자들과 전혀 상호작용하지 않으면서 관찰에 의한 영향력을 최소화하려는 방법이다. 질적 연구에서 관찰은 관찰 대상을 정한 후 관찰 행동의 초점을 두는 체크리스트(checklist), 관찰일지나 현장노트를 활용하여 물리적 공간, 행위자, 행위, 상호작용, 관계, 느낌이나 감정 등 최대한 많은 정보를 기록한 후 프로그램 목표와 관련된 내용을 선별하고 의미를 해석하는 절차를 따른다(조성우 외, 2018: 275).

셋째, 일지, 클라이언트 기록물, 메모 등 문서화된 기록물도 질적 평가의 자료가 된다(권지성 · 염태산, 2019: 160-163). 구체적으로 이러한 문서화된 기록물은 프로그램 진행일지 혹은 상담일지, 프로그램 소감문이나 프로그램 활동지(가계도, 생태도, 자서전, 인생곡선 그리기, 포토보이스를 위한 사진 찍기 등), 일지나 면접지, 관찰일지 등의 빈 공간에 기록한 메모 등이다. 이러한 기록물들은 참여자의 말과 행동, 비언어적 의사소통, 상호작용뿐만 아니라 프로그램 담당자의 소감이나 특이한 관찰 내용 등을 담고 있어서 이에 대한 질적 분석을 위한 자료가 된다.

한편, 질적 평가의 분석과정은 표준화된 절차는 없지만 많이 활용되고 있는 공통적인 과정으로 다음의 질적 자료 선별, 의미 해석, 주제 제시 등 3단계 분석과정이 있다(조성우 외, 2018: 264-265). 1단계는 질적 자료를 선별하는 단계로서 질적 자료수집에 의한 자료들을 프로그램 평가에 유용한 자료를 선별하고 유사한 내용끼리 범주화하는 과정이다. 2단계는 의미를 해석하는 단계로서 선별된 자료를 검토하면서 어떤 변화가 왜, 어떻게, 얼마나 발생했는지에 대해 의미를 찾아내고 해석하는 과정이다. 3단계는 해석된 내용을 기초로 주요한 내용을 요약하여 주제를 제시하는 단계로서 프로그램 목표와 관련된 단어나 문장으로 발견된 의미를 제시하는 과정이다. 이러한 분석과정은 한 번에 완성되기 어려우며 각 과정에 대한 반복적이고 순환적인 작업을 통해 수정을 거쳐 완성된다.

또한 질적 분석 결과에 대한 객관성을 높이기 위해 다양한 유형의 다원화 혹은 삼각측정(triangulation)을 적용할 필요가 있다. 질적 평가에서 많이 활용되고 있는 다원화로 다양한 출처의 자료를 활용하는 자료의 다원화, 여러 명의 평가자가 참여하는 평가자의 다원화, 다양한 평가방법을 활용하는 방법론적 다원화 등이 있다.

* 요 | 점 | 정 | 리

- 프로그램의 궁극적인 목적은 클라이언트의 삶의 질 증진이다. 프로그램 평가는 수행된 프로그램이 의도된 대로 수행되어 궁극적으로 클라이언트의 삶의 질 증진에 도움이 됐는지를 검증하는 과정이다.
- 프로그램 평가는 다양한 목적을 가진다. 그리고 그러한 목적에 따라 사용하는 평가의 방법도 달라진다.
- 프로그램 평가의 목적은 1) 자원투입의 적절성 판단, 2) 서비스 제공 여부 검증, 3) 성과에 대한 분석, 4) 프로그램의 효과성 분석, 5) 프로그램의 우선순위 설정, 6) 서비스 질 관리, 7) 부작용에 대한 분석 등으로 다양하다.
- 대표적인 프로그램 평가의 유형으로는 욕구평가, 과정평가, 결과평가, 효율성 평가 등을 들 수 있다.
- 프로그램 평가는 평가의 목적과 유형에 따라 다양한 모델로 나누어 볼 수 있다. 대표적인 평가 모델로는 전통적 모델, 사회과학연구 모델, 블랙박스 모델, 목표기반 모델, 책임성 모델, 임파워먼트 평가 모델, 이론기반 평가 모델, 프로그램 개선 평가 모델 등을 들 수 있다.
- 평가의 목적에 따라 평가의 다른 유형들은 모두 중요한 역할을 수행한다. 하지만 프로그램이 그 궁극적인 목적인 클라이언트의 삶의 질 증진에 도움이 됐는가를 평가하는 방법은 결과평가이다.
- 결과평가의 대표적인 방법으로는 1) 단일집단 비실험적 설계, 2) 유사실험적 설계, 3) 실험적 설계 등을 들 수 있다.
- 실험적 설계 결과평가가 프로그램과 결과 사이의 인과관계를 밝히는 데는 가장 효과적이지만, 현실적으로 사회복지 현장에서 광범위하게 적용하기에는 무리가 있다는 지적도 있다.
- 서비스 만족도(service satisfaction)는 서비스를 받았거나 프로그램에 참여한 클라이언트가 서비스 및 프로그램을 통해 얻거나 느끼게 되는 주관적 만족의 정도를 의미한다.
- 서비스 만족도 평가를 사용하는 이유로는 클라이언트 관점에서 서비스의 품질이 측정되어 서비스의 성과지표 중 하나이며, 조직 관점에서 조직 및 서비스의 부족한 점을 찾고 개선에 필요한 정보를 제공하고, 비교적 수행하기 쉽고 해석하기 쉬운 평가방법이기 때문이다.
- 질적 평가는 질적 연구방법을 적용하여 프로그램이나 서비스의 과정 및 성과를 평가하는 것을 의미한다.
- 질적 평가에서 많이 활용되고 있는 자료수집방법은 심층면접, 관찰법, 일지, 클라이언트 기록물, 메모 등 문서화된 기록물 등이다. 초점집단인터뷰(FGI: Focus Group Interview)는 질적평가에서 많이 활용되고 있는 소집단면접방식이다.

연습문제

1. 프로그램 평가가 일상생활에서 상식적으로 행하는 평가보다 복잡하고 어려운 이유를 설명하여 보라.

2. 프로그램 평가의 목적에 따라 어떤 유형의 프로그램 평가가 보다 유용할지를 설명하여 보라.

3. 프로그램 평가의 유형들을 제시하고, 각 유형이 제공할 수 있는 정보들의 특성을 설명하여 보라.

4. 프로그램 평가의 모델들을 제시하고, 각 모델의 장단점을 논하여 보라.

5. 프로그램 결과평가의 대표적인 방법 3개를 설명하고, 각 방법의 장단점을 논하여 보라.

6. 서비스 만족도 평가를 사회복지 프로그램 평가에서 많이 활용하는 이유에 대해 설명하여 보라.

7. 서비스 만족도 평가의 문제점에 대해 설명하여 보라.

8. 질적 평가를 선택하기에 유용한 사례에 대해 제시하여 보라.

연습과제

[과제 1]

이 책의 11장 예시로 수록된 「여성노숙인의 심리정서 회복 및 지역사회 자립 역량 강화를 위한 통합지원사업」 프로그램에 대한 욕구평가, 과정평가, 결과평가, 효율성 평가의 계획을 세워 보라.

[과제 2]

「여성노숙인의 심리정서 회복 및 지역사회 자립 역량 강화를 위한 통합지원사업」 프로그램의 실험적 설계 결과평가를 어떤 과정을 거쳐 어떤 방식으로 해나갈 것인지에 대한 계획을 세워 보라.

CHAPTER 10

논리모델을 이용한 프로그램 평가

1. 논리모델이란 무엇인가
2. 논리모델을 읽는 방법
3. 논리모델을 이용한 프로그램의 평가는 어떻게 하는 것인가
4. 논리모델의 연습: 「프로그램 개발과 평가」 과목에의 적용
5. 프로그램의 실패: 두려워할 일만은 아니다
6. 평가지표 및 자료의 설정

이 장의 학습목표

이 장에서는 프로그램 평가의 한 모델로 논리모델을 소개한다. 논리모델은 앞 장에서 설명한 목표기반 평가, 이론기반 평가, 프로그램 개선 평가 모델 등에 기초한 평가방법으로, 현재 사회복지 현장에서 가장 선호되는 평가 모델이다. 이곳에서는 논리모델(Logic Model)의 틀을 이용하여 프로그램 평가의 과정과 목표를 살펴보고 학습하도록 한다. 이 장의 세부 학습목표는 다음과 같다.

- 논리모델의 개념을 이해한다.
- 논리모델을 적용하여 프로그램의 내용을 제시하는 방법을 익힌다.
- 논리모델을 이용한 프로그램 평가의 방법을 이해한다.
- 형성평가와 결과평가의 개념을 이해한다.
- 평가지표에 사용될 수 있는 자료의 종류를 이해한다.

10 CHAPTER

논리모델을 이용한 프로그램 평가

1. 논리모델이란 무엇인가

논리모델(Logic Model)이라는 제목을 읽는 순간 대부분의 사람들은 아마도 그 어감에 약간은 위축되리라 생각된다. 우선, 논리라는 단어 자체가 상당히 딱딱하게 다가오고 더군다나 거기에 모델이라는 단어까지 붙이니 더 어렵게 느껴지기 마련이다. 논리모델을 이용한 프로그램 평가를 이해하고 익히기 위해서는 우선 그런 '논리모델'이라는 단어가 주는 어렵다는 선입견에서 탈피하여야 한다. 말은 어려울지 모르지만 그 개념 자체는 우리가 일상생활에서 이용하는 사고의 방식을 이용하고 있기 때문에 알고 보면 이해하기에 무척 쉬운 개념이다. 자, 그러면 이제 논리모델이 얼마나 쉬운 개념인지를 알아보기로 하자.

논리모델은 간단히 정의하면 프로그램이 어떻게 작동할 것인지에 대한 우리의 기대와 예측을 도표로 나타내는 것이다. 앞 장에서 우리는 프로그램의 기획에 대하여 배웠다. 프로그램 기획은 하나의 사회복지 프로그램이 클라이언트의 삶의 질을 향상시키는 목적을 효과적으로 달성할 수 있도록 그 내용과 과정을 개발하는 과정이다. 그러한 프로그램 기획을 통하여 우리는 프로그램이 해결하고자 하는 사회문제를 명확히 이해하고, 문제해결의 목표를 설정하고, 그러한 목적을 달성하기 위한 프로그램의 활동내용을 구성하고, 그러한 활동을 가능하게 하기 위한 자원(예산)을 편성한다.

여기서 한번 가만히 생각해 보자. 이러한 일련의 프로그램 기획과정은 우리가 알고 있는 지식을 총동원하여 이러한 프로그램을 한다면 이러한 목표를 달성할 수 있을 것이라는 예측을 하는 과정이다. 사실 아무도 우리가 기획한 프로그램이 의도한 결과를 달성할 것이라고 100% 확신을 가지고 이야기할 수는 없다.

다만, 사회복지사로서 우리가 알고 있는 지식을 총동원하여 이렇게 한다면 이런 목표가 달성될 것이라는 최선의 예측을 할 수 있을 뿐이다. 즉, 이러한 자원을 이용하여 이러이러한 프로그램 활동을 한다면 기대하는 목표가 달성될 것이고 그러한 목표의 달성은 궁극적으로 우리가 해결하고자 하였던 사회문제를 완화시켜 클라이언트의 삶의 질의 향상을 가져올 것이라는 기대와 예측인 것이다.

여기서 중요한 것은 그러한 기대와 예측이 막연하고 억지스러운 것이 아니라 논리적이고 과학적이어야 한다는 것이다. 즉, 이렇게 하면 이렇게 될 것이라는 논리를 정연하게 펼치는 과정인 것이다. 그러한 프로그램의 논리를, 즉 프로그램이 어떻게 작동할 것인지에 대한 기대와 예측을, 도표로 나타내는 것이 프로그램의 논리모델이다. 그렇다면 프로그램 기획은 프로그램의 논리모델을 작성하는 것으로 이해될 수 있고 프로그램의 평가는 프로그램이 논리모델에 따라 행해졌는가를 검증하는 것으로 이해될 수 있다.

논리모델은 프로그램에 필요한 자원과 시행하고자 하는 프로그램의 활동과 달성하고자 하는 변화나 결과 간의 관계를 체계적으로 도표화하는 것이다. 프로그램 논리모델에서는 도표와 문자를 이용하여 프로그램이 목표로 하는 변화를 가져오게 될 활동들의 순서를 기술하고 그러한 활동들이 프로그램의 목표와 어떻게 연결되는지를 보여주게 된다. 자 그러면, 지금까지 배운 프로그램 기획의 과정을 통하여 기획한 프로그램을 도표화해 보도록 하자. 도표화하는 데는 여러 가지 방법이 있지만 여기서는 가장 기본적인 논리모델의 틀을 이용하여 도표화해 보도록 한다.

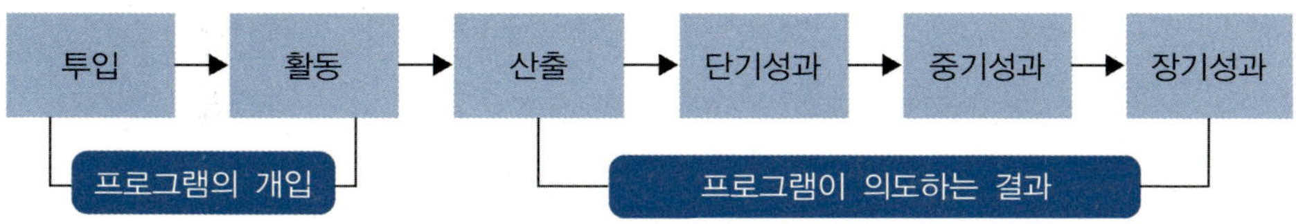

그림 10-1 논리모델의 틀

앞의 도표에서 볼 수 있듯이 프로그램의 논리모델은 프로그램의 개입과 프로그램이 의도하는 결과가 어떻게 연결되어 있는가를 보여준다. 즉, 지금까지 학습해 온 프로그램 기획의 결과를 하나의 간결한 구조로 정리, 요약하여 보여주는 것이 프로그램의 논리모델이다. 이렇게 정리된 프로그램의 논리모델은 프로그램이 어떻게 작동하고 왜 의도하는 결과를 도출해 낼 수 있을 것인가를 프로그램에 관심이 있는 다양한 이해관계자들에게 일목요연하게 설명하는 데 매우 유용할 수 있다. 이러한 논리모델의 구성요소들을 다음에서 보다 자세히 살펴보도록 하자.

1) 프로그램의 개입

프로그램의 개입은 프로그램을 수행하기 위하여 필요하다고 생각되는 자원들을 기술하고 그러한 자원들을 이용하여 어떤 활동들을 해나갈 것인가를 제시한다.

(1) 투입

프로그램에 투입되는 자원을 표시한다. 프로그램이 필요로 하는 자원은 크게 인적 자원, 재정적 자원, 조직적 자원, 그리고 지역사회 자원으로 나누어 볼 수 있다. 투입은 프로그램을 위하여 사용될 수 있는 다양한 차원의 자원을 나타낸다.

(2) 활동

활동은 위의 자원들을 가지고 프로그램이 하는 일들을 통칭한다. 이러한 프로그램의 활동은 앞 장에서 학습한 대로 프로그램 수행에서 목적을 달성하기 위하여 의도적으로 행해지는 과정, 도구, 행사, 기술, 행위 등을 나타낸다. 이러한 개입을 통하여 의도하는 프로그램 변화나 결과를 이루고자 하는 것이다.

2) 프로그램이 의도하는 결과

프로그램을 통하여 어떤 변화가 생길 것인가를 보여준다. 이러한 의도하는 결과는 산출과 단기성과, 중기성과, 장기성과를 포함한다.

(1) 산출

프로그램 활동의 직접적인 생산물이다. 즉, 활동을 하면 그 결과로 바로 나타나는 프로그램의 산물이다. 이러한 산출은 흔히 프로그램을 통하여 클라이언트가 이용하거나 참여하는 서비스를 포함하게 된다. 가령 예를 들어 방과후 프로그램을 시행한다고 하자. 1주에 3회, 월, 수, 금요일에 시행하는 프로그램이면 일주일 동안에 프로그램의 직접적인 산출은 프로그램의 3회 수행이다. 방과후 프로그램을 수행하였기에 직접적으로 잡히는 결과는 프로그램을 수행한 횟수이다. 그런 식으로 생각해 보면, 프로그램에 참여한 아동의 수도 프로그램 활동의 직접적인 산물이어서 산출에 포함되는 것을 알 수 있다. 우리가 사회복지 기관의 평가에서 흔히 이용하는 연 인원, 실 인원, 프로그램 수 등의 지표는 모두 산출을 나타내는 방법이다.

(2) 단기성과

프로그램 참여자의 지식, 기술, 인식 등의 구체적인 변화이다. 산출과 성과를 구분하는 방법은 산출은 서비스의 제공에 초점을 두는 반면 성과는 프로그램 참여자의 구체적인 변화에 초점을 둔다. 이때 단기성과는 시간적으로 비교적 짧은 시간에 나타나는 프로그램 참여자의 변화를 의미하기도 하지만, 내용적으로는 행동이나 상황의 변화 전에 오는 지식, 기술, 인식 등의 변화를 의미한다. 가령 예를 들면 금연교육 프로그램의 궁극적인 목적은 담배를 끊는 것에 있지만 그러한 목적을 위하여 금연교육 프로그램을 통하여 프로그램 참여자가 흡연의 유해성을 인식하도록 한다면 이때 흡연의 유해성에 대한 인식을 높이는 것은 단기성과이다.

(3) 중기성과

프로그램을 통하여 나타난 지식, 태도, 기술의 변화에 의해서 나타나게 된 행동의 변화이다. 즉, 프로그램 참여자가 단기성과의 영향으로 경험하는 행동의 변화를 의미한다. 예를 들어 금연교육 프로그램을 통하여 프로그램 참여자가 흡연 유해성을 인식한 이후 실제로 금연을 실천 혹은 시도한다면 이때 금연 실천이 중기성과이다.

(4) 장기성과

장기성과는 프로그램이 궁극적으로 의도하는 목표의 달성 정도를 표시한다. 장기성과에서는 보통 프로그램 참여자의 궁극적인 상태의 변화, 즉 삶의 질의 향상 정도를 이야기한다. 이러한 성과는 단시일 내에 보기는 어려우므로 장기성과의 경우는 장시간에 걸쳐 볼 수 있는 성과를 나타낸다. 앞의 금연교육 프로그램의 예에서 장기적 성과로는 6개월 이상 금연 성공 혹은 해당 지역의 흡연율 감소로 설정할 수 있을 것이다.

2. 논리모델을 읽는 방법

프로그램의 논리모델을 왼쪽부터 오른쪽으로 읽어나가면 프로그램의 기본적인 작동체계를 시간에 따라 프로그램의 기획에서부터 결과까지를 파악할 수가 있다. 이때, 프로그램의 논리모델을 '읽는'다는 것은 "만약 ~한다면, ~

할 것이다"라는 문장으로 구성된 프로그램의 구성요소들의 연결체계를 파악하는 것이다. [그림 10-2]는 기본적인 프로그램 논리모델이 어떻게 읽혀지는가를 보여준다.

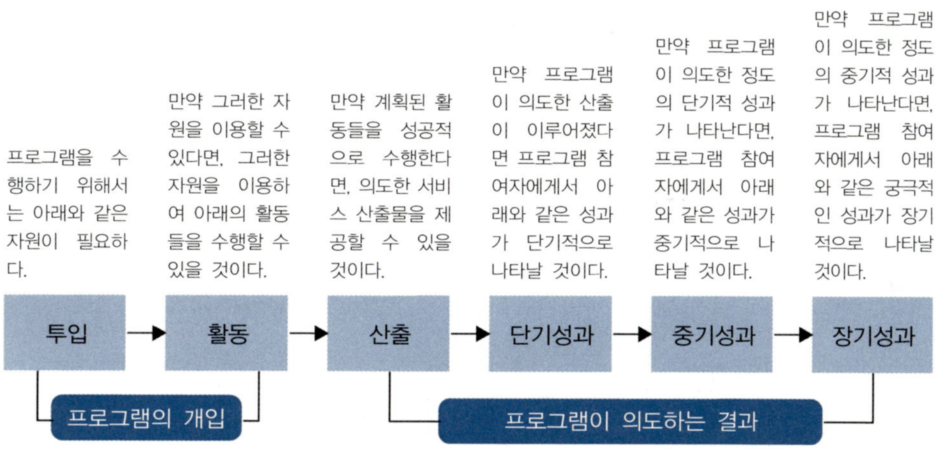

그림 10-2 논리모델을 읽는 방법

위에서 볼 수 있듯이, 논리모델은 프로그램의 작동체계를 일련의 프로그램 가정들의 논리적인 연결로 설명해 준다. 이러한 프로그램의 가정들은, 즉 프로그램이 어떻게 작동하고 어떤 목적을 가지고 의도적으로 작동하는가, 그리고 그러한 프로그램이 어떻게 의도하는 목표를 달성할 수 있는가를 설명하는 것을 우리는 프로그램 이론(program theory)이라 부른다. 그런 이유로 논리모델은 흔히 프로그램 이론이라고 불리기도 한다.

3. 논리모델을 이용한 프로그램의 평가는 어떻게 하는 것인가

앞에서 설명한 바와 같이, 논리모델은 프로그램의 기획을 도형화하여 설명하는 방법이다. 그렇다면 그러한 논리모델을 이용한 프로그램의 평가는 어떤 것인가? 일단 논리모델이 작성되면 논리모델을 이용한 프로그램 평가는 개념적으로는 아주 간단한 작업이다. 평가는 논리모델에서 상정한 대로 프로그램이 진행되었는가를 검증하는 것이다. 그런 면에서 보면 프로그램의 기획은 애초부터 프로그램 평가를 위한 기반 작업이라 볼 수 있다. 논리모델이 없는, 즉 잘 기획되지 않은 프로그램은 평가할 수 없는 프로그램이다. 논리모델이 프로그램이 어떻게 작동하고 어떤 결과를 도출할지를 가정하는 것이라면 프로그램의 평가는 그러한 가정이 과연 실현되었는가를 검증하는 것이다.

효과적인 프로그램 평가는 단순히 데이터를 수집하고 분석하여 제시하는 것만을 의미하지는 않는다. 효과적인 프로그램 평가는 프로그램에 관한 정보를 수집하고 이용하여 어떻게 프로그램을 향상시킬 수 있는가를 지속적으로 학습할 수 있도록 하여야 한다. 논리모델을 이용한 프로그램의 평가는 바로 그러한 프로그램 향상을 위한 학습의 훌륭한 도구로 이용될 수 있다. 즉, 논리모델을 이용한 프로그램 평가를 통하여 프로그램이 과연 계획한 대로 진행되고 있는지를 점검할 수 있으며, 또한 프로그램의 결과를 검증할 수 있어 프로그램의 작동과 작동원리에 대한 지식을 축적할 수 있다. 그런 의미에서 보면 논리모델은 효과적인 프로그램 기획, 수행, 그리고 평가를 촉진하는 유용한 프로그램 평가도구이다.

논리모델을 이용한 프로그램의 평가는 크게 형성평가와 결과평가의 두 가지 형태로 나누어 살펴볼 수 있다. 형성평가는 논리모델에 따른 개입이 계획한 대로 이루어졌는가를 점검하는 평가이다. 즉, 프로그램에 필요한 자원은 계획한 대로 적절히 확보되었는가, 그러한 자원을 이용하여 계획한 프로그램 활동들은 적절히 수행되었는가, 그리고 그러한 활동들이 계획한 프로그램의 산출물들을 적절히 생산해 내었는가를 점검하는 과정이 프로그램의 형성평가이다. 이러한 프로그램의 형성평가는 주로 프로그램을 보다 향상시키기 위하여 필요한 정보를 제때에 바로 제공하는 기능을 담당한다. 그런 의미로 형성평가는 흔히 수행평가라고 불리기도 한다. 형성평가가 프로그램이 향상을 돕기 위한 평가라면 결과평가는 프로그램의 의도한 궁극적인 목표를 달성하였는가를 입증하는 평가이다. 즉 설정된 프로그램의 단기성과가 프로그램 때문에 나타났는가, 그리고 프로그램의 결과로 중기성과와 장기성과가 나타났는가를 입증하는 과정이 프로그램의 결과평가이다. 다음 [그림 10-3]은 형성평가와 결과평가가 논리모델과 어떻게 연관되는지를 보여 준다.

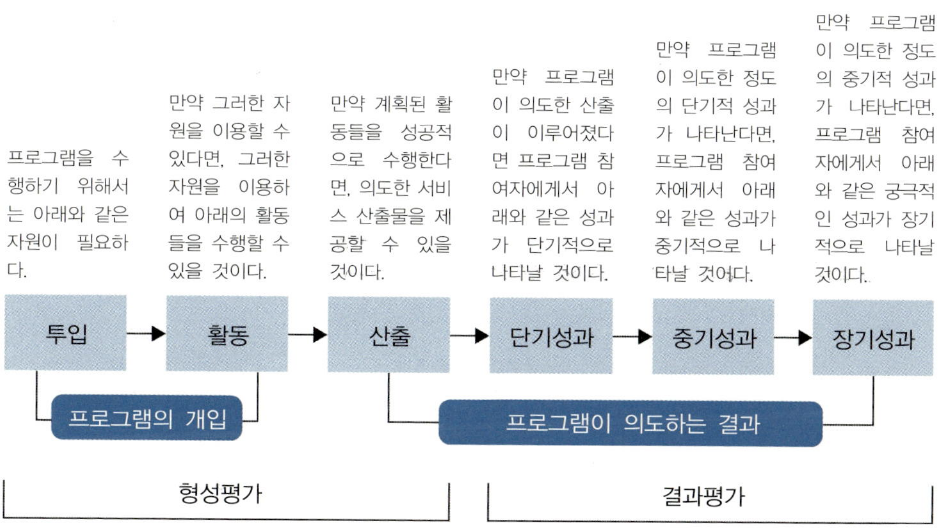

그림 10-3 논리모델의 구성요소와 평가의 형태

위에서 살펴본 바와 같이 형성평가와 결과평가가 답하고자 하는 평가의 질문은 다르다. 형성평가는 평가의 질문이 주로 프로그램이 계획한 대로 수행되었는가와 관련되어 있다. 결과평가를 통하여 대답하고자 하는 질문은 주로 프로그램이 의도한 성과가 도출되었는가와 관련되어 있다. 이 두 가지 평가의 질문은 여러분이 기획하고 실행한 프로그램이 기대한 만큼 성공적이었는가를 알아보는 데 유용한 정보를 제공해 준다. 또한 프로그램의 성공과 교훈을 다른 이해관계자, 즉 프로그램 재정지원자, 기관장, 정부 기관의 관료들에게 이해시키는 기반을 제공해 준다. 형성평가와 결과평가의 차이점을 표로 정리하였다.

표 10-1 형성평가와 결과평가를 통한 질문이 어떻게 프로그램의 운영을 돕는가

형성평가(Formative Evaluation)	결과평가(Summative Evaluation)
• 목적: 프로그램의 향상을 돕기 위하여	• 목적: 프로그램 효과성을 입증하기 위해
• 프로그램을 보다 향상시키기 위한 정보를 제공한다. 주로 정기적인 보고서의 작성을 통하여 필요한 정보를 제공한다. 작성된 정보는 적시에 제공되어 프로그램의 운영상에 수정과 보완이 가능하도록 한다.	• 프로그램에 재정을 제공한 사람들이나 지역사회에 프로그램의 성과를 제시한다.
• 프로그램의 투입, 활동, 산출의 모니터링에 초점을 둔다. 이러한 모니터링을 통해 환류정보(feedback information)를 제공한다.	• 프로그램의 단기 · 중기 · 장기적 성과를 밝혀내는 데 초점을 둔다. 이러한 프로그램의 성과를 통하여 프로그램이 과연 그만한 가치가 있는 것인가를 검증하고 입증한다.
• 기관 내에서 프로그램과 관련된 사람들에게 어떻게 프로그램이 더욱 향상될 수 있는가에 대한 정보를 제공한다.	• 프로그램 참여자와 지역사회에 미친 프로그램의 영향을 점검함으로써 프로그램의 질과 효과성을 제시한다.

4. 논리모델의 연습: 「프로그램 개발과 평가」 과목에의 적용

앞에서는 논리모델의 개념과 구성요소를 살펴보고 논리모델을 이용한 평가가 어떻게 행해지는가를 살펴보았다. 이 절에서는 실제로 논리모델을 작성하는 연습을 하기로 하자. 어느 프로그램을 선택해도 좋겠지만, 지금 현재 여러분들이 가장 관심이 있는 프로그램 기획과 평가 능력 향상 프로그램을 예로 선택하여 논리모델을 작성해 보기로 하자. 다음에 제시된 논리모델 작성양식을 이용하여 논리모델을 짜보기로 하자.

사업명:
해결하고자 하는 문제의 현황:

문제의 현황	투입	활동	산출	단기-중기-장기 성과
	계획된 활동들을 달성하기 위해서 다음의 사항들이 필요함.	문제해결을 위해서는 아래의 활동들을 달성할 필요가 있음.	옆에 제시된 활동들을 달성한다면 다음과 같은 활동의 증거나 서비스 전달이 일어날 것임.	옆에 제시된 활동들을 달성한다면 다음과 같은 단기 · 중기 · 장기적 변화가 일어날 것임.
우선순위				

그림 10-4 논리모델 연습표

우선, 사업명은 프로그램 기획과 평가능력 향상 프로그램으로 설정한다. 해결하고자 하는 문제는 어떤 것인가? 현재 우리 지역사회의 사회복지 실천 현장을 살펴보면 프로그램은 양적으로 성장하여 무수히 많은 프로그램이 수행되고 있지만 그러한 프로그램의 효과성은 상당히 떨어져 그냥 단순반복적으로 프로그램을 돌리고 있다는 인식이 팽배하다. 프로그램의 재정을 지원하는 정부 관련 부처나 민간재단의 관련자들도 도대체 그러한 프로그램들이 어떤 소용이 있는가를 심각히 질문하고 있어 이 상태가 지속된다면 사회복지 프로그램 무용론이 대두될 형편이다.

간단히 정리하면, 해결하고자 하는 문제는 지역사회 사회복지 프로그램의 질이 낮다는 것이다. 그러한 문제가 왜 발생하는가를 예비조사와 문제의 분석을 통하여 살펴보니, 프로그램을 담당하는 사회복지사들의 프로그램 기획과 평가능력이 상당히 낮은 것으로 나타났다. 그래서 우선순위 측면에서는 사회복지사들의 프로그램 기획과 평가능력을 향상시키는 것이 시급한 것으로 나타났다.

이러한 문제의 현황 파악을 바탕으로 지역사회 내의 대학 사회복지학과에 '사회복지 프로그램 개발과 평가' 과목을 개설하여 미래의 사회복지사들의 프로그램 기획과 평가능력을 높이기로 하였다. 그런데 초점집단을 통하여 문제의 원인을 보다 정밀히 진단해 보니 현재 프로그램을 담당하는 사회복지사들도 대부분 대학 시절에 프로그램 기획과 평가 강의를 수강한 적이 있었으나 그 내용이 너무 학술적이고 흥미롭게 제시되지 않아 실제 프로그램을 기획하고 평가하는 실천에는 도움이 되지 않았다는 사실을 발견하였다.

이러한 문제의 분석에 근거하여 이번에 개설되게 될 사회복지 프로그램 기획과 평가과목은 쉽고 실천 사례를 많이 포함한 매뉴얼 형태의 교재를 이용하여 강의를 진행하기로 하였다. 이제, 이러한 기초작업을 기반으로 프로그램 논리모델을 작성해 보도록 하자.

우선, 투입요소로는 어떤 것들이 필요한지 차근차근 정리해 보도록 하자. 우선, 강의를 수강할 학생들이 필요하다. 너무나 당연한 이야기인 것 같지만, 우리는 사실 프로그램 대상자가 중요한 투입요소임을 자주 잊게 된다. 명심하도록 하자. 프로그램의 주요한 투입요소 중 하나가 바로 프로그램 참여자들이다. 여기서는 수강을 할 학생들이 프로그램의 대상 집단이다.

그 다음으로는, 과목을 담당할 강사가 필요하다. 그렇지 않은가? 강사가 없이는 강의가 진행될 수 없을 테니까. 그런데, 아무 강사여도 되는가? 프로그램의 성공을 위해서는 프로그램 기획과 평가를 전문적으로 다룰 수 있는 역량이 있는 강사가 필요하다. 역량이 있는 강사를 어떻게 가려내나? 여러 가지 방법이 있을 수 있지만, 가령 프로그램 기획과 평가의 실천 경험이 있으며 적어도 과거 3년 동안 그러한 과목을 가르친 경험이 있는 강사라고 설정을 하자.

또 어떤 자원들이 필요한가? 강의실, 책상, 의자, 강의 기자재 등을 생각해 볼 수 있을 것이다. 또한 앞에서 언급하였듯이 쉽고 실천 사례가 많은 교재도 필요하다. 이러한 모든 것들이 바로 프로그램에 필요한 자원인 것이다. 논리모델에서 투입 부분은 바로 이러한 과정을 거쳐 설정된다.

그렇다면, 활동들은 어떤 것들인가? 누군가가 역량이 있는 강사를 초빙하여 확보하여야 할 것이다. 누군가는 강의실을 미리 예약하여 확보하여야 한다. 그리고 학기가 시작되면 15주에 걸쳐 매주 강의가 이루어진다. 강사의 강의가 활동이고 강의에 참여하는 학생들의 학습도 활동이다.

이러한 활동을 통하여 즉각적으로 생산되는 산물은 무엇인가? 우선, 매주 진행되는 강의의 횟수가 산출이다. 강의에 참여하는 학생들의 수가 산출이다. 그렇다면 그러한 산출을 통하여 기대되는 단기적 성과는 무엇인가? 학생들의 사회복지 프로그램의 기획과 평가에 대한 지식이 향상되는 것이다. 중기적인 성과는 무엇인가? 그것은 학생들이 프로그램의 기획과 평가에 대한 지식의 향상 이후 실제로 과제와 실습을 통하여 사회복지 프로그램을 기획하고 평가하는 방법을 익히는 것이다. 또한 장기적인 성과는 이렇게 습득한 사회복지 프로그램 기획과 평가방법을 통해 학생들이 사회복지사가 되어 사회복지기관에서 우수한 프로그램을 기획하고 실행하고 평가함으로써 달성되는 지역사회 전반의 사회복지 프로그램들의 질 향상과 효과성 제고이다.

이상에서 간략히 살펴본 것이 실제 프로그램의 논리모델을 작성하는 방법이다. 그렇다면 평가는 어떻게 하나? 이렇게 작성된 논리모델에 따라 프로그램이 진행되고 있는지를(혹은 진행되었는지를) 검증하는 것이 평가이다. 앞에서 설명한 바와 같이 프로그램이 계획한 대로 수행되었는지를 검증하는 것은 형성평가이고 기대하는 성과가 도출되었는지를 검증하는 것이 결과평가이다.

형성평가의 예를 들어보자. 투입에서 역량이 있는 강사가 프로그램의 성공을 위해서는 필요한 자원이라고 설정하였다. 그렇다면, 형성평가의 한 질문은 바로 "역량이 있는 강사를 확보하였는가?"라고 묻고 그 질문에 대한 답을 구하는 것이 형성평가이다. 결과평가는 어떤 것인가? 과목을 수강한 학생들의 프로그램 기획과 평가에 대한 지식이 높아졌는가를 검증하는 것은 단기성과평가이고, 이러한 지식을 바탕으로 프로그램 기획과 평가를 실제로 수행할 수 있는지를 검증하는 것은 중기성과평가이다. 궁극적으로 이러한 중기성과를 통하여 지역사회 프로그램의 질과 효과성이 향상되었는가를 확인하는 것은 장기성과평가인 것이다.

5. 프로그램의 실패: 두려워할 일만은 아니다

누구에게나 실패는 두려운 것이다. 누구에게 물어보아도 실패하기보다는 성공하기를 원할 것이다. 사회복지 프로그램을 기획하고 수행하는 사회복지사도 마찬가지다. 모두 자신의 프로그램이 성공적이길 바랄 것이다. 하지만 이러한 심정이 프로그램의 실패를 두려워하게 만든다면 큰 문제이다. 실패는 성공의 어머니라는 말이 있지 않은가? 무슨 의미인가? 바로 실패를 통하여 얻게 되는 교훈이 성공을 위해서는 꼭 필요하다는 말이다. 마찬가지로, 실패한 프로그램이 없다면 성공적인 프로그램을 가려낼 수는 없는 것이다. 오히려 왜 실패하였는지를 정확히 알 수 있다면 이번의 실패는 다음의 성공을 위한 영양제가 될 수 있다. 평가의 유용성은 바로 이렇게 프로그램의 성공요인과 실패요인을 밝혀내어 프로그램을 향상시키는 데 있다. 그럼 프로그램의 실패에는 어떤 유형들이 있는가? 크게 나누어 보면 프로그램 수행의 실패와 프로그램 이론의 실패로 나눌 수 있다.

프로그램 수행의 실패는 말 그대로 프로그램이 계획한 대로 이루어지지 않은 실패이다. 논리모델에서 성공적인 프로그램을 위하여 필요하다고 상정된 투입과 활동, 그리고 산출이 기대한 대로 이루어지지 않았다면 바로 프로그램 수행의 실패가 일어난 것이다. 앞의 프로그램 기획과 평가 과목에서 강사도 역량이 없는 사람이 배치되었고, 새로 개발된 교재도 내용이 어렵고 허술하였다고 하자. 그렇다면 그 과목은 원래 계획한 대로 이루어지지 않은 프로그램 수행의 실패이다. 계획한 대로 이루어지지 않은 프로그램에서는 성과를 기대할 수 없다. 만약, 15주로 계획된 강의가 학내 소요로 10주 밖에 강의를 못하였다면 그러한 과목을 통하여 학생들의 프로그램 기획과 평가에 대한 지식이 기대한 만큼 높아졌을 것이라 기대할 수 있겠는가? 만약 그렇다면, 애초에 논리모델이 잘못 작성된 것일 것이다. 왜 15주 수업을 계획했는가? 10주로도 충분한 프로그램을? 그래서 프로그램 수행의 실패가 명백한 경우는 성과를 평가할 필요도 없다. 왜냐하면, 성과를 기대할 근거가 없기 때문이다. 이런 경우는 왜 수행이 제대로 되지 않았나를 알아보고 다음 프로그램에서는 같은 실패를 하지 않도록 대책을 세워야 할 것이다.

프로그램 이론의 실패는 프로그램이 계획한 모든 일들이, 즉 투입, 활동, 산출이 적절히 이루어졌음에도 불구하고 기대했던 성과가 나타나지 않은 경우이다.

위의 예를 다시 들면, 과목이 계획한 대로 완벽하게 진행되었으나 학생들의 프로그램 기획과 평가의 지식이 향상되지 않았다면 아마도 학생들의 프로그램 기획과 평가의 향상은 과목 수강만으로는 향상시킬 수 없는 것이었는지도 모른다.

한 가지 예를 더 들어보자. 가령 학생들의 지식은 향상되었으나 장기적으로 프로그램의 질은 향상되지 않았다고 하자. 이 경우는 단기적 성과는 있었으나 장기적 성과는 없는 경우이다. 이 경우는 아마도 처음의 문제분석에서 학생들의 프로그램 기획과 평가 능력이 늦은 것을 우선순위 문제로 상정한 것이 잘못된 것이었을 것이다. 즉, 프로그램 이론의 실패는 해결하고자 하는 문제를 잘못 파악하였거나, 파악된 문제에 별로 효과가 없는 방법으로 개입하려 하였다는 것을 알려준다. 프로그램 이론의 실패가 발생한 경우는 다시 원점으로 돌아가 문제분석에서부터 출발하여 새로운 프로그램 유형을 찾아야 할 것이다.

6. 평가지표 및 자료의 설정

프로그램 평가에서 가장 어려운 부분 중에 하나가 평가 질문에 답을 제공할 수 있는 지표와 자료를 설정하고 데이터를 수집하는 것이다. 여기서는 논리모델의 각 구성요소들의 자료를 어디서 어떻게 수집하고 또 평가하는 방식이 무엇인지를 간단히 살펴보기로 하자. 다음 〈표 10-2〉는 논리모델의 각 요소별로 필요한 지표와 평가방법을 정리하여 보여준다.

표 10-2 평가지표 설정에 사용될 수 있는 자료와 평가방법

구성요소	자료 및 지표	평가방법
투입	• 인사기록, 클라이언트 자료, 재정보고 자료	• 실제로 투입된 자원의 종류와 양을 논리모델에서 상정한 기대치와 비교한다.
활동	• 실제 활동 상황을 파악할 수 있는 자료들: 일일 프로그램 기록지, 출석부, 활동일지	• 실제로 일어난 활동과 논리모델에서 상정한 활동의 종류와 양의 기대치와 비교한다.
산출	• 실제 산출을 파악할 수 있는 자료들: 일일 프로그램 기록지, 출석부, 활동일지, 실적보고	• 생산된 산출물의 양과 질을 논리모델에서 상정한 기대치와 비교한다.
단기성과 중기성과 장기성과	• 프로그램 참여자의 태도, 지식, 기술, 의도, 행동, 지위의 구체적인 변화	• 프로그램 참여 전후 비교

〈표 10-2〉에서 볼 수 있듯이 투입과 활동에 대한 형성평가는 양적 평가와 질적 평가를 통하여 하게 된다. 이 단계에서는 프로그램이 실제로 어떻게 진행되는가를 파악하는 질적연구방법을 이용한 평가가 상당히 유용하다. 산출과 단기 · 중기 · 장기성과의 평가는 양적연구방법을 이용한 평가가 주로 사용되게 된다. 프로그램 참여 전후 비교를 통한 단기 · 중기 · 장기성과의 평가

에 대해서는 약간의 부연 설명이 필요하다. 전후 비교 그 자체가 프로그램의 효과를 그대로 보여준다고 믿을 수 없는 경우가 많기 때문이다. 즉, 앞의 예에서 학생들의 프로그램 기획과 평가에 대한 지식을 과목 수강 전에 측정하고 과목을 수강한 후에 측정한 결과 지식이 10% 증가하였다고 하자. 문제는 이 10%의 증가가 과연 과목을 수강하였기 때문에 발생한 것인가 하는 것이다. 아마도 여러분들은 이러한 의문에 관해서 《사회복지조사론》을 통하여 이미 공부하였을 것이다. 우연히 과목이 진행되는 동안 학생들이 실습을 나가고 있던 기관에서 프로그램 기획과 평가 전문 사회복지사의 슈퍼비전을 받고 있었다면 10% 향상이 과연 과목 때문인지 혹은 그 사회복지사의 슈퍼비전 때문인지를 알 수가 없다. 그런 이유로 10% 성과의 이유와 프로그램, 오직 그 프로그램 때문이라고 이야기할 수 없는 것이다.

단기 · 중기 · 장기성과의 평가에서는 나타난 성과가 오직 프로그램 때문이라는 것을 밝힐 필요가 있다. 이런 경우는 실험적 설계나 유사실험설계를 통하여 프로그램의 결과에 영향을 미칠 수 있는 다른 요소들을 통제한 상태에서 성과를 평가하여야 한다. 이러한 성과평가는 상당히 높은 수준의 연구방법과 경험을 필요로 하며, 평가에 필요한 인적 · 재정적 비용이 들 수밖에 없다. 만약, 그러한 평가가 필요하다면 외부 전문가의 도움을 받는 것이 좋다.

* 요 | 점 | 정 | 리

- 논리모델은 간단히 정의하면 프로그램이 어떻게 작동할 것인지에 대한 우리의 기대와 예측을 도표로 나타내는 것이다.
- 프로그램 기획은 프로그램의 논리모델을 작성하는 것으로 이해될 수 있고 프로그램의 평가는 프로그램이 논리모델에 따라 행해졌는가를 검증하는 것으로 이해될 수 있다.
- 논리모델은 투입, 활동, 산출, 단기성과, 중기성과, 장기성과가 어떻게 연결되는지를 일목요연하게 보여 준다.
- 논리모델은 크게 프로그램의 개입과 프로그램이 의도하는 결과로 나눌 수 있다. 개입은 투입과 활동으로 이루어지며 결과는 산출, 단기성과, 중기성과, 장기성과를 포함한다.
- 논리모델을 이용한 프로그램 평가를 통하여 프로그램이 과연 계획한 대로 진행되고 있는지를 점검할 수 있으며, 또한 프로그램의 결과를 검증할 수 있어 프로그램의 작동과 작동원리에 대한 지식을 축적할 수 있다. 그런 의미에서 보면 논리모델은 효과적인 프로그램 기획, 수행, 그리고 평가를 촉진하는 유용한 프로그램 평가도구이다.
- 형성평가가 프로그램의 향상을 돕기 위한 평가라면 결과평가는 프로그램이 의도한 궁극적인 목표를 달성하였는가를 검증하는 평가이다. 즉 설정된 프로그램의 단기성과가 프로그램 때문에 나타났는가, 또는 중기성과와 장기성과가 나타났는가를 검증하는 과정이 프로그램의 결과평가이다.
- 프로그램 실패의 유형은 크게 프로그램 수행의 실패와 프로그램 이론의 실패로 나눌 수 있다. 프로그램 수행의 실패는 논리모델에서 성공적인 프로그램을 위하여 필요하다고 상정된 투입과 활동, 그리고 산출이 기대한 대로 이루어지지 않은 경우를 나타낸다. 프로그램 이론의 실패는 프로그램이 계획한 모든 일들이, 즉 투입, 활동, 산출이 적절히 이루어졌음에도 불구하고 기대했던 성과가 나타나지 않은 경우이다.
- 투입과 활동에 대한 형성평가는 양적 평가와 질적 평가를 통하여 하게 된다. 이 단계에서는 프로그램이 실제로 어떻게 진행되는가를 파악하는 질적연구방법을 이용한 평가가 상당히 유용하다. 산출과 단기 · 중기 · 장기성과의 평가는 양적연구방법을 이용한 평가가 주로 사용되게 된다.

연습문제

1. 논리모델의 구성요소와 그 구성요소들이 어떻게 연결되는지 설명하여 보라.

2. 산출, 단기성과, 중기성과, 장기성과의 개념을 설명하고 그 차이점을 논하여 보라.

3. 형성평가와 결과평가의 차이점은 무엇인가? 각 평가 형태에서 주로 쓰이는 연구방법은 어떤 것들이 있는가?

4. 사회복지 프로그램의 기획은 어떤 단계로 이루어지는지 설명하여 보라.

5. 프로그램 수행의 실패와 프로그램 이론의 실패는 어떻게 구분되는지 설명하여 보라.

6. 프로그램 평가에서 사용될 수 있는 자료들은 어떤 것들이 있는지 설명하여 보라.

연습과제

[과제 1]

문제의 분석, 욕구의 파악, 그리고 대상자 선정에 관한 것을 학습한 5장에서 여러분이 수행한 아동학대와 방임에 대한 연습으로 돌아가자. 그 문제분석과 욕구조사에 기초하여 지역사회 내에 아동학대와 방임에 대처할 수 있는 프로그램의 논리모델을 작성해 보라.

[과제 2]

위에 작성된 논리모델을 이용하여 어떻게 프로그램을 평가할 것인지를 프로그램 평가 기획서의 형태로 작성해 보라. 이때 사용할 데이터의 종류와 지표, 그리고 결과평가의 경우는 사전, 사후 측정을 어떻게 할 것인가를 제시하라.

PART 04
프로그램 개발과 평가의 실제

CONTENTS

CHAPTER

11

사회복지 프로그램 제안서 작성실습

1. 사회복지공동모금회 배분사업에 대한 이해
2. 사회복지 프로그램 제안서 작성방법 및 예시

이 장의 학습목표

이 장의 학습목표는 프로그램 기획과 관련한 지식과 기술을 활용하여 실제 사회복지 프로그램 제안서(proposal) 작성 시 적용하는 방법을 구체적으로 이해하는 것이다. 구체적으로 프로그램 사업비 지원조직에서 요구하는 양식에 맞는 형식과 내용을 이해하고 이를 실제 사회복지 프로그램 제안서 작성에 적용하는 방법을 익히는 것이다. 무엇보다도 제안서 작성 원칙과 실수 사례를 통해 바람직한 사회복지 프로그램 제안서 작성 능력을 향상한다.

이 장에서 학습하여야 할 세부목표는 다음과 같다.

- 지원조직에서 요구하는 사회복지 프로그램 제안서 양식에 포함되는 세부 형식과 내용을 이해한다.
- 바람직한 사회복지 프로그램 제안서를 작성하기 위한 구체적인 원칙을 이해한다.
- 사회복지 프로그램 제안서 작성 시 발생하는 실수의 사례를 읽고 예방할 수 있는 방법을 이해한다.

11 CHAPTER

사회복지 프로그램 제안서 작성실습

이 장은 앞서 프로그램 기획의 전 과정을 실제 사회복지 프로그램 제안서(proposal) 작성 시 적용하는 방법과 예시를 제시하고자 한다. 사회복지 프로그램 제안서는 대내적으로 사회복지 프로그램 수행을 위한 계획서이면서 대외적으로 프로그램 수행에 필요한 사업비 및 인력 등 자원을 확보하기 위한 제안서이다. 제안서는 기획자 혹은 기획자가 소속된 조직의 프로그램에 대한 계획을 외부 환경에 적극적으로 알리고 필요한 자원을 지원하도록 요청하는 문서이다. 따라서 일반적으로 사회복지 프로그램 제안서는 지원조직을 포함한 외부 환경이 실행하고자 하는 프로그램에 대해 이해할 수 있도록 일정한 형식과 내용을 갖추어야 한다.

이 장에서는 프로그램 기획을 담당하는 사회복지사 입장에서 효과적으로 사회복지 프로그램 제안서를 작성하는 방법을 제시한다. 일반적으로 지원조직은 각 조직에서 필요로 하는 형식과 내용을 포함한 프로그램 제안서 양식을 공지하고 있다. 비록 조직의 특성에 따라 형식과 내용이 다르다고 하지만 일정한 공통성을 가지고 있기 때문에 어느 한 조직의 사업제안서 양식을 잘 숙지하고 있다면 다른 조직의 양식으로 쉽게 적용할 수 있을 것이다. 이 장에서는 사회복지공동모금회(이하 '공동모금회') 배분신청서 양식을 통해 사회복지 프로그램 제안서 작성방법을 학습하고자 한다.

1. 사회복지공동모금회 배분사업에 대한 이해

공동모금회의 배분사업은 신청사업(프로그램사업 및 기능보강사업), 기획사업, 긴급지원사업, 지정기탁사업 등 4개로 분류된다(사회복지공동모금회, 2024). 모든 배분사업은 일정한 기간과 양식 및 제출서류와 심사절차를 거쳐 진행된다. 그중 Bottom-up 방식으로 신청기관에서 자유롭게 사업의 아이템을 정하고 필요한 재원을 신청할 수 있는 배분사업의 유형은 대표적으로 프로그램사업과 기능보강사업이 포함된 신청사업 유형이다.

신청사업의 유형은 프로그램사업과 기능보강사업 2가지로 구분된다. 한편, 2017년 이전까지는 프로그램사업이 유형 구분 없이 하나의 유형이었지만 2018년부터는 성과중심형, 성과확산형, 산출중심형 3가지 유형으로 분류되면서 각 유형의 특성에 따라 신청양식도 구분되었다. 각 유형의 내용 및 신청양식은 〈표 11-1〉과 같다.

표 11-1 배분사업 신청 유형

사업 유형		내용	표준 신청 양식
프로그램 사업	성과 중심형	• 성과 목표 달성을 통해 사업 참여자의 의미 있는 변화를 꾀하고, 나아가 지역사회 변화의 기초를 다지는 사업 • 주로 단년도 형태를 띠며, 사업 참여자의 역량강화 또는 소규모의 지역사회 네트워크 구축 등의 사업을 포함	• 배분신청서 • 신청기관 현황 • 신뢰성 점검표 • 사업계획서
	성과 확산형	• 2년 이상 계획하는 다년도 사업으로 사업 참여자의 의미 있는 변화뿐만 아니라 지역사회, 나아가 우리 사회에 파급력(Impact)을 미치는 것을 지향하는 사업	• 배분신청서 • 신청기관 현황 • 신뢰성 점검표 • 3개년 사업계획서 • 1차년도 사업계획서
	산출 중심형	• 현재 당면한 지역사회 이슈 및 개인(또는 가족)의 문제해결을 위한 지원 사업으로 성과목표 달성 보다는 사업 수행과정에 중점을 두는 사업	• 배분신청서 • 신청기관 현황 • 신뢰성 점검표 • 사업계획서
기능보강 사업		• 기능보강을 통해 현재의 문제를 해소하거나 보다 의미 있는 사업을 향후 수행하고자 하는 사업 • 장비보강, 개보수, 자동차 구입 등이 해당	• 배분신청서 • 신청기관 현황 • 신뢰성 점검표 • 사업계획서

출처: 사회복지공동모금회 (2024). p. 25.

공동모금회의 프로그램사업의 3유형인 성과중심형, 성과확산형, 산출중심형의 배분신청양식은 공통적으로 사업명, 사업의 필요성, 사업 내용, 예산편성이 포함되지만 각 유형의 특성에 따라 그 외 구체적인 내용과 목차는 조금씩 다르다. 무엇보다도 성과확산형의 경우 3개년 사업계획서와 연차별(1차년) 사업계획서를 분리하여 작성해야 하며 각각의 내용이 유기적으로 연결되어야 한다. 즉 기획단계에서 장기사업을 염두에 두고 1, 2, 3차 연도에 수행해야 할 사업을 기획해야 하기 때문에 다른 유형보다도 신청양식의 목차가 복잡하고 서술할 내용이 더 많다.

또한 성과중심형과 성과확산형의 경우 사업목표와 평가, 사업종료 후 지향점 등 논리모델에서 성과에 중점을 두고 있는 반면, 산출중심형의 경우 사업 수행과정에 중점을 두어 사업의 실적에 좀더 중점을 두고 있다. 또한 성과중심형 사업계획서와 성과확산형 연차별(1차년도) 사업계획서의 목차와 내용은 유사하다.

따라서 이 책에서는 성과중심형 사업계획서 양식[성과확산형 연차별(1차년도) 사업계획서 양식]을 중심으로 각 목차의 주요 내용과 작성방법을 서술한다.[6)]

6) 공동모금회에서는 매년 배분사업 안내를 공고하고 신청기관 담당자를 대상으로 신청 및 사업수행과 관련한 교육을 실시하고 있다. 이 책의 사회복지공동모금회 배분신청서 양식 및 작성방법의 많은 부분은 '2025 배분사업 안내'의 '사회복지공동모금회 배분사업 신청 매뉴얼'(사회복지공동모금회, 2024)의 내용을 참고하고 있다. 이 책에서 소개되지 않은 사업 유형의 배분신청서 양식 및 작성방법은 사회복지공동모금회 홈페이지(www.chest.or.kr)의 서식자료실을 참고하기 바란다. 아울러 예시로 활용된 배분신청서는 여성노숙인 자활시설인 열린여성센터에서 2024년 유암코 지정기탁사업으로 2024년에 제출한 「여성노숙인 심리정서 회복 및 지역사회 자립생활 지원사업」의 사업계획서를 성과중심형 유형의 배분신청서 양식에 맞게 수정한 것이다. 필요한 경우 가상의 내용으로 가감하여 수정하였다. 자료의 공개를 허락한 열린여성센터 소장님 이하 직원 선생님께 감사의 인사를 드린다.

2. 사회복지 프로그램 제안서 작성방법 및 예시[7)]

1) 프로그램 제안서 표지 및 개요

대부분의 사회복지 프로그램 제안서는 사업제안서의 내용을 한 페이지로 요약된 형태의 표지 혹은 요약문을 포함하고 있다. 사업제안서 표지 및 개요는 신청사업의 전체 내용을 한 눈에 확인할 수 있도록 필요한 내용만 작성해야 한다.

지원조직의 심사자들은 가장 먼저 신청사업을 이해하기 위해서 사업제안서의 표지 및 개요 내용을 읽고 검토한다. 이때 심사자들은 사업제안서 전체를 읽지 않더라도 표지와 개요를 통해서 핵심적인 내용을 파악하기 때문에 신청사업의 긍정적인 이미지를 제시하도록 노력해야 한다. 무엇보다도 제한된 지면과 양식에 필요한 내용이 요약적이면서 정확하게 기재되어야 하며 덜 필요한 내용은 과감하게 생략되어야 한다.

공동모금회의 경우 배분신청서와 신청기관 현황 양식을 제시하고 있다. 배분신청서에는 기관명과 고유번호(사업자등록번호), 사업명, 사업의 기본 정보와 성과목표, 주요 사업 내용 및 사업비, 담당자 성명과 연락처 등을 기재하게 되어 있다.

표지 및 개요를 작성하는 데 있어서 유의해야 될 내용은 다음과 같다.

7) 공동모금회에서는 배분신청접수 및 수행 중인 배분사업의 각종 보고서 등을 등록관리하기 위하여 온라인사업지원시스템(http://proposal.chest.or.kr)을 운영하고 있다. 배분신청에 필요한 내용들 중 일부는 온라인사업지원시스템에 접속하여 사업신청 화면의 입력란에 기입하고 필요한 경우 업데이트나 수정이 가능하게 되어 있어 따로 문서로 만들지 않아도 된다. 이 장에서는 온라인사업지원시스템 입력 여부와 상관없이 '2025 배분사업 안내'에 수록된 배분신청서 양식을 중심으로 설명하고자 한다.

첫째, 사업명은 대상, 목적, 사업 내용을 포함할 수 있도록 작성하며, 부제 혹은 기억에 남을 만한 슬로건을 활용할 수 있다. 사업명 작성과 관련한 좀 더 상세한 내용은 후에 설명할 것이다.

둘째, 사업 기본 정보에는 연차, 대상 지역, 사업수행 인력, 사업기간이 포함된다. 신규 신청 사업의 경우에는 1년차 사업으로, 장기 사업의 경우 2년차, 3년차에 해당될 경우 해당되는 연차에 표시하면 된다. 대상 지역은 사업이 수행되는 주요 대상 지역을 시 · 군 · 구 단위까지 기입한다(예: 서울특별시 서초구, 경기도 수원시).

셋째, 사업 참여자의 경우 참여자 구분에서 목록 중 1개를 선택하는데 배분사업 안내를 따른다. 공동모금회 배분사업의 사업 참여자는 ① 아동/청소년, ② 노인, ③ 장애인, ④ 여성/다문화, ⑤ 위기가정, ⑥ 지역사회, ⑦ 북한/해외/기타의 7개 영역으로 구분된다. 핵심 참여자는 사업의 성과를 측정하게 되거나 서비스를 직접적으로 제공받는 주요 참여자인데 과거에는 사업대상자 혹은 클라이언트로 불리었던 집단이다. 인원수는 핵심 참여자의 실제 인원수를 의미하며, 중복되지 않은 순수 인원이다. 즉, 핵심 참여자 'B'씨가 월 2회 요리 프로그램에 1년간 24회 참여한다고 할 때, 인원수는 24명이 아닌 1명이 되는 것이다.

넷째, 사업 구분은 8개 목록 중 1개를 선택한다. 공동모금회에서는 사업 구분은 ① 기초생계 지원, ② 교육/자립 지원, ③ 주거/환경 개선, ④ 보건/의료 지원, ⑤ 심리/정서 지원, ⑥ 사회적 돌봄 강화, ⑦ 소통과 참여 확대, ⑧ 문화 격차 해소의 8개 분야로 구분되며, 좀더 상세한 내용은 배분사업 안내를 참고한다.

다섯째, 성과목표는 사업을 통해 궁극적으로 달성하고자 하는 결과이며, 사업 종료 후 나타나는 핵심참여자 혹은 지역사회의 변화를 의미한다. 공동모금회 배분사업 안내에 따르면, 성과목표는 3개 이하로 기입하며, 4개 이상

배분신청서

기관명	열린여성센터	고유번호 (사업자등록번호)	123-45-67899
사업명	여성노숙인의 심리정서 회복 및 지역사회 자립역량 강화를 위한 통합 지원 사업: 우리들의 징검다리		

사업 기본 정보			
연차	✓ ①1년차　__ ②2년차　__ ③3년차　__ ④기타(　　)		
대상 지역	서울시 서대문구, 은평구, 구로구	사업수행인력	3명
사업기간	2024년 4월 15일 ~ 2024년 11월 30일 (총 8개월)		

사업 참여자			
참여자 구분	__ ①아동/청소년　__ ②노인　__ ③장애인　✓ ④여성/다문화 __ ⑤위기가정　__ ⑥지역사회　__ ⑦북한/해외/기타		
핵심 참여자	열린여성센터 입소 여성노숙인 및 지역사회 독립 노숙경험여성	인원수	15명

사업구분	모금회 지속가능발전목표(C-SDGs)
□ 기초생계 지원	□ 경제적 빈곤 퇴치　□ 영양 및 급식지원/기아종식
□ 교육/자립 지원	□ 교육 및 자립역량 강화　□ 양질의 일자리 만들기 □ 적정기술과 정보기술격차 해소 지원
□ 주거/환경 개선	□ 모두를 위한 깨끗한 에너지　□ 지속가능한 지역사회 인프라 구축 □ 지속가능한 생산과 소비　□ 기후변화와 대응　□ 해양생태계 보존 □ 육상생태계 보호
□ 보건/의료 지원	□ 신체 · 정서적 건강과 회복　□ 깨끗한 물과 위생
■ 심리/정서 지원	■ 신체 · 정서적 건강과 회복
□ 사회적 돌봄 강화	□ 사회적 배제 감소와 불평등 완화
□ 소통과 참여 확대	□ 성평등　□ 지속가능한 지역사회 인프라 구축　□ 사회적 약자의 권리증진
□ 문화 격차 해소	□ 사회적 배제 감소와 불평등 완화

성과 목표	
	1. 여성노숙인의 심리정서 치유 및 회복 2. 여성노숙인의 신체 및 정신건강증진 3. 여성노숙인의 노숙이탈 및 지역사회 안정적 자립

주요 사업 내용	세부 사업명	주요 내용
	심리치유	- 여성노숙인의 심리정서 치유 및 대인관계 향상을 위한 개별 및 집단상담, 워크숍 진행
	건강증진	- 여성노숙인의 신체건강 관리 및 증진을 위한 신체건강 및 정신건강증진 교육 진행
	자립역량 강화	- 여성노숙인의 독립생활을 지원하기 위한 기초 주거생활용품 지원 - 여성노숙인의 자립생활 유지를 지원하기 위한 독립생활교육 진행

사업비	총 사업비	20,000,000원	신청금액	20,000,000원		
신청금액 세부내역	사업비	19,757,500원 99%	인건비	0원 0%	관리 운영비	242,500원 1%
담당자	성명	홍길동	직통전화	02-000-0000	E-mail	@
	직위	사무국장	휴대폰	010-000-0000	FAX	02-000-0000

위와 같이 2024년도 사업을 신청합니다.

2024년 3월 29일

기관대표자 : 김 사 랑 (인)

사회복지공동모금회장 귀하

일 경우에는 중요한 순서로 3개만 기입한다. 산출중심형이나 기능보강사업의 경우에는 성과목표가 없기 때문에 생략한다.

여섯째, 주요 사업 내용에는 세부 사업명과 주요 내용으로 3개 이하로 기입한다.

일곱째, 사업비는 총 사업비와 신청금액을 기입한다. 총 사업비는 신청금액과 기관 부담액을 합산하여 기입하며, 기관 부담액은 따로 기입하지 않는다. 또한 신청금액 세부 내역은 사업비, 인건비, 관리운영비에 해당하는 금액과 비율을 기입한다. 이때 각 비율은 신청금액을 대비하여 산출한다.

여덟째, 담당자는 본 사업을 직접 수행할 기관 내 담당자의 성명, 직위, 연락처 등의 정보를 기입한다. 지원조직에서 사업 신청 및 수행과 관련하여 문의하거나 연락할 사항이 있을 경우를 대비하는 것이므로 정확하게 기입할 필요가 있다.

다음으로 공동모금회의 경우 신청기관 현황을 작성한다. 2018년 배분사업 개편 이전에는 신청기관 및 운영법인에 대한 현황을 작성하는 내용과 양이 많았지만 새로 개편된 양식에는 한 페이지 정도의 표로 작성하게 되어 있어 좀더 간소화되었다. 또한 조직도, 운영위원회 및 운영법인 이사회 명단을 별도 첨부하도록 되어 있다.

신청기관 현황에는 기관명, 대표자 성명, 고유번호(사업자등록번호), 전화번호, 이메일 주소, FAX 번호, 홈페이지 등 연락 관련 사항, 설립연월일과 주소, 직원 현황(상근 및 비상근 구분), 기관 주요 사업, 결산(작성 시점 기준 전년도 세입 및 세출), 예산(작성 시점 당해 연도 세입 및 세출), 운영법인 및 단체와 관련한 내용을 포함한다.

신청기관 현황 작성 시 유의할 점은 다음과 같다.

첫째, 직원 현황은 상근 직원과 비상근 직원 수 각각을 산출하고 합계를 기재한다. 상근 직원은 일정한 시간에 출근하여 정해진 시간 동안 근무하는 직원을 의미한다. 비상근 직원은 상근 지원과 달리 필요한 때에만 근무하는 직원을 의미한다.

둘째, 기관 주요 사업은 노인복지, 영유아/아동복지 등 기타를 포함해서 12개의 항목으로 되어 있으며, 신청기관의 고유목적사업에 해당하는 항목을 1개 선택하여 기재한다. 또한 신청기관의 특화사업 등 주요 사업에 해당하는 내용 중심으로 간략하게 제시하면 된다.

셋째, 결산 및 예산은 작성 시점 기준 전년도 결산금액과 당해 연도 예산금액을 세입과 세출로 구분하고 각 항목에 해당되는 금액을 원 단위로 기재한다.

넷째, 운영법인 및 단체는 신청기관의 운영을 책임지고 있는 소속법인(단체)을 의미한다. 신청기관과 운영주체가 다를 경우 전체 내용(법인 및 단체명, 대표명, 고유번호, 연락처 및 주소 등)을 기입한다. 단, 신청기관과 운영주체가 같은 경우 '운영주체 성격'만 기재한다.

다섯째, 신청기관의 조직도와 신청기관 · 운영법인(또는 단체)의 운영위원회/이사회 명단을 자유 양식으로 별도로 작성하여 제출한다.

다음으로 신청기관 신뢰성 점검표를 작성해야 한다. 이는 최근 3년 이내의 기준으로 신청기관의 회계부정, 학대 및 성폭력 등 인권침해 사안, 또는 이에 준하는 사안의 발생으로 정부(경찰, 검찰 등) 및 지자체 등으로부터 형사 · 행정처분을 받은 사실에 대한 확인을 위한 것이다. 만일 해당 사항이 있는 경우 처분과 관련한 내용으로 발생시기(기간), 관련자, 사건 종류, 처분 내용에 대해 양식에 의거하여 작성하며, 기재사항과 관련하여 기관의 의견이 있는 경우 추가로 내용을 작성하면 된다.

신청기관 현황

기 관 명	열린여성센터	대 표 자	김사랑
고유번호 (사업자등록번호)	123-45-67899	전화번호	02-000-0000
E-mail	@	FAX	02-000-0000
홈페이지	http://www.homelessness.or.kr	설립연월일	2004년 3월 1일
주 소	(03640) 서울특별시 서대문구 홍제내2길 66-10		

직원 현황	총 7명 (①+②)	상근 (①)	비상근 (②)
		7명	0명

기관 주요사업		
	구분	① 노인복지 __② 영유아/아동복지 __③ 장애인복지 ✓ ④ 노숙인복지 ⑤ 지역복지 __⑥ 정신보건 __⑦ 여성복지 __⑧ 가족복지 ⑨ 청소년복지 __⑩ 다문화지원 __⑪ 북한/해외지원 __⑫ 기타( )
	내용	■ 운영목적: 실업, 건강 등의 문제로 주거를 잃고 거리로 나오게 된 여성과 모자가족을 보호하여 회복을 지원하고, 재활 · 자활 · 주거지원을 통해 노숙을 이탈하고 지역사회에 안정적으로 재정착하도록 도움. ■ 주요사업: 무료숙식 제공, 의료서비스 연계, 신체적· 정신적 건강지원사업, 직업훈련, 취업알선 등 경제적 자립지원사업, 심리·정서지원사업, 교육지원사업, 공공주택 입주 지원 등 주거지원사업, 지역연계사업.

2023 결산	세입	총 계	보조금수입	전입금	후원금수입	이월금	기타수입
		500,000,000원	450,000,000원	5,000,000원	20,000,000원	23,000,000원	2,000,000원
	세출	총 계	인건비	관리운영비	사업비	재산조성비	반환금
		480,000,000원	250,000,000원	50,000,000원	150,000,000원	25,000,000원	5,000,000원
2024 예산	세입	총 계	보조금수입	전입금	후원금수입	이월금	기타수입
		517,000,000원	460,000,000원	5,000,000원	30,000,000원	20,000,000원	2,000,000원
	세출	총 계	인건비	관리운영비	사업비	재산조성비	반환금
		517,000,000원	260,000,000원	60,000,000원	170,000,000원	20,000,000원	7,000,000원

운영 법인 또는 단체				
	운영주체 성격	① 사회복지법인 ✓ ② 사단법인 ③ 종교법인 ④ 학교법인 ⑤ 재단법인 ⑥ 국가지방자치단체 ⑦ 임의단체 ⑧ 개인(신고) ⑨ 법인(기타) ⑩ 단체(기타)( ) ⑪ 개인(기타) ( )		
	법인 (단체)명	사단법인 열린복지	대 표 명	김열린
	고유번호 (사업자번호)	123-45-67899	전화번호	02-000-0000
	홈페이지	http://www.homelessness.or.kr	설립연월일	2004년 3월 16일
	주소	(03640) 서울특별시 서대문구 홍제내2길 66-10, 4층		

※ 신청기관 조직도, 운영위원회 및 운영법인 이사회 명단은 별첨자료로 첨부

신청기관 신뢰성 점검표

1. 귀 기관 · 시설 · 단체에서 최근 **3년 이내(공모사업인 경우 : 공고일 기준/비공모사업인 경우 : 배분사업신청일 기준)**에 회계부정, 학대 및 성폭력 등 인권침해 사안[사회복지사업법 제40조(시설의 개선, 사업의 정지, 시설의 폐쇄 등) 1항 4호 및 9호의 각목(아래 관련 법령 참조)], 또는 이에 준하는 사안이 발생하여 정부(경찰, 검찰 등) 및 지자체 등으로부터 형사 · 행정처분 받은 사실이 있다면 해당란에 V 체크해 주세요.
   ※ 조치 완료되지 않은 사건이나 처분이 확정되지 않은 현재 진행 중인 사건의 경우, 기간과 상관없이 작성해 주세요.
   ※ 귀 기관 · 시설 · 단체의 사건으로 인해 운영법인이 대신 처분받은 경우, '해당 있음'으로 작성해 주세요.
   ※ (신청기관이 운영법인인 경우) 귀 운영법인이 사건 당사자 기관이 아님에도 산하 기관 · 시설 · 단체의 사건으로 인해 대신 처분받은 경우라면, '해당 없음' 으로 작성해 주세요.
   ※ 인권침해 사건의 경우, 이용인(생활인)에 대한 시설장 또는 종사자의 인권침해 사건에 한해 작성해 주세요.(이용자 간, 종사자 간 사건은 제외)

V 체크	내용
V	가. 해당 없음 (2번 문항 생략 후 하단에 최종 서명함)
	나. 해당 있음 (2번 문항부터 기재)

관련법령
• 사회복지사업법 제40조(시설의 개선, 사업의 정지, 시설의 폐쇄 등) 1항 4호 중 회계부정 • 사회복지사업법 제40조(시설의 개선, 사업의 정지, 시설의 폐쇄 등) 1항 9호 중 성폭력범죄 또는 학대관련범죄 – 성폭력범죄: 「성폭력범죄의 처벌 등에 관한 특례법」 제2조 제1항 제3호부터 제5호까지 「아동 · 청소년의 성보호에 관한 법률」 제2조 제3호 – 아동학대 관련 범죄 : 「아동복지법」 제3조 제7호의2 – 노인학대 관련 범죄 : 「노인복지법」 제1조의2 제5호 – 그 밖에 대통령령으로 정하는 성폭력범죄 또는 학대관련범죄 • 「장애인복지법」 제2조 제4항에 따른 장애인학대관련범죄 • 이 외의 학대 · 성폭력 관련 범죄와 관련한 법률

2. 처분과 관련한 구체적인 내용을 작성해 주세요.

<table>
<tr><th>구분</th><th colspan="2">내용</th></tr>
<tr><td>발생시기/기간</td><td colspan="2">년 월 일 ~ 년 월 일</td></tr>
<tr><td rowspan="3">관련 사안 및 관련자</td><td>V 체크</td><td>내용</td></tr>
<tr><td></td><td>가. 회계부정: 사업비 횡령, 유용 (관련자 (V표시): □시설장 □종사자)</td></tr>
<tr><td></td><td>나. 인권침해: 이용자 학대, 성폭력 (관련자 (V표시): □시설장 □종사자)</td></tr>
<tr><td rowspan="4">사건종류</td><td>V 체크</td><td>내용</td></tr>
<tr><td></td><td>가. 회계부정 (내용 :)</td></tr>
<tr><td></td><td>나. 학대 (내용 :)</td></tr>
<tr><td></td><td>다. 성폭력 (내용 :)</td></tr>
<tr><td rowspan="6">처분내용</td><td>V 체크</td><td>내용</td></tr>
<tr><td></td><td>가. 행정처분</td></tr>
<tr><td></td><td>나. 형사처분</td></tr>
<tr><td></td><td>다. 기타(처분이 확정되지 않은 경우)</td></tr>
<tr><td colspan="2">내용</td></tr>
<tr><td colspan="2">■ 처분종류 :
■ 처분확정일자 :
■ 처분에 대한 조치이행 종료여부 : □완료 □진행중
■ 처분에 대한 조치이행 종료(예정)일자 :</td></tr>
</table>

※ 2개 이상의 처분이 있는 경우 표를 추가하여 작성 바랍니다.

※ 컨소시엄 사업인 경우, 컨소시엄 구성기관별로 각각 1부씩 작성하여, 첨부파일로 제출 바랍니다.

3. 2번의 기재사항과 관련하여 기관의 의견이 있는 경우 자유롭게 작성해 주세요.

상기 내용은 사실에 기반하여 작성되었으며, **작성 내용이 사실과 다른 경우 배분사업에 선정된 후에도 배분취소, 환수, 일정기간 지원중단 등의 조치가 있을 수 있음에** 동의합니다.

2024년 3월 29일

기관대표자 : 김 사 랑 (직인)

2) 프로그램 배분신청서 본문

(1) 사업명

사업명: ____대상____ ____목적____ ____방법____ : 부제(슬로건 혹은 별명)

• 대상, 목적, 방법과 관련된 정보를 담은 사업명을 적어주십시오. (슬로건은 부제(副題)로 병기해 주세요.)

사업명은 신청기관에서 추진하고자 하는 사업의 내용을 가장 함축적으로 표현하는 상징이다. 사업명은 프로포절을 읽고 심사하는 심사자들이 해당 사업의 특징을 한눈에 이해할 수 있도록 만들어져야 한다. 또한 사업을 추진하면서 조직 내부 구성원뿐만 아니라 사업 참여자 및 잠재적 참여자 등 조직 내외부 이해당사자 모두가 특별한 부연 설명 없이도 인지하고 이해할 수 있어야 한다. 일반적으로 사업명은 기획 단계에서 가안으로 만들어진 후 프로포절 제출 직전까지 수정 검토를 통하여 가장 늦게 확정하는 경우가 많다.

공동모금회를 비롯한 지원조직의 사회복지 프로그램 제안서 양식에는 대체로 공통적인 사업명 작성에 대한 가이드라인을 제시하고 있다. 사업명은 사업의 대상, 목적, 방법의 요소가 반드시 포함되도록 작성되어야 한다. 또한 필요하다면 부제로 슬로건이나 별명을 추가할 수 있다. 이때 과거 지나치게 심사위원의 눈에 띄려는 목적으로 사업의 대상, 목적, 방법의 요소가 포함되는 정식 사업명이 아닌 별명으로만 사업명을 작성하여 기관 내부 구성원 외의 다른 이해당사자들이 쉽게 이해하기 어려운 경우가 많았다.

사업명에는 일정한 형식이 있는 것은 아니지만 기획 단계에서 다음과 같은 형식을 참고하면 도움이 될 것이다. 문맥과 용어의 쓰임새에 따라 여러 개의 가안을 만들어 본 후 최종적으로 결정한다. 대상은 여성노숙인, 목적은 심리정서 회복 및 지역사회 자립역량 강화, 방법은 통합 지원의 키워드를 가지고 각 형식에 맞게 사업명 예시를 작성하면 다음 표와 같다.

형식	예시
(대상)의 (목적)을 위한 (방법) 사업	여성노숙인의 심리정서 회복 및 지역사회 자립역량 강화를 위한 통합 지원 사업
(방법)을 통한/활용한 (대상)의 (목적) 사업	통합 지원을 통한 여성노숙인의 심리정서 회복 및 지역사회 자립역량 강화 사업
(대상)을 대상으로 (방법)을 활용한 (목적) 사업	여성노숙인을 대상으로 통합 지원을 통한 심리정서 회복 및 지역사회 자립역량 강화 사업

한편, 슬로건 혹은 별명은 사업의 핵심적인 내용을 함축적으로 나타내는 상징 혹은 줄임말을 사용한다. 일반적으로 주 사업명은 해당 사업의 대상, 목적, 방법을 포함되어 있어 부르기에 긴 경우가 많다. 또한 유사 사업과의 차별성이 부각되지 않아 기관 구성원 혹은 참여자에게 혼동을 줄 수도 있다. 따라서 슬로건 혹은 별명은 일반인들이 기억하기 쉬울 정도로 친근하면서도 창의적인 내용을 담아 유사 사업과의 차별성을 부각할 수 있는 것으로 만드는 것이 좋다. '여성노숙인의 심리정서 회복 및 지역사회 자립역량 강화를 위한 통합 지원 사업'의 별명은 '우리들의 징검다리'이다. 여기서 '우리들'은 여성노숙인의 주체적인 삶을 의미하며, '징검다리'는 현재의 어려움을 이겨내고 미래로 나아가기 위한 든든한 지원을 강조하기 위한 용어로 사업의 상징성을 드러내준다.

〈사업명 작성 유의사항〉

1. 사업명에 대상, 목적, 방법 중 일부가 생략되어 있거나 슬로건(부제)만 제시되어 사업 내용을 파악하기 어려운 경우

(예시) 장애인의 직업적응 프로그램(방법이 생략되어 있음) ⇒ 장애인의 직업적응을 위한 맞춤형 취업 상담 프로그램
(예시) 나마스떼 코리아(슬로건만 제시되어 있어 프로그램의 대상, 목적, 방법을 알 수 없음) ⇒ 결혼이주여성의 한국문화적응을 위한 한국어 교육 프로그램"나마스떼 코리아"

2. 성과중심형, 성과확산형, 산출중심형 유형에 적합한 사업명 제시

(예시) 발달장애 부모 스트레스 감소를 위한 부모교육 캠프 ⇒ 단기간 부모교육 캠프로 진행되는 사업으로 성과확산형 사업명으로는 부적절
(예시) 연극을 통한 도박 중독 청소년 치료 프로그램 ⇒ 1년 이내 사업 종료가 예상되는 사업으로 성과확산형 사업명으로는 부적절

3. 사업의 내용이나 대상에 대해 사회적 편견이 포함될 소지가 있는 경우(특히 슬로건(부제) 사용에 주의가 필요함)

(예시) 저소득 아동의 행복을 위한 부자체험 프로그램 "신데렐라 이야기"(저소득 아동의 상대적 박탈감을 불러일으키거나 부정적 느낌의 "신데렐라 콤플렉스"를 연상하는 제목을 사용함)

(2) 사업 내용 및 추진 전략

① 사업 참여자 모집 전략

1) 사업 참여자 모집 전략

(1) 참여 대상 및 인원

핵심 참여자	
주변 참여자	

• 누가 이 사업에 참여합니까?
– **(핵심 참여자)** 성과를 측정하게 되는 대상은 누구이며, 인원은 몇 명입니까?
(이 사업에 참여하게 함으로써 누구의 변화를 이끌어내려고 하는 것입니까?)

– **(주변 참여자)** 성과측정 대상은 아니지만 핵심 참여자의 변화를 이끌어내는 데 중요한 역할을 하는 사람은 누구이며, 인원은 몇 명입니까?

(2) 참여자 선정 기준

• 어떤 기준을 세워서 참여자를 모집하게 됩니까?

(3) 참여자 모집 방안

• 기준에 적합한 참여자를 어떻게 모집할 예정입니까?

사업 참여자는 사업에 참여하면서 사업 목적을 달성하고 성과를 보이도록 표적으로 정한 클라이언트 집단을 의미한다. 기존 양식에서는 사업 대상자 혹은 클라이언트로 표현하고 일반집단-위기집단-표적집단-클라이언트집단 등 4개의 전통적 대상자 구분으로 제시하였지만 새로 변경된 양식은 핵심 참여자와 주변 참여자 등 2개의 참여자 구분으로 제시한다. 이러한 변화는 기존 공급자 중심의 관점에서 서비스를 받는 대상자의 의미에서 자발적 의지를 가지고 참여하는 주체적인 참여자 관점을 강조하는 것이라 할 수 있다.

핵심 참여자는 성과를 측정하게 되는 대상을 의미하며 사업에 참여함으로써 변화의 주체가 되는 사람 혹은 조직이다. 주변 참여자는 성과측정 대상은 아니지만 핵심 참여자의 변화를 이끌어내는 데 중요한 역할을 하는 사람 혹은 조직을 의미한다. 사례로 제시한 여성노숙인의 심리정서 회복 및 지역사회 자립역량 강화를 위한 통합 지원 사업에서 핵심 참여자는 사업에 참여하는 센터 입소 여성노숙인 및 지역사회독립 여성이며, 주변 참여자는 해당 지자체 보건소와 정신건강복지센터의 정신건강 및 신체건강 전문강사 및 상담전문가와 센터 자원봉사자 등이다.

한편, 성과확산형 1차년도 사업계획서와 성과중심형 사업계획서에는 예시와 같이 사업 참여자 모집 전략을 좀더 구체적으로 기입하도록 되어 있다.[8)]

성과확산형 1차년도 사업계획서에서는 3개년 사업계획에서의 1차년도 사업 참여자의 대상 및 인원을 그대로 기입하면 된다.

참여자 선정 기준은 사업 참여자를 선정할 때 적용되는 기준에 대하여 작성한다. 일차적으로 핵심 참여자의 선정 기준을 먼저 작성하고 필요한 경우 주변 참여자도 추가하여 작성한다. 무엇보다도 사업에 참여할 필요가 있는 참여자, 즉 욕구를 가진 대상을 참여하기 위하여 어떤 기준이 필요할지에 대한 고려가 필요하다. 이러한 기준은 참여자의 인구사회학적 특성(지역, 성별, 연령 등)일 수도 있으며, 특정한 욕구(기본적 생계 지원, 신체 및 심리재활, 지위 변화, 취업 및 일자리, 공동체 형성 등)일 수도 있다. 또한 참여 희망 수가 모집상한규모를 초과할 경우 누구를 우선적으로 참여하도록 할 것인지에 대한 기준이나 절차도 명확히 할 필요가 있다. 필요한 경우 기관 자체적으로 참여자 모집 후 참여자선정위원회를 조직하여 합리성과 공정성을 높이려는 절차를 추가할 수 있다.

참여자 모집 방안에는 실제 사업에 참여하는 잠재적 참여자를 대상으로 사업 참여에 대한 홍보를 어떻게 진행할 것인지에 대한 내용을 작성한다. 신청 기관에서 참여자 모집을 위한 효과적인 홍보 전략을 활용하되 홈페이지 공지나 현수막 부착 등 지나치게 상투적인 방법은 지양할 필요가 있다.

8) 한편, 산출중심형 사업계획서에도 사업 참여자 및 인원을 기입하게 되어 있다. 다만 핵심 참여자와 주변 참여자의 구분이 없고 선정 기준은 작성하지만 모집 방안은 구체적으로 작성하지 않아도 되어 좀더 간략한 양식으로 되어 있다.

예시

1) 사업 참여자 모집 전략

(1) 참여 대상 및 인원

핵심 참여자	• 열린여성센터 입소 여성노숙인, 지역사회 독립 노숙경험여성(열린여성센터 퇴소 후 지역사회 독립생활 여성) 15명
주변 참여자	• 서대문구 보건소, 정신건강복지센터 정신건강 및 신체건강 전문강사 및 상담 전문가 2명 • 열린여성센터 자원봉사자 10명

(2) 참여자 선정 기준

① 핵심 참여자

1순위	열린여성센터 입소 여성노숙인
2순위	지역사회 독립 노숙경험여성(열린여성센터 퇴소 후 지역사회 독립생활 여성
3순위	신청 기간 동안 사업 참여를 신청한 대상자
기타	신청 내용을 토대로 참여자선정위원회를 통해 최종 선발

② 주변 참여자

서대문구 보건소, 정신건강복지센터 정신건강 및 신체건강 전문강사 및 상담전문가	개별 및 집단 상담을 진행할 수 있는 전문자격을 갖춘 강사 및 상담 전문가
열린여성센터 자원봉사자	3개월 이상 열린여성센터 자원봉사활동 참여한 경험이 있는 자원봉사자

(3) 참여자 모집 방안

홍보전략	• 온라인 : 열린여성센터 및 서대문구 보건소 · 정신건강복지센터 홈페이지 및 SNS 공지 • 오프라인 : 사업 홍보 포스터 부착(열린여성센터, 서대문구 보건소 · 정신건강복지센터)
참여희망자 접수	• 센터 내 참여희망자 유 · 무선 및 구두접수를 통한 참여자 접수 • 참여자 상담을 통한 참여의지 확인 및 상담
추가 접수 (필요한 경우)	• 참여희망자 미달 및 중도참여포기자 발생 시 대기자 접수

② 사업 내용 및 사업 집행 전략

2) 사업 내용 및 사업 집행 전략

• 아래 내용을 모두 포괄하되, 자유롭게 (질문순서에 상관없이) 표현해 주시기 바랍니다.
– 전체 사업을 몇 개의 세부 사업으로 분류한다면 어떻게 구성될 수 있습니까?
– 사업을 어떻게 추진할 것인지에 대하여 세부 사업별 시행방법, 시행 시기 및 횟수, 사업 진행 일정 등 구체적인 정보를 담아서 기술해 주시기 바랍니다.

사업 내용 및 사업 집행 전략은 논리모델에서 '활동'에 해당되는 내용을 구체적으로 작성하는 것이다. 2018년부터 바뀐 공동모금회 배분신청서 양식에는 사업 내용을 작성하는 표를 제시하지 않는 대신 좀더 창의적이고 자유롭게 작성하도록 안내하고 있다. 정해진 표에 사업 내용을 작성하기에는 지나치게 형식적이 되거나 필요하거나 강조하고 싶은 내용을 작성하지 못한 한계가 있다는 지적이 있었기 때문이다. 하지만 기본적으로 세부 사업별 시행방법, 시행시기 및 횟수, 사업 진행 일정 등의 사업 추진 내용은 필수적으로 들어가야 한다. 따라서 아래 예시와 같이 기존 양식의 표를 활용하는 것도 좋은 선택이라고 할 수 있다.

한편, 사업 추진 일정도 따로 양식이 제시되지는 않았지만 일반적으로 활동별 시간계획표(Gantt Chart)를 활용하여 작성하는 것이 좋다. 활동별 시간계획표는 사업을 준비하는 단계부터 종료하는 단계까지의 모든 일정과 과업을 시간 순서대로 나열한 후 해당되는 시기에 음영으로 표시함으로써 일정의 순서와 해당되는 시기의 과업을 점검하기에 매우 유용한 관리기법이다. 자세한 작성방법은 7장 프로그램 활동내용 구성을 참고하기 바란다.

또한 사업수행 인력에는 해당 인력의 이름, 소속과 직위, 사업 내 역할분장, 사업과 관련된 주요 경력을 제시된 표에 기입한다. 사업 내 역할분장은 사업 슈퍼바이저와 사업 주 담당자 등으로 작성하면 된다. 주요 경력에는 해당 사업과 관련된 근무경력을 기입하면 된다.

예시

2) 사업 내용 및 사업 집행 전략

(1) 세부 사업 내용

세부 사업명	활동내용(수행방법)
심리치유 프로그램	① 집단상담 프로그램 ▶내용: 심리정서 치유 및 대인관계 향상을 위한 집단상담 진행 ▶대상: 열린여성센터 입소 여성노숙인 5명 내외 ▶시기: 5월~9월 ▶방법: – 상담전문가를 활용하여 집단상담 6회기 진행 – 심리정서 문제 탐색 및 치유 상담 – 타인 이해 및 대인관계 향상 상담 ② 개별상담 프로그램 ▶내용: 심리정서 치유 및 회복을 위한 개별상담 진행 ▶대상: 열린여성센터 입소 여성노숙인 3명 ▶시기: 5월~9월 ▶방법: – 상담전문가에게 의뢰하여 개별상담 진행 – 개별 각 10회기 진행 – 심리정서 문제 탐색 및 치유 상담 ③ 심리치유워크숍 ▶내용: 심리정서 치유 및 대인관계 향상을 위한 워크숍 진행 ▶대상: 열린여성센터 입소 여성노숙인 및 실무자 20명 ▶시기: 7월 ▶방법: – 교육 및 상담 전문가를 활용하여 워크숍 진행 – 1박 2일 워크숍 1회 진행 – 심리치유 및 대인관계향상 프로그램 진행
건강증진 프로그램	① 신체건강증진 교육 ▶내용: 신체건강 관리 및 증진을 위한 교육 진행 ▶대상: 열린여성센터 입소 여성노숙인 15명 내외 ▶시기: 5월~10월 ▶방법: – 전문강사를 활용하여 신체건강을 위한 교육 3회 진행 – 위생관리, 운동, 건강한 식습관 관련 교육 진행 ② 정신건강증진 교육 ▶내용: 정신건강 관리 및 증진을 위한 교육 진행 ▶대상: 열린여성센터 입소 여성노숙인 15명 내외 ▶시기: 5월~10월 ▶방법: – 전문강사를 활용하여 정신건강을 위한 교육 3회 진행 – 정신질환 이해, 정신질환 치료, 정신건강 관리 교육 진행

<table>
<tr><td>나눔활동
프로그램</td><td>① 지역사회 나눔활동
▶내용: 자존감 회복을 위해 지역사회 나눔활동에 참여
▶대상: 열린여성센터 입소 여성노숙인, 지역사회독립 노숙경험여성, 자원봉사자 10명 내외
▶시기: 9월~10월
▶방법: – 지역사회 나눔행사(사회복지박람회)에 참여하여 나눔바자회 1회 진행
– 참여자와 지인들의 나눔 물품을 수거하고, 바자회에서 판매하는 활동 진행
– 바자회 수익금은 사회복지공동모금회 기부금으로 활용

② 기부금 모금활동
▶내용: 자존감 회복을 위해 기부금 모금 및 지원 활동 진행
▶대상: 열린여성센터 입소 여성노숙인, 지역사회독립 노숙경험여성, 자원봉사자 10명 내외
▶시기: 10월~11월
▶방법: – 소품을 제작하여 플리마켓에서 판매
– 소품판매 및 바자회 수익금을 사회복지공동모금회에 기부</td></tr>
<tr><td>자립역량강화
프로그램</td><td>① 주거생활용품 지원
▶내용: 지역사회 자립을 지원하기 위한 기초 주거생활용품 지원
▶대상: 열린여성센터 입소 여성노숙인 5명 내외
▶시기: 4월~11월
▶방법: – 시설을 퇴소하여 독립하는 여성노숙인에게 주거생활에 필요한 기초 생활용품을 지원
– 주방용품, 이불, 세탁기 등 가전제품 등

② 독립생활 교육
▶내용: 자립생활 유지를 지원하기 위한 교육 진행
▶대상: 열린여성센터 입소 여성노숙인 5명 내외
▶시기: 8월~9월
▶방법: – 전문강사를 활용하여 자립생활 유지에 필요한 교육 4회 진행
– 주택관리, 금전관리, 공과금 관리, 여가생활 등 교육</td></tr>
</table>

(2) 사업 진행 일정

세부 사업명 \ 기간		24. 1월	2월	3월	4월	5월	6월	7월	8월	9월	10월	11월	12월
심리치유 프로그램	집단상담 프로그램					■	■	■	■	■			
	개별상담 프로그램					■	■	■	■	■			
	심리치유워크숍							■					
건강증진 프로그램	신체건강증진 교육					■	■	■	■	■	■		
	정신건강증진 교육					■	■	■	■	■	■		
나눔활동 프로그램	지역사회 나눔활동									■	■		
	기부금 모금활동										■	■	
자립역량 강화 프로그램	주거생활용품 지원				■	■	■	■	■	■	■	■	
	독립생활 교육								■	■			

(3) 사업수행 인력

이름	소속/직위	사업 내 역할분장	(본 사업과 관련된) 주요 경력
김배분	사무국장	사업 슈퍼바이저	ㅇㅇ 종합사회복지관 5년 열린여성센터 5년
홍길동	사회복지사	사업 주 담당자	열린여성센터 2년

③ 기관 연계협력 전략

3) 기관 연계협력 전략

- 위의 사업 집행 전략과 관련하여, 지역사회 내(또는 그 범위를 넘어서) 어떤 기관들과 유기적인 협조관계를 가질 것인지에 대하여 아래 내용을 포함하여 기술해 주시기 바랍니다.
- 협력 기관이 세부 사업에서 어떤 역할을 담당하게 되는지, 그 때 신청기관의 역할은 무엇인지, 이러한 협력체계는 어떤 절차를 통해 진행되는지 등

사업을 추진하는 과정에서 사업수행기관이 사업에 필요한 모든 자원과 역량을 갖추고 있는 경우는 많지 않다. 따라서 지역사회 내 사업 수행에 필요한 자원과 역량을 제공하고 협력할 수 있는 기관과의 협력은 필수적이다. 기

관 연계협력 전략은 사업 목적을 달성하기 위하여 수행되는 사업에 필요한 역할 중 사업수행기관 외 지역사회 내 연계협력기관의 역할을 좀더 명확히 제시하고 사업 추진 과정에서 실제로 어떻게 협력을 이끌어 낼 것인가에 대한 계획을 포함해야 한다. 이러한 역할은 다양한 형태로 제시할 수 있다. 사업수행기관을 중심으로 유사한 역할과 책임을 가진 다수의 연계협력기관 간 사업 전반의 컨소시엄의 형태이거나 세부사업별로 필요한 자원을 주고받는 단순협조제공 형태일 수도 있다. 이때 각 협력기관의 역할을 명확히 제시하고 이러한 협력체계를 어떤 절차로 구축해 나갈 것인지에 대한 계획을 제시할 필요가 있다.

공동모금회 양식에는 특별한 표가 제시되어 있지 않으므로 자유롭게 작성하면 된다. 한편, 성과확산형 3개년 사업계획서에는 동일 내용을 연차별로 관의 확대 혹은 축소가 있는 경우 변화에 대한 확인이 가능하도록 작성하도록 되어 있다.

예시

3) 기관 연계협력 전략

협력기관명	세부사업	협력 계획	비고
서대문구 보건소	신체건강증진 교육	본 기관: 프로그램 수행 협조 요청, 전문강사 추천 협조 요청, 교통비 지급 – 협력기관: 신체건강증진 교육 전문강사 연계	MOU 체결
서대문구 정신건강복지센터	심리치유(집단 및 개별 상담) 프로그램/ 정신건강증진 교육	본 기관: 프로그램 수행 협조 요청, 상담전문가 추천 협조 요청, 교통비 지급 – 협력기관: 정신건강증진 교육 강사 연계	MOU 체결
서대문구 사회복지협의회	지역사회 나눔활동 · 기부금 모금활동	본 기관: 프로그램 수행 협조 요청 – 협력기관: 사회복지박람회 플리마켓 참여 협조	

서울특별시 사회복지협의회	독립생활 교육	본 기관: 프로그램 수행 협조 요청 – 협력기관: 독립생활 교육(정리수납, 금융 교육, 지원주택 연계) 전문강사 연계	

(3) 예산편성

3. 예산편성

(단위: 원)

목	세목	세세목	계	산출 근거	예산조달 계획				
					신청 금액	비율 (%)	자부담	비율 (%)	자부담 재원
총계									
인건비									
	소 계								
사업비									
	소 계								
관리운영비									
	소 계								

• 사업에 직접 투입되는 비용을 인건비, 사업비, 관리운영비로 구분하여 작성해주시기 바랍니다.
 – (인건비) 해당 사업을 직접적으로 수행하는 인력에게 투입되는 비용
 – (사업비) 프로그램 수행에 필요한 직접비용
 – (관리운영비) 프로그램의 수행에 필요한 간접비용(사업관리에 필요한 비용)
 – 예산수립 시 예산편성기준표를 참고하여 주시기 바랍니다.
• 세목은 세부 사업별로 구분하고 단위가 큰 경우 세세목으로 구분하여 작성하시기 바랍니다.
• 산출 근거는 실제 단가, 수량, 인원수, 건수, 횟수 등을 구체적으로 기록해 주시기 바랍니다.

예산은 기획 단계에서부터 사업을 충실하게 수행하기 위해 필요한 자원이기 때문에 정확하고 빠짐없이 수립되어야 한다. 한 번 수립된 예산은 매우 엄격한 기준과 절차에 의해서만 변경 가능하기 때문에 사업계획서 제출 직전까지 꼼꼼하게 검토하고 작성되어야 한다. 무엇보다도 회계나 예산편성 초보자에게는 몇몇 용어나 예산수립방법이 생소하여 상식에 기반하여 예산편성하다가는 실수하기 쉽기 때문에 자원지원조직에서 제시한 예산편성 지침 및 일반적 회계 기준에 대해 세세한 내용까지 잘 숙지해야 하며 불명확한 것이 있다면 담당자에게 문의하는 것이 바람직하다. 예를 들어 공동모금회 배분신청사업 예산편성기준에 의하면, 강사비의 경우 강사의 자격 기준에 따라 특별강사, 1급강사, 2급강사, 3급강사, 보조강사 등으로 구분되며 시간당 5만원에서 35만 원까지 강사 직급에 따라 강사비 기준액이 다르게 책정되어 있다. 또한 예산은 사업에 직접 투입되는 비용을 인건비, 사업비, 관리운영비로 구분하여 작성해야 한다. 심사과정에서 지원예산 삭감을 예상하여 예산을 과도하게 산정하거나 간접비 비중을 높이는 것은 바람직하지 않다.

공동모금회의 예산편성방법에 관련한 안내에 의거하여 예산편성방법을 설명하면 다음과 같다.

첫째, 인건비는 해당 사업을 직접적으로 수행하는 인력에게 투입되는 비용으로서 프로그램 담당자 또는 보조담당자의 인건비를 의미한다. 만일 해당 사업의 수행을 위해서 사업수행기간 동안 채용되는 인력이 있다면 이 인력의 인건비에 소요되는 비용(급여, 수당, 4대보험 분담금, 퇴직적립금 등)에 해당된다. 또한 기존 사업 수행기관에 근무하는 직원으로서 해당 사업 수행을 위해서 초과근무 등의 사유로 지급해야 되는 수당도 인건비에 산정될 수 있다. 하지만 세부사업 중 일부 프로그램에 투입되는 강사 혹은 자원봉사자에게 지급되는 강사비나 교통비는 인건비에 해당되지 않으며 사업비에 산정되어야 하기 때문에 유의할 필요가 있다.

둘째, 사업비는 프로그램의 수행에 필요한 직접비용이며 사업참여자에게 제공되는 서비스에 필요한 비용을 의미한다. 산출 근거로 실제 단가, 수량, 인원수, 건수, 횟수 등을 구체적으로 기록해야 한다. 무엇보다도 사업비 예산 수립 시 세목의 분류는 '세부사업명' 단위로 기재하고 항목이 다양하거나 단위가 큰 경우에는 세세목으로 구분하여 작성해야 한다. 세부사업 단위별로 작성하는 것이 추후 예산변경 등의 업무 처리에 있어 효율적이기 때문이다.

예시

개별 활동별로 세목을 설정한 경우

세목	계	산출 근거
요리 자원봉사 교통비	720,000	20,000원×3명×12회
식재료비	900,000	25,000원×3명×12회
요리도구	1,800,000	30,000원×60명
계	3,420,000	

➡

세부사업 단위로 세목을 설정한 경우

<table>
<tr><th>세목</th><th>세세목</th><th>계</th><th>산출 근거</th></tr>
<tr><td rowspan="3">요리교실</td><td>요리 자원봉사 교통비</td><td>720,000</td><td>20,000원×3명×12회</td></tr>
<tr><td>식재료비</td><td>900,000</td><td>25,000원×3명×12회</td></tr>
<tr><td>요리도구</td><td>1,800,000</td><td>30,000원×60명</td></tr>
<tr><td>계</td><td colspan="2">3,420,000</td><td></td></tr>
</table>

셋째, 관리운영비는 프로그램의 수행에 필요한 간접비용으로 사무용품, 냉난방비, 우편료 등이다. 관리운영비도 실제 단가, 수량, 횟수, 기간 등을 산출 근거로 구체적으로 기록해야 한다.

넷째, 예산조달계획에는 공동모금회에 신청하는 금액 및 자부담 금액 및 비율을 기입한다. 신청 금액에 대한 비율은 신청금액 대비 각 항목이 차지하는 비율을, 자부담에 대한 비율은 전체 자부담 대비 해당 자부담의 비율을 산출하여 기입한다. 자부담 재원은 자체예산/외부지원(지원처 제시)/수익금

(참가비 등) 등으로 구분하되 지나치게 상세할 필요는 없다.

다섯째, 프로그램 수행에 직접적으로 필요한 비품/장비인 경우(예를 들어 장애인작업장 생산장비 구입 등) 사업비에 편성한다. 프로그램에 간접적으로 필요한 비품/장비는 사업비 예산편성은 지양하되 필요한 경우에는 관리운영비에 편성 가능하다. 하지만 사업이 종료된 후에도 비품/장비가 남아 있거나 신청 사업이 아닌 다른 용도로 활용 가능할 것으로 판단되는 경우에는 심사과정에서 예산 조정 및 사업 미지원 결과가 발생할 수 있으니 유의할 필요가 있다.

예시

3. 예산편성

(단위: 원)

목	세목	세세목	계	산출 근거	예산조달 계획				
					신청금액	비율 (%)	자부담	비율 (%)	자부담 재원
총계			20,000,000		20,000,000	100	0	0	
사업비	심리치유프로그램	집단상담프로그램	3,452,500	■ 강사비 2,880,000원 –주강사(1급강사) 400,000원(2시간)×6회=2,400,000원 –보조강사 80,000원(2시간)×6회=480,000원 ■ 다과비 7,500원×7명×5회=265,000원 ■ 진행비 30,000원×5명=150,000원 ■ 평가회의비 157,500원 –식사비 15,000원×7명=105,000원 –다과비 7,500원×7명=52,500원	3,452,500				
		개별상담프로그램	3,510,000	■ 강사비 3,300,000원 –100,000원(1시간)×3명×10회 =3,000,000원 –100,000원(1시간)×1명×3회 =300,000원	3,510,000				

				■진행비 30,000원×4명=120,000원 ■다과비 9,000원×10회=90,000원					
		심리 치유 워크숍	3,250,000	■워크숍 숙식비(1박2일) 140,000원×20명×1회 =2,800,000원 ■프로그램 진행비 450,000원 –강사비(1급강사) 400,000원(2시간)=400,000원 –진행비 50,000원	3,250,000				
	건강 증진 프로 그램	신체 건강 증진 교육	997,500	■강사비 (3급강사) 170,000원×3회=510,000원 ■다과비 7,500원×15명×3회=337,500원 ■진행비 10,000원×15명=150,000원	997,500				
		정신 건강 증진 교육	1,687,500	■강사비 (1급강사) 400,000원(2시간)×3회 =1,200,000원 ■다과비 7,500원×15명×3회=337,500원 ■진행비 10,000원×15명=150,000원	1,687,500				
	나눔 활동 프로 그램	지역 사회 나눔 활동	225,000	사회복지박람회 나눔활동비 ■식사비 15,000원×10명=150,000원 ■다과비 7,500원×10명=75,000원	225,000				
		기부금 모금 활동	2,175,000	■재료비 10,000원×10명×8회=800,000원 ■다과비 7,500원×10명×8회=600,000원 ■플리마켓 참여활동 장소사용료 275,000원×2회=550,000원 ■기부 및 평가회의비 225,000원 식사비 15,000원×10명=150,000원 다과비 7,500원×10명=75,000원	2,175,000				
	자립 역량	주거생 활용품 지원	3,500,000	■주거생활용품 700,000원×5명=3,500,000원	3,500,000				

	강화 프로그램	독립 생활 교육	960,000	■강사비 (3급강사) 170,000원×4회=680,000원 ■다과비 7,500원×10명×4회=280,000원	960,000				
	소계		38,797,500		38,797,500	99			
관리운영비	관리운영비	관리운영비	242,500	■사무용품비 142,500원 ■주유비 100,000원	242,500				
	소계		242,500		242,500	1			

(4) 문제의식(사업 필요성)

4. 문제의식(사업 필요성)

1) 사업계획 배경

• 왜 이 사업을 기획하게 되었습니까?
귀 기관이 관심을 가지기 전에는 어떤 상태에 있었는지, 인근 다른 지역에도 유사한 상황이 있다면 어떻게 대응하고 있는지에 대해서도 서술해 주시기 바랍니다.

2) 기존 유사사업과의 차별성

• 기존의 시각이나 접근방식과 다른 점은 무엇입니까?

3) 신청기관의 강점

• 이 사업을 신청기관에서 수행해야 하는 이유에 대해 사전조사 내용, 관련 분야 수행 경험 등을 포함하여 기재해 주시기 바랍니다.
• 유사/동일 사업 수행경험(최근 3년 이내)이 있다면 아래의 표를 참고하여 기재해 주시기 바랍니다.

연도	수행기간	사업명	지원금액	지원기관 (정부, 민간)

문제의식은 사업의 필요성을 서술하는 내용으로 사업을 시작하게 된 출발점과 근거에 대해 설명하는 내용이다. 이는 신청기관 담당자가 지역사회 내 다양한 문제 중에서 무엇을 가장 심각하고 시급하게 해결해야 할 문제에 대한 우선순위를 정하고 이에 대한 객관적 근거와 사례를 통해 사업의 필요성을 강조하는 내용이다. 문제의식에는 사업계획 배경, 기존 유사사업과의 차별성, 신청기관의 강점 등 세 부분으로 구분하여 제시하게 되어 있으며 특별한 양식은 없기 때문에 자유형식에 의해 작성하면 된다.

① 사업계획 배경

사업계획 배경은 "왜" 해당 사업을 기획하려고 하였는지에 대한 출발점을 설명한다. 일반적으로 관심의 초점이 되는 참여자 집단의 특성, 해당 지역사회에서 발생되고 심각해지고 있는 문제, 그동안 문제해결을 위한 노력의 과정과 실패 원인, 문제해결을 위한 새로운 관점과 해당 사업과의 연관성에 대해 작성한다. 사업계획 배경에는 해결하고자 하는 문제 및 문제해결방식(즉 해당 사업)에 대한 신청기관의 관점이 명확히 드러나도록 작성되어야 한다. 특히 심사자가 이 내용을 문서로 읽고 신청기관의 관점을 파악할 수 있도록 객관적이고 논리적인 근거와 설득력 있는 내용으로 서술되어야 한다. 따라서 객관적인 자료와 다양한 사례를 활용하여 다음과 같은 내용이 논리적으로 서술되도록 작성하는 것이 바람직하다.[9]

9) 문제 분석 및 욕구 파악과 관련한 구체적인 내용은 5장 문제의 분석, 욕구의 파악, 그리고 대상자 선정을 참고하기 바란다.

1. 문제의 심각성: 기존에 검증된 이론, 지역사회 욕구조사 결과, 다양한 공식 통계자료, 최신 언론 기사, 사례집, 참여자 인터뷰, 관찰 등을 통해 밝혀진 사회문제의 실태 및 심각성
2. 핵심참여자의 특성: 핵심참여자의 실태, 문제로 인해 경험하는 핵심참여자의 어려움에 대한 사례, 핵심참여자 강점과 문제해결 의지(문제해결을 위한 참여 의지)
3. 지역사회의 대응 경험: 문제해결을 위한 지역사회의 대응 경험, 성공 및 실패 사례, 성공 및 실패 요인
4. 문제해결을 위한 새로운 관점: 기존 접근방식과 차별화된 새로운 관점 및 접근방식, 신청기관의 문제해결 의지

② 기존 유사사업과의 차별성

기존 유사사업과의 차별성은 해당 사업의 접근방식이 기존 접근방식과 어떻게 다른지를 설명하는 내용이다. 특수한 경우를 제외하고는 대부분의 사회문제는 오래 전부터 존재해 왔으며 해당 신청기관 혹은 다른 기관에 의해 이를 해결하고자 하는 사업도 추진되어 왔다. 하지만 여전히 해당 사회문제는 해결되지 않고 있으며 갈수록 심각해지고 있을 수 있다. 그렇다면 문제해결에 도움이 되지 않은 기존 접근방식이 가지고 있는 시행착오를 밝히고 그 시행착오를 뛰어넘는 새로운 접근방식을 시도해야 한다. 만일 기존 접근방식을 답습하기 위해 해당 사업을 추진하겠다고 한다면 여전히 문제는 해결되지 않고 심각해질 것이다. 그러므로 기존 유사사업과의 차별성에는 다음과 같은 내용을 포함하는 것이 좋다.

1. 지역사회 내(혹은 해당 지역사회가 아닌 다른 지역사회에서) 신청기관 혹은 타 기관에서 시도하였던 유사사업: 성공 및 실패 요인 분석
2. 새로운 관점에 기반한 사업의 필요성 및 기획 의도: 기존 유사사업의 시행착오를 뛰어넘는 아이디어 및 접근방식
3. 기존 유사사업과의 차별성 부각: 참여자 규모, 접근방식, 접근 시기, 새로운 자원의 활용, 과학적 근거, 예상되는 사회적 영향력 등

③ 신청기관의 강점

신청기관의 강점은 신청기관이 해당 사업을 기획하면서 수행하였던 조사 결과 및 경험을 통해 해당 사업을 성공적으로 수행할 수 있을 것이라는 장점과 동원 가능한 자원을 서술한다. 특히 유사사업을 수행한 경험은 심사자로 하여금 신청기관이 계획된 사업을 성공적으로 수행할 것으로 기대할 수 있는 근거가 된다. 최근 3년 이내 유사 혹은 동일 사업 수행경험은 수행기간, 사업명, 지원금액, 지원기관(정부, 민간)을 표로 작성하면 된다. 만일 수행 경험이 없다면 다른 사업을 수행하면서 축적된 노하우를 해당 사업에 어떻게 적용할지에 대한 계획을 제시함으로써 기관의 강점을 최대화할 필요가 있다. 또한 지역사회 내 동원 가능한 인적, 물적 자원과 활용 계획도 제시함으로써 신청기관의 강점으로 강조할 필요가 있다.

〈문제의식(사업의 필요성) 작성 팁〉

1. 우선적으로 해당 사회문제 및 문제해결 노력과 관련한 이차 자료를 수집한다.

자료수집 초기에는 자료 접근이 용이하면서 객관성을 담보할 수 있는 이차자료를 가능한 한 최신의, 그리고 많은 양으로 수집하는 것이 바람직하다. 이러한 자료에는 이론에 근거한 자료, 공식적인 기관의 통계, 과학적 절차에 의해 분석된 조사결과, 공신력 있는 데이터베이스 등이 해당된다. 하지만 생성된 지 오래된 자료이거나 확인되지 않은 인터넷 자료의 경우에는 자료수집에 대한 노력이 덜 쓰여졌다는 인상을 주기 때문에 피하는 것이 좋다. 적절한 이차자료가 없거나 좀더 설득력 있는 자료를 만들기 위해서 신청기관이나 담당자가 직접 자료를 생산하는 일차자료(설문조사, FGI, 개별 인터뷰, 관찰 등)를 제시해도 된다.

2. 필요한 내용만 제시하라.

자료수집이 완료되면 주제에 맞는 정보를 담고 있는 자료를 정리할 필요가 있다. 이때 많은 양의 자료 중에서 필요한 내용만 활용해야 한다. 자칫 양으로 승부하겠다는 생각으로 수집한 자료를 최대한 활용하려 하다가는 문장 및 문단의 논리구조가 무너지기 쉽다.

3. 표, 그래프, 그림, 사진을 적절하게 활용하라.

표, 그래프, 그림, 사진 등은 필요한 정보를 지면을 적게 활용함으로써 효율적인 자료 제시 및 시각적 효과를 제공한다. 하지만 오히려 표, 사진 등이 지면을 크게 차지하거나 너무 많거나 해상도가 낮은 자료를 활용하면 가독률이 떨어질 수 있기 때문에 적절한 위치와 크기로 활용해야 한다. 대체로 한 페이지 당 1/3 이내의 지면에 2개 이하의 시각적 자료를 활용할 것을 권장한다.

4. 필요하다면 인터뷰, 관찰, 신문기사 발췌문 등 질적인 자료도 포함하라.
지나치게 통계 등 객관적인 자료만 제시하면 문제의 심각성이나 핵심참여자의 상황을 전달하기에 한계가 있을 수 있다. 전체 자료 중 1~2개 자료는 대상자 인터뷰, 관찰, 신문기사 발췌문 등 질적인 자료를 활용함으로써 자료의 생생함을 전달할 필요가 있다.

5. 출처를 반드시 표기하라.
활용되는 모든 자료(통계, 참고문헌, 표, 그래프, 그림, 사진, 인터뷰, 신문기사 발췌문, 인터넷 자료 등)는 출처를 반드시 표기함으로써 객관성을 담보할 필요가 있다. 인터넷 검색을 통해 수집된 자료라고 하더라도 인터넷 검색 사이트 주소가 아닌 원자료의 출처를 밝혀야 한다.

6. 강조하고 싶은 내용은 밑줄을 활용해도 된다.
제시된 자료나 서술된 내용 중 강조하고 싶은 것은 적절하게 밑줄을 활용해도 된다. 다만 너무 많은 밑줄을 활용하거나 글자를 크게 편집하면 글의 흐름을 끊을 수 있으므로 유의할 필요가 있다.

예시

4. 문제 의식(사업 필요성)

1) 사업계획 배경

(1) 노숙인 감소 추세에 증가하고 있는 여성노숙인

IMF 이후 사회적 문제로 떠오른 노숙인 수는 사회복지 지원 체계 마련으로 감소 추세를 보이고 있다. 보건복지부 조사에 따르면 전국 노숙인 수는 2016년 11,340명에서 2021년 8,956명으로 2,384명 감소했다. 그런데 유독 거리여성노숙인(146명)은 2016년에 비해 14% 증가했으며, 거리노숙인 중 여성노숙인의 비율도 2016년 6.4%에서 2021년에는 9.2%로 2.8% 포인트 증가했다(보건복지부 「2021년도 노숙인 등의 실태조사」).

서울시의 실태조사에서도 여성노숙인은 증가하는 것으로 파악되고 있다. 서울시의 노숙인은 2018년 3,478명에서 2022년 3,151명으로 감소추세를 나타내고 있으나 여성노숙인은 2018년 732명에서 2022년 790명으로 증가한 것으로 나타났다(서울시 「2022년 서울시 노숙인 실태조사」). 비록 여성노숙인은 전체 노숙인 중에서 27.8%(2,493명)를 차지하는 것으로 파악되지만 폭력 등의 위험을 피해 찜질방, PC방, 상가 등에 숨어 드러나지 않기에 실제보다 적게 집계되고 있으며, 특히 거리여성노숙인의 수는 실제로는 10배 이상일 것이라고 추정하고 있다.

(2) 폭력, 성범죄 피해 위험이 높은 여성노숙인

노숙인들은 노숙생활 중 폭력 등의 피해를 겪는데, 그 중에서도 거리노숙인의 피해가 많은 것으로 알려지고 있다. 서울시에서 발표한 「2022년 서울시 노숙인 실태조사」를 살펴보면 조사 대상 노숙인(450명)들의 절반(48.7%) 가량이 구타, 가혹행위, 금품갈취, 언어폭력, 성희롱, 성폭력 등의 위험한 상황을 경험한 것으로 파악됐다. 여성노숙인도 46.4%가 위험한 상황을 경험했는데, 특히 9.1%의 여성노숙인은 성희롱 및 성폭행을 경험했다고 밝혔다.

특히 거리노숙인 및 여성노숙인 지원 단체들의 경험에 의하면 거리여성노숙인의 경우에는 피해 경험이 이보다 훨씬 높을 것이라고 추정하고 있다. 더욱 참혹하게는 성폭행의 결과로 임신을 하는 경우도 발생하고 있다. 여성노숙인은 힘이 약하고, 특히 거리여성노숙인은 다수가 정신질환이나 지적장애 등을 겪고 있어 자신을 제대로 보호하지 못해 위험에 노출될 확률이 높다. 또한 피해를 겪어도 경찰이나 주변에 도움을 요청하기 어려워해서 지속적인 위험에 놓이곤 한다.

(3) 사회적 관심과 지원에서 배제되고 있는 여성노숙인

이처럼 여성노숙인이 겪고 있는 상황은 매우 열악하고 위험하므로 긴급하게 보호조치를 하고, 필요한 복지서비스를 연계하여 하루 빨리 노숙에서 이탈하도록 지원해야 한다. 하지만 남성노숙인에 비해 수가 적다는 이유로 여성노숙인은 사회적 관심과 정책 대상에서 외면되어 이중 소외를 겪고 있다.

또한 노숙인복지도 남성노숙인 중심으로 집중돼 있다. 2023년 기준 전국에 있는 노숙인시설은 총 125개소인데 이 중 여성 전용 노숙인 시설은 10개소에 불과하다. 그마저도 요양시설을 제외하면 서울 7개(조건부 신고시설 1개 포함), 대구 1개, 부산 1개, 경북 1개로 수도권에 집중돼 있어 지방에 있는 여성노숙인이 시설을 이용하려면 서울로 상경해야 하는 실정이다. 특히 자녀가 있는 여성노숙인이 입소할 수 있는 곳은 서울에 있는 2개 시설뿐이다.

따라서 노숙인 지원 단체들은 여성노숙인의 경우 노숙생활이 주는 위험이 너무 높기에 특별한 지원 방안을 마련해야 한다고 끊임없이 제기하고 있다.

(4) 자활 욕구와 자립 성과가 높은 여성노숙인

노숙의 위험에서 시설에 입소한 여성노숙인들은 자활에 대한 욕구가 높고, 자립 성과도 높게 나타나고 있다. 여성노숙인의 15%는 월 25만원의 소득으로 생활하고 있으며, 월 50만원 미만의 소득자가 82%로 절대 빈곤의 상태에서 놓여 있다. 따라서 빈곤상황과 노숙생활에서 벗어나고자 근로활동을 원하고 있다(76.7%). 자활시설에 거주하는 여성노숙인은 노동이 가능한 연령대의 비중이 80%로 높다.(20대~30대 30.9%, 40대~50대 49.1%). 그리고 단기간(1년 미만) 시설 이용 후 지역사회에 자립하는 사람들이 많다.(49.1%) 또한 시설 퇴소 사유를 살펴볼 때 안정적으로 지역사회에 독립하는 자립퇴소율이 높다.

이처럼 자활시설에 입소한 여성노숙인은 자활 욕구가 높고, 노동 가능 연령대 비율이 높아 일자리를 지원하면 자립 성과가 높게 나타나고 있다.

(5) 자립의 걸림돌, 심리적 트라우마와 질병 · 정신질환

자활의 욕구가 높음에도 불구하고 여성노숙인들은 심리적 트라우마와 질병, 정신질환의 영향으로 일상생활 및 근로활동에 어려움을 겪고 있다. 여성노숙인은 정신질환 등의 질병이 노숙에 이르게 된 주된 원인으로 파악되고 있다. 전체 주된 노숙 원인은 실직으로 알려졌는데, 여성노숙인의 경우 남성노숙인에 비해 질병 및 장애(17%), 가정폭력(15.2%)으로 노숙에 이른 비율이 높다. 서울시 노숙인 실태조사 결과에 따르면 장애를 진단받은 여성노숙인은 55.4%, 남성노숙인은 27.3%로 남성보다 28.1%포인트 높았다. 우울증 등 정신질환을 진단받은 경우도 여성노숙인이 47.6%, 남성노숙인이 22.9%로 남성보다 25%포인트 많았다. 그런데 정신질환을 가진 여성노숙인의 경우 대부분 병식이 없어 치료를 거부해 중증으로 발전되어 만성화되어 있다.

2) 기존 유사사업과의 차별성

(1) 여성노숙인의 자활을 위한 심리정서 회복 및 자립역량강화 교육

열린여성센터의 여성노숙인들은 심리정서적 문제와 정신질환으로 대인관계, 사회적응, 근로활동에 어려움을 겪고 있으며 이로 인해 취업과 자립에 장애를 겪고 있다. 따라서 개별상담과 집단상담을 제공하여 심리정서 문제를 치유하고 회복할 수 있도록 지원하는 것이 필요하다. 또한 노숙생활과 정신질환의 영향으로 사회적 퇴행을 하여 사회적응에 어려움을 겪고 있다. 그래서 시설을 퇴소하여 독립생활을 하더라도 위생관리, 건강관리, 금전관리, 조리 및 청소 등 주거생활을 제대로 하지 못해 사례관리가 장기간 지속되기도 한다. 따라서 경제교육, 건강교육을 제공하여 자립역량을 강화하도록 지원하고자 한다.

(2) 여성노숙인의 자립생활 유지를 위한 생활용품 지원 및 독립생활 교육

열린여성센터의 여성노숙인들은 노숙생활에서 벗어나 지역사회에 독립을 하더라도 빈곤한데다 지원해줄 가족도 없어 주거생활에 필요한 물품을 마련하는 데 어려움을 겪고 있다. 따라서 초기 주거생활에 필요한 이불, 주방용품, 가전제품 등을 지원하여 스스로 생활하는 데 도움을 주는 것이 필요하다. 또한 오랫동안 노숙생활과 시설생활을 했기 때문에 공과금 납부, 쓰레기 처리, 장보기 등 스스로 주거생활을 하는 데 필요한 일들을 어떻게 해야 할지 몰라 당황스러워한다. 따라서 주거생활과 지역사회 자원 이용을 위한 교육을 지원하여 지역사회에서 독립생활을 잘 유지할 수 있도록 지원하고자 한다.

(3) 받기만 하던 삶에서 나누는 삶으로, 자존감 기르기

열린여성센터의 여성노숙인들은 오랜 노숙생활과 질병으로 심리적으로 위축돼 있어 자존감이 낮은 편이다. 또한 시설을 이용하면서 지원을 받는 입장인데 이는 고마움을 느끼게 하는 한편 남에게 도움을 받는 처지라는 비참함도 느끼게 된다고 한다. 열린여성센터는 심리적 위축을 겪는 여성노숙인들이 좀더 당당하게 살아갈 수 있도록 자존감을 회복할 수 있는 활동을 고민한 끝에 나눔활동을 실천한 바 있다. 지난 2년 간 지역사회 물품나눔 행사에 참여하여 주변에서 나눔 물건을 모으고, 바자회에서 물건을 판매하고, 소품을 만들어 플리마켓에서 판매하고, 수익금을 사회복지공동모금회에 기부하는 활동을 실천한 경험이 있다. 이 활동에 참여한 여성들은 자신의 나눔활동과 기부금모금 및 지원활동에서 매우 큰 보람과 기쁨을 느끼고 만족스러워했다. 이와 같이 물품나눔 및 기부금모금과 전달 활동을 통해 여성노숙인의 자존감 향상에 기여하고자 한다.

3) 신청기관의 강점

(1) 여성 노숙인의 정신질환 및 만성 신체질환 치료 연계를 통한 재활 성과가 높음

열린여성센터가 개소한 2024년 이후 이용자의 70~80% 정도가 정신질환을 겪는 것으로 파악됐다. 2023년도에도 열린여성센터 이용자 52명 중 44명(84%)이 정신질환을 겪고 있는 것으로 조사되었다(열린여성센터 2023년 사업결과보고). 이들은 정신질환으로 갖은 어려움을 겪었음에도 병식이 없고 지지해 주는 가족이 없어 치료를 받지 못한 채 노숙에까지 이르게 되었다. 하지만 열린여

성센터에 입소한 이후에는 정신과 치료를 받으면서 정신과 증상이 완화되어 안정적으로 일상생활을 유지할 수 있게 되었다.

(2) 열린여성센터 이용자의 자활 욕구가 높음

열린여성센터 이용자들의 평균 연령을 살펴보면 2023년 이용자 52명 중 20~40대가 64%, 50대 15%로 근로가 가능한 20대~40대가 높은 비중을 차지하고 있다. 이들은 근로에 대한 욕구가 높고, 하루 빨리 시설생활에서 독립하여 지역사회에서 자립생활을 하고자 다양한 근로활동에 참여하고 있다. 노숙인일자리, 공공근로, 지역자활센터, 식당, 물류센터 등의 일자리에 취업하여 근로능력을 회복하는 데 힘쓰고 있다. 또한 시설에서 연계하는 자격증 취득 교육에 참여하여 바리스타 자격증, 한식 조리사 자격증, 요양보호사 자격증을 취득하여 취업을 준비하고 구직활동을 하고 있다.

(3) 독립주거로의 자립 성과가 높음

이처럼 열린여성센터를 이용하고 있는 여성노숙인들은 정신질환과 만성 신체질환 등으로 어려움을 겪고 있지만 치료를 받고 재활에 힘쓰는 한편 자신이 할 수 있는 수준의 경노동에 참여하면서 자활을 준비하고 있다. 그 결과 평균 자립퇴소율이 60~70%에 이르고 있다.

(5) 목표 및 평가

① 산출목표

5. 목표 및 평가

1) 산출목표

세부 사업명	산출목표	모니터링 방법

• 성과목표를 달성하기 위해 이끌어내야 하고 모니터링 해야 하는 산출목표는 무엇입니까?

목표 및 평가는 사업의 목표를 산출목표와 성과목표로 구분하여 각 목표를 어떻게 평가할 것인지에 대한 계획을 작성한다. 기존 양식은 목표와 평가가 구분되어 있으나 새로운 양식에는 목표와 평가가 통합되어 있다.

산출목표는 “성과목표 달성에 기여하는 데 필요한 수단적 성격의 목표”를 의미하며(사회복지공동모금회, 2024: 95), 논리모델에서 프로그램 활동의 직접적 생산물을 말한다. 일반적으로 산출목표는 사업의 실적으로 제시된다. 즉 해당 사업의 참여자 몇 명에게 몇 회(시간)의 활동을 제공하겠다는 계획을 수치화한 목표이다. 산출목표는 세부 사업의 운영 계획에 맞춰 적정 수준으로 작성되어야 하며 측정 가능한 지표로 제시되어야 한다. 모니터링 방법은 산출목표 달성 여부를 확인하거나 관리하기 위한 구체적인 방법을 제시한다. 구체적인 예시로는 계획안, 출석부, 결과보고 작성, 일지 확인, 참여자 및 담당자 인터뷰 등이 포함된다.

예시

5. 목표 및 평가

1) 산출목표

세부 사업명	산출목표	모니터링 방법
심리치유 프로그램	• 집단상담프로그램 6회기 진행, 회기별 5명 참여 • 개별상담프로그램 3명 참여, 개별 10회기 진행 • 심리치유워크숍 1회 진행, 20명 참여	• 출석부 • 결과보고 • 프로그램 활동일지
건강증진 프로그램	• 신체건강증진교육 3회 진행, 회기별 15명 참여 • 정신건강증진교육 3회 진행, 회기별 15명 참여	• 출석부 • 결과보고 • 프로그램 활동일지
나눔활동 프로그램	• 지역사회 나눔활동 1회 진행, 10명 참여 • 기부금 모금활동 소품제작 8회 진행, 플리마켓 2회 진행, 기부금전달 1회 진행, 각 10명 참여	• 출석부 • 결과보고 • 프로그램 활동일지
자립역량강화 프로그램	• 주거생활용품 5명 지원 • 독립생활교육 프로그램 4회 진행, 회기별 5명 참여	• 출석부 • 주거생활용품 수령증 목록 • 결과보고 • 프로그램 활동일지

② 성과목표 및 평가방법

2) 성과목표 및 평가방법

성과목표	평가 도구 및 방법	측정 시기

- **(성과목표)** 성과목표와 관련하여 아래 내용들에 대해 작성해 주시기 바랍니다.
  - 핵심 참여자의 어떤 부분을 어느 수준까지 변화시키는 것입니까?
  - 작성하고자 하는 성과목표가 이후에 기술되는 평가방법을 통해 달성 여부를 알 수 있게 됩니까?
  - (성과라고 강조하고 싶은데) 양적으로 드러내기(수치화하기) 어려운 성과목표가 있다면 무엇입니까?
  - 앞서 기술하신 사업 내용과 성과목표를 논리적으로 연결하여 작성해 주십시오.
- **(평가도구 및 방법/측정 시기)** 성과목표 달성 여부와 정도를 어떻게 평가하실 건가요?
  - 성과목표 달성 여부와 정도를 판단하기 위해 어떤 성과지표를 설정하실 건가요?
  - 제시된 성과목표에 대한 평가계획(자료수집방법, 측정시기 등)은 어떠한가요?
  - 수치화하기 어려운 성과목표가 있다면 어떤 평가방법을 통해 변화의 수준과 의미를 드러내실 건가요?

성과목표는 "인적 · 물적 노력과 시간을 조직 · 투여하여 최종적으로 달성하고자 하는 목표"를 의미한다(사회복지공동모금회, 2024: 95). 성과목표는 논리모델에서 단기성과(참여자의 학습, 지식 습득, 태도, 가치 변화, 기술, 능력의 향상), 중기성과(참여자의 행동 변화), 장기성과(참여자의 생활여건 및 지위 변화, 조직과 지역사회 변화) 등 다양한 차원으로 설정될 수 있다. 일반적으로 사업 수행과정이나 이후에 나타나는 결과이기 때문에 1년 이내 사업을 진행하는 성과중심형의 경우 단기성과에, 2년 이상의 사업을 진행하는 성과확산형의 경우 중기 혹은 장기성과에 초점을 두어 목표를 설정한다. 성과목표는 "누가 어떤 활동을 통해 무엇의 어느 수준까지 변화되는가"에 대한 목표이다. 이는 변화의 대상, 변화의 수단, 변화의 수준을 포함하는 것이다.

일반적으로 성과목표는 측정 가능한 수준으로 제시되어 성과지표와 연결하여 제시한다. 즉 "참여자의 자존감 향상"이라는 성과목표는 구체적으로 자존감 척도의 수치의 유의미한 향상을 의미하기 때문에 "자존감 척도"라는 성과지표를 활용하며 조사방법론에서 학습한 조사설계에 의해 사전에 계획된 방법으로 측정하고 분석하여 달성 여부에 대한 결과를 제시한다. 따라서 사회복지 현장에서 많이 활용할 수 있는 성과지표를 이해하고 과학적 절차에 의해 수집하고 분석하는 방법에 대해 숙지할 필요가 있다. 하지만 모든 성과목표가 측정 가능한 것도 아니며 반드시 측정 가능해야 되는 것도 아니다. 경우에 따라서는 질적인 변화가 더 중요할 수도 혹은 질적인 변화만 확인할 수도 있는 것이다. 프로그램에 참여한 이후 여성노숙인 참여자들의 독립생활 적응 및 자신감 표출이라는 성과목표를 평가하기 위하여 측정 가능한 지표가 없을 수 있다. 이러한 경우 참여자 인터뷰나 관찰을 통하여 주관적 평가를 통해 독립생활 적응 및 자신감 표출을 증명할 수도 있는 것이다.

성과목표의 평가방법에는 성과목표 달성 여부 및 수준을 판단하기 위해 활용되는 성과지표 및 자료수집계획에 대한 내용을 서술한다. 앞에서도 서술하였듯이 성과목표와 성과지표는 논리적으로 연계되어 있어야 한다. 또한 기획단계에서 과학적 조사방법에 근거하여 분석 결과의 타당성과 신뢰성을 높이기 위한 치밀한 절차와 과정이 수립되어야 한다. 또한 수치화화하기 어려운 성과목표를 제시하거나 적절한 성과지표가 없을 경우 질적 자료 분석 등 대안의 평가방법을 제시함으로써 평가 수행에 대한 계획을 수립해야 한다.

한편, 성과확산형의 사업계획서에는 과정평가를 선택적으로 제시하게 되어 있다. 과정평가는 어떠한 과정을 통해 사업이 진행되었는지, 당초 계획과 시행이 달라졌다면 그 내용과 원인이 무엇인지, 주요 과정을 통해 얻은 교훈이 무엇인지 등 결과보다는 사업 수행과정에 초점을 둔다. 대체로 평가방법으로는 인터뷰, 관찰, 기록물 검토 등 질적인 자료 활용을 포함한다.

예시

2) 성과목표 및 평가방법

성과목표	평가 도구 및 방법	측정 시기
여성노숙인의 정신건강증진	• 성과지표: 사전 · 사후 정신건강 척도 점수 감소 • 평가도구: 한국판 일반정신건강 척도(KGHQ-30) • 평가방법: 참여자 대상 사전 · 사후 척도검사	사전(4월) 사후(11월)
여성노숙인의 신체건강증진	• 성과지표: 사전 · 사후 신체건강행동 측정 척도 점수 증가 • 평가도구: 신체건강행동 측정척도 • 평가방법: 참여자 대상 사전 · 사후 척도검사	사전(4월) 사후(11월)
여성노숙인의 자립역량 증진	• 성과지표: 사업 참여 후 참여자 독립생활 적응 및 자신감 표출 • 평가방법: 참여자 대상 개별 인터뷰	11월

(6) 사업종료 후 지향점

6. 사업종료 후 지향점

1) 사업 수행으로 인한 기대효과

• 이 사업이 성공적으로 수행된다면 기대되는 효과는 무엇입니까?

2) 사업 결과의 활용 계획

• 사업의 효과로 나타난 결과를 어떻게 활용할 계획입니까?
• 사업 결과를 통해 유사기관이나 지역사회에 꼭 알리고 싶은 이야기가 있다면 무엇입니까?

사업종료 후 지향점은 사업의 기대효과와 사업 결과의 활용 계획을 작성하는 내용이다. 사업 수행으로 인한 기대효과는 신청 사업이 지원금을 받은 후 계획대로 수행된다면 기대할 수 있는 결과를 의미한다. 일반적으로 사업의 목적과 연관되어 있지만 사업 참여자뿐만 아니라 신청 기관, 지역사회, 전체 사회에서 나타날 수 있는 긍정적인 변화에 대한 예상을 좀더 포괄적으로 작성한다.

또한 사업 결과의 활용 계획은 사업 수행을 통해 얻게 된 경험과 지식을 어떻게 활용할 것인지에 대한 내용을 작성한다. 특히 사업 수행을 통해 얻어진 결과가 해당 사업의 종료로 사라지는 것이 아니라 유사 사업이나 전혀 다른 성격의 사업에도 적용 가능한지에 대한 모델화 계획이 있다면 작성하는 것이 바람직하다.

예시

6. 사업종료 후 지향점

1) 사업 수행으로 인한 기대효과

① 열린여성센터 입소 여성노숙인 및 지역사회 독립 노숙경험 여성들이 다양한 프로그램을 통해 심리적 문제해결과 정신 및 신체건강 관리능력, 대인관계능력을 향상할 수 있다.

② 열린여성센터 입소 여성노숙인의 자활과 지역사회 자립의지를 높여 긍정적 자립퇴소율을 높일 수 있다.

③ 프로그램 참여 여성노숙인의 성공 사례를 통하여 여성노숙인에 대한 부정적 인식을 바꿀 수 있다.

2) 사업 결과의 활용 계획

여성노숙인은 심리정서적 트라우마, 만성적 질환, 사회적 퇴행의 영향으로 단기간 지원으로는 자활의 성과를 기대하기 어렵다. 따라서 여성노숙인의 노숙생활 이탈 및 안정적인 지역사회 자립생활을 지원하기 위해 3개년 계획으로 지원사업을 진행하는 것이 필요하다.

이에 2차년도와 3차년도에는 1차년도의 주요 사업을 지속하는 한편 지역사회 자립 후 사례관리 지원을 강화할 계획이다.

＊ 요 | 점 | 정 | 리

- 프로그램 제안서는 외부환경이 이해할 수 있도록 일정한 형식과 내용을 갖추어야 한다.
- 제안서 표지 및 개요는 제한된 지면과 양식에 필요한 내용이 요약적이면서 정확하게 기재되어야 하며 덜 필요한 내용은 과감하게 생략되어야 한다.
- 사업명은 사업의 대상, 목적, 방법의 요소가 반드시 포함되도록 작성되어야 하며, 필요하다면 부제로 슬로건이나 별명을 추가할 수 있다.
- 사업 참여자는 사업에 참여하면서 사업 목적을 달성하고 성과를 보이도록 표적으로 정한 클라이언트 집단을 의미하며, 핵심 참여자와 주변 참여자로 구분한다.
- 사업 내용 및 사업 집행 전략에는 세부 사업별 시행방법, 시행시기 및 횟수, 사업 진행 일정 등의 사업 추진 내용이 필수적으로 들어가야 하며, 사업 추진 일정은 일반적으로 활동별 시간계획표(Gantt Chart)를 활용하여 작성한다. 또한 사업수행 인력에는 해당 인력의 이름, 소속과 직위, 사업 내 역할분장, 사업과 관련된 주요 경력을 제시한다.
- 기관 연계협력 전략은 사업 목적을 달성하기 위하여 수행되는 사업에 필요한 역할 중 사업수행기관 외 지역사회 내 연계협력기관의 역할을 좀더 명확히 제시하고 사업 추진과정에서 실제로 어떻게 협력을 이끌어낼 것인가에 대한 계획을 포함해야 한다.
- 예산은 기획 단계에서부터 사업을 충실하게 수행하기 위해 필요한 자원이기 때문에 정확하고 빠짐없이 수립되어야 하며, 인건비, 사업비, 관리운영비의 항목에 맞춰 제시한다. 각 항목은 실제 단가, 수량, 인원 수, 건수, 횟수 등을 통해 정확하게 산출 근거를 제시해야 한다.
- 사업계획 배경에는 해결하고자 하는 문제 및 문제해결방식(즉 해당 사업)에 대한 신청기관의 관점이 명확히 드러나도록 작성되어야 한다. 또한 객관적인 자료와 다양한 사례를 활용하여 논리적으로 서술되도록 작성하는 것이 바람직하다.
- 기존 유사사업과의 차별성은 해당 사업의 접근방식이 기존 접근방식과 어떻게 다른지를 설명하는 내용이다.
- 신청기관의 강점은 신청기관이 해당 사업을 기획하면서 수행하였던 조사결과 및 경험을 통해 해당 사업을 성공적으로 수행할 수 있을 것이라는 장점과 동원 가능한 자원을 서술한다.
- 목표 및 평가는 사업의 목표를 산출목표와 성과목표로 구분하여 각 목표를 어떻게 평가할 것인지에 대한 계획을 작성한다. 산출목표는 해당 사업의 참여자 몇 명에게 몇 회(시간)의 활동을 제공하겠다는 계획을 수치화한 목표이다. 또한 성과목표는 측정 가능한 수준으로 제시

되어 성과지표와 연결하여 제시한다. 한편 성과목표의 평가방법에는 성과목표 달성 여부 및 수준을 판단하기 위해 활용되는 성과지표 및 자료수집계획에 대한 내용을 서술한다.

- 사업 수행으로 인한 기대효과는 신청 사업이 지원금을 받은 후 계획대로 수행된다면 기대할 수 있는 결과를 의미한다. 또한 사업 결과의 활용 계획은 사업 수행을 통해 얻게 된 경험과 지식을 어떻게 활용할 것인지에 대한 내용을 작성한다.

연습문제

1. 프로그램 제안서(proposal)의 개념에 대해 설명하라.

2. 배분신청서 표지에 들어가는 내용에 대해 설명하라.

3. 사업명 작성 시 유의할 사항에 대해 설명하라.

4. 사업참여자 중 핵심 참여자와 주변 참여자의 구분에 대해 설명하라.

5. 사업 내용 및 사업 집행 전략에서 필수적으로 들어가야 할 내용에 대해 설명하라.

6. 예산수립 중 인건비 예산수립 시 유의할 사항에 대해 설명하라.

7. 사업계획 배경에 포함되어야 할 내용에 대해 설명하라.

8. 문제의식 및 사업의 필요성의 작성방법에 대해 설명하라.

9. 산출목표와 성과목표의 개념에 대해 설명하라.

연습과제

[과제 1]

다음의 사업명에서 수정이 필요한 이유를 찾고 바람직한 사업명을 작성하라.

1. 대안학교 아동의 진로 개발 프로그램: '나를 찾아 떠나는 여행'
2. '할배네 건강밥상'
3. 노숙인 자존감 향상을 위한 노래 경연대회 프로그램: '노 · 가 · 다!(노숙인 가수 다 나와!)'

[과제 2]

「성인 정신장애인의 취업역량강화를 위한 바리스타 교육 프로그램」을 기획한다고 할 때, 사업참여자 중 핵심 참여자와 주변 참여자에 대해 사례를 들어 설명하라.

핵심 참여자	
주변 참여자	

[과제 3]

다음 프로그램 및 성과의 예시를 참고하여 성과지표 및 평가방법(양적 평가 혹은 질적 평가)을 가상으로 제시하라.

프로그램	성과	성과지표 및 평가방법
저소득 방임아동의 보호 · 학습 지원을 위한 야간보호 프로그램	기초학습 능력 향상	• 주요 과목(국어, 수학) 성적 향상 여부(각 과목 학기초, 학기말 성적표 비교)
독거노인의 건강증진을 위한 건강체조 프로그램	노인 건강 유지	• 노인성 만성질환 감소 여부(사전 · 사후 보건소 건강검진 결과 만성질환 개수 확인)

[과제 4]

다음 예산수립을 보고 공동모금회 예산편성지침을 기준으로 잘못된 부분을 찾아 그 이유와 수정한 내용을 제시하라.

관	사업비							
항	공동모금회 "저소득층 아동 야간보호" 사업비							
목	세목	계	산출 근거	예산조달 계획				
				신청금액	비율(%)	자부담	비율(%)	자부담 재원
총계		9,940,000		7,040,000	70.8	2,900,000	29.2	
인건비	사회복지사 야근수당	2,400,000	사회복지사 2명×1시간 10,000원 ×1일 2시간×월 5일×12개월	2,400,000				
	강사비	2,400,000	기초학습 강사 2명×1시간 10,000원×1일 2시간×월 5일 ×12개월	2,400,000				
	소계	4,800,000		4,800,000	68.2			
사업비	야간귀가 차량운행	2,000,000	주 5회×10,000원×40주			2,000,000		클라이언트
	기초학습 교재비	약 300,000	학습교재비 국/영/수×연간 6권×5,000원 ×지원 자수(약 10명)	약 300,000				
	기초학습 자원봉사자 교통비	500,000	자원봉사자 교통비	500,000				
	나들이 버스대여	300,000	버스 대여비(25인승) 300,000원 ×1대	300,000				
	나들이 도시락/다과	180,000	6,000원×30개	180,000				지역 분식집
	나들이 입장료	60,000	2,000원×30명	60,000				
	소 계	3,340,000		1,340,000	19.0	2,000,000		
관리운영비	회의비	900,000	150,000원×6회			900,000		모금
	전기료	900,000	야간전기 사용료 월평균 50,000원×12개월 냉방비(에어컨) 월평균 100,000원×3개월	900,000				
	소계	1,800,000		900,000	12.8	900,000		

CHAPTER

12

사회복지 프로그램 결과보고서 작성실습

1. 사회복지 프로그램 결과보고서 작성 원칙
2. 사회복지 프로그램 결과보고서 작성방법 및 예시

이 장의 학습목표

이 장의 학습목표는 프로그램 평가와 관련한 지식과 기술을 활용하여 실제 사회복지 프로그램 결과보고서 작성 시 적용되는 방법을 구체적으로 이해하는 것이다. 구체적으로 프로그램 사업비 지원조직에서 요구하는 양식에 맞는 형식과 내용을 이해하고 이를 실제 결과보고서 작성에 적용하는 방법을 익히는 것이다. 무엇보다도 결과보고서 작성 원칙을 통해 바람직한 프로그램 결과보고서 작성 능력을 향상한다.
이 장에서 학습하여야 할 세부목표는 다음과 같다.

- 지원조직에서 요구하는 프로그램 결과보고서 양식에 포함되는 세부 형식과 내용을 이해한다.
- 바람직한 프로그램 결과보고서를 작성하기 위한 구체적인 원칙을 이해한다.

12 CHAPTER

사회복지 프로그램 결과보고서 작성실습

사회복지 프로그램 결과보고서는 사업이 종료된 시점에서 사업 수행 기관의 내·외부 이해관계자들(stakeholders)에게 사업 수행과정과 결과에 대해 일정한 형식을 맞추어 보고하는 문서이다. 특히 사회복지공동모금회와 같이 프로그램 예산을 지원하는 지원조직의 경우 사업평가에 대한 내용뿐만 아니라 지원금 집행 결과에 대한 엄격한 보고를 필수로 규정하기 때문에 제시된 프로그램 결과보고서 형식에 맞추어 제출해야 한다. 무엇보다도 결과보고서에는 모든 이해관계자가 관심을 두고 있는 사업평가가 반드시 포함되어야 한다. 아무리 사업계획에 따라 적절한 예산 내에 사업을 수행하였다고 하더라도 사업평가의 결과가 좋지 않거나 잘못된 평가방법을 적용하여 실제와 다른 사업 결과가 도출되었다면 사업 자체의 의미가 사라지게 된다. 따라서 사업제안서와 마찬가지로 지원조직과 사업 수행 기관 간 의사소통도 결과보고서라는 문서를 통해 이루어지기 때문에 적절한 문서 작성 원칙에 대해 숙지할 필요가 있다.

이 장에서는 사회복지 프로그램 결과보고서를 작성하는 사회복지사 입장에서 효과적으로 결과보고서를 작성하는 방법을 제시한다. 일반적으로 사업 수행 기관 내부에서 활용하고 있는 결과보고서 양식이나 기타 지원조직에서 제시하고 있는 결과보고서 양식이 존재하지만 대체로 일정한 공통성을 가지고 있기 때문에 어느 한 조직의 양식을 잘 숙지하고 있다면 다른 조직의 양식으로 쉽게 적용할 수 있을 것이다. 이 장에서는 사회복지공동모금회(이하 '공동모금회') 결과 보고서 양식을 기준으로 사회복지 프로그램 결과보고서 형식 및 작성방법을 제시하고자 한다.

1. 사회복지 프로그램 결과보고서 작성 원칙

공동모금회의 결과보고서는 공동모금회가 지원한 사업에 대해 사업평가(사업수행과정 및 성과에 대한 평가)와 회계평가(배분금(지원금)의 적절한 집행 여부에 대한 평가)를 진행하기 위해 제출되는 것이다. 즉 결과보고서의 목적은 사업 전반에 대한 평가에 있다. 평가 목적은 사업계획 대비 목표달성 여부의 확인을 통해 사업효과성을 제고하고, 배분사업에 대한 적절한 모니터링으로 현장의 의견을 청취 및 반영하며, 배분사업 수행기관의 전문성 향상 및 적절한 관리체계의 도입을 유도하기 위한 것이다(사회복지공동모금회, 2018: 69). 일반적으로 결과보고서를 잘 작성하기 위해서는 다음과 같은 작성 원칙을 숙지할 필요가 있다.

첫째, 결과보고서는 '평가'에 초점을 두어야 한다. 앞에서 서술하였듯이 결과보고서를 통해 사업 수행 후 해당 사업의 목적을 달성하였는지를 객관적이고 체계적으로 확인할 수 있어야 한다. 모든 사업계획서에는 평가계획이 포함되어 있기 때문에 평가계획에 따라 평가를 수행하고 그 결과를 결과보고서에 작성해야 한다. 사업이 완료되면 사업의 수행결과를 종합적으로 검토해야 한다. 이때 사업계획에서의 성과목표와 실제 사업결과물을 대조한 후 목표 달성 여부를 판단하게 된다. 담당자들은 평가계획에 의해 사업평가에 필요한 증빙자료들을 잘 정리하여 분석하고 이를 바탕으로 사업의 종합적인 결과를 작성할 수 있어야 한다. 초보자들이 저지르기 쉬운 실수 중 하나는 평가를 사업이 종료된 후에 실시한다고 생각해서 평가에 필요한 자료수집을 미루거나 잘못된 방법으로 자료수집하려는 행동이다. 이러한 경우 사업은 사업 수행 기관이나 담당 사회복지사에 의해 열심히 수행하였지만 그것을 객관적이고 과학적으로 증명할 수 있는 기회를 놓치게 된다. 따라서 사업제안서 작성방법에서도 설명하였듯이 평가계획은 사업계획에 반드시 포함되어야 하며 사업을 착수하는 시점부터 평가를 준비해야 한다.

특히 사업을 통해 발생하는 변화를 과학적이고 객관적으로 확인하기 위해서 조사 설계상 참여자에 대한 사전사후검사를 실시해야 될 경우가 있다. 이러한 경우 사업을 착수하기 전이라도 참여자 모집 직후 사전검사를 실행해야 한다.

질적평가방법도 마찬가지이다. 평가계획에 따라 미리 정해진 시점에 인터뷰, 관찰 등이 이루어져야 하며 녹취록을 만들거나 관찰일지를 작성하는 평가 준비 작업을 미루지 말아야 한다. 또한 체계적인 평가를 하기 위해서는 과학적인 분석이 우선되어야 한다. 평가에 대비하기 위해서 많은 자료를 수집하는 것도 중요하지만 그보다도 더 중요한 것은 평가에 반드시 필요한 자료를 추출해서 적절한 분석방법을 적용하여 그 분석 결과를 정확하게 해석하고 보고서에 서술하는 것이다. 이는 양적 평가나 질적 평가나 동일하게 적용되는 원칙이다. 따라서 평가를 잘하기 위해서는 연구방법론 학습을 통해 과학적이고 체계적인 자료수집과 분석 및 결과 해석을 잘 할 수 있는 지식과 기술을 갖추어야 한다.

둘째, 결과보고서는 과장 없이 정확하고 가독성 있게 작성되어야 한다. 결과 보고서를 준비하고 작성하는 과정에서 흔하게 빠질 수 있는 유혹은 사업을 수행하면서 열심히 노력한 과정을 인정받고 싶은 생각으로 사업 결과를 있는 그대로 보여주기보다는 포장해서 보여주려는 것이다. 또한 공동모금회의 지원사업의 경우 사업 결과가 우수하다면 차년에 지원하거나 향후 사업 수행 시 긍정적으로 반영되기 때문에 사업 결과를 과장해서 보고하려는 경향이 있다. 하지만 결과보고서는 평가결과와 상관없이 정확하게 작성되어야 한다. 만일 사업 종료 후 평가결과 성과목표를 달성하지 못하였다면 이에 대한 정확한 분석을 통해 장애요인을 찾아내고 이에 대한 개선방안을 도출하는 것이 더 바람직할 것이다.

다른 한편 사업 결과를 가독성 있게 작성하는 것도 중요하다. 사업의 결과를 돋보일 수 있도록 중요한 내용을 앞부분에 배치하거나 밑줄을 통해 강조하여 내용을 구성할 수 있다. 공동모금회 양식에는 별첨으로 사진을 첨부할 수 있게 되어 있으므로 사업성과를 돋보이게 할 수 있는 사진을 잘 선택하여 첨부하는 것도 도움이 될 것이다. 덧붙여 목표와 상관없는 단순 실적, 소감문 내용, 만족도 조사 결과 등을 그대로 나열해서도 안 된다. 또한 독자들이 보고서를 읽으면서 명확하게 이해할 수 있도록 모호한 용어를 사용하지 않으며 단어를 중복되게 사용하지 않는 것도 중요하다.

셋째, 사업 수행과정에서 발생하는 모든 자료는 결과보고서의 근거 및 지원 조직의 평가 증빙자료가 되기 때문에 잘 수집되어야 한다. 공동모금회에서는 사업평가 제출자료로 결과보고서 및 정산보고서뿐만 아니라 대상자 선정 관련 서류, 각종 회의록 및 위원 명단 자료, 대상자별 관련 기록지, 단위사업별 사업계획서 및 결과보고서, 행사 사진, 홍보 관련 자료, 사업계획서상 작성된 목표에 따른 평가방법에 대한 내용 자료 등 사업과정 및 결과 증빙자료를 제출해야 한다. 또한 회계평가를 위해서 표준현금출납부 파일과 통장 사본, 회계장부 사본, 결의서 원본, 급여대장, 각종 증빙서류철 원본 등을 제출해야 한다. 이러한 자료들은 사업이 계획대로 수행되고 있는지를 모니터링할 수 있는 자료로 활용되어 사업 관리를 안정적이고 체계적으로 진행할 수 있다.

또한 결과보고서를 작성하기 위한 근거 자료로 활용될 수 있다. 즉 성과목표 및 과정목표를 평가하기 위한 자료, 전반적인 사업 성과를 보여주기 위한 자료, 대표적 사례 혹은 성공적인 사례에 대한 자료, 지원금 결산 자료 등 결과보고서의 내용을 작성하는 데 있어 매우 유용하게 활용된다. 또한 공동모금회에서는 사업 수행에 대한 평가를 하기 위한 증빙자료로 활용할 수 있다. 결과보고서의 내용이 계획 대비 실제 사업이 진행되었는지, 세부 프로그램이 적절하게 추진되었는지, 모금회 회계 지침에 따라 예산집행을 하였는지 등 사업 수행과 관련한 평가를 하기 위한 근거로 활용된다. 따라서 각종 기록과 보고서, 문서, 사진 등 사업 수행과정에서 생기는 모든 자료는 체계적으로 수집하고 필요한 경우 활용될 수 있도록 정리되어야 한다.

2. 사회복지 프로그램 결과보고서 작성방법 및 예시[10)]

1) 표지

공동모금회 결과보고서의 표지는 사업수행기관의 일반적 사항과 수행한 사업에 대한 사항, 담당자 사항으로 구분된다. 사업수행기관의 일반적 사항은 기관명, 대표자, 주소, 전화번호, FAX 번호를 기재한다. 수행한 사업에 대한 사항은 사업명, 총지원액, 현재까지 지원액(이자수입 포함), 집행금액, 집행률, 총 사업기간, 사업보고기간을 작성한다. 담당자 사항은 담당자 성명, 이메일 주소와 전화번호(직통번호)를 기재한다.

작성하면서 주의할 점은 총 지원액과 현재까지 지원액의 구분과 총 사업기관과 사업보고기간의 구분이다. 총 지원액은 사업 수행 전 공동모금회에서 지원받기로 예정되어 있는 총 금액을 보고하며, 현재까지 지원액은 보고한 시점까지의 지원액으로서 이자수입이 발생할 경우에는 그 금액까지 포함한다. 다음 예시에서 이자수입 7,650원의 발생으로 현재까지 지원액은 20,007,650원임을 확인할 수 있다. 한편 집행률은 이자수입을 포함한 현재까지 지원액 대비 집행금액의 비율로 작성한다. 이 모든 금액은 자부담을 제외한다. 또한 총 사업기간은 해당 사업의 사업기간을 기재하는데 배분신청서의 사업기관과 일치해야 한다. 사업 보고기간은 결과보고 대상기간을 기재하는데 사업 착수 후 사업기간이 변경된 경우에는 변경된 사업기간으로 보고한다.

10) 사회복지공동모금회의 결과보고서 양식은 성과중심형, 성과확산형, 산출중심형, 기능보강사업 4개의 양식으로 구분되어 있지만, 이 장에서는 성과중심형 결과보고서 양식을 기준으로 작성 방법과 예시를 제시하고자 한다.

예시[11)]

<table>
<tr><td>기관명</td><td colspan="3">열린여성센터</td><td>대표자</td><td colspan="3">김사랑</td></tr>
<tr><td rowspan="2">주 소</td><td colspan="3" rowspan="2">(03640)
서울특별시 서대문구 홍제내2길 66-10</td><td>전화번호</td><td colspan="3">02-000-0000</td></tr>
<tr><td>FAX</td><td colspan="3">02-000-0000</td></tr>
<tr><td>사업명</td><td colspan="7">여성노숙인의 심리정서 회복 및 지역사회 자립역량 강화를 위한 통합 지원 사업: 우리들의 징검다리</td></tr>
<tr><td>총 지원액</td><td>20,000,000원</td><td>현재까지 지원액 (이자수입 포함)</td><td>20,007,650원</td><td>집행금액</td><td>19,526,460원</td><td>집행률</td><td>98%</td></tr>
<tr><td>총 사업기간</td><td colspan="3">2024년 4월 15일 ~ 2024년 11월 30일</td><td>사업보고 기간</td><td colspan="3">2024년 12월 1일~30일</td></tr>
<tr><td rowspan="2">작성자 (담당자)</td><td colspan="2" rowspan="2">홍길동 사무국장</td><td rowspan="2">작성자 연락처</td><td>E-mail</td><td colspan="3">@</td></tr>
<tr><td>전화번호</td><td colspan="3">010-0000-0000</td></tr>
</table>

2) 사업결과보고서 본문

(1) 사업 추진 내용

사업 추진 내용은 크게 사업 참여자, 세부 사업별 추진 내용, 기관 연계협력에 대한 계획 및 결과, 그리고 계획 대비 차이와 원인으로 구분된다. 배분신청서의 사업 내용 및 추진전략에 대한 계획을 제시하고 사업 수행 후 그 결과에 대해 작성한다. 사업 참여자 내용은 참여대상 및 인원, 선정기준 및 모집방안에 대한 계획 및 결과를 작성한다. 또한 세부 사업별 추진 내용은

11) 결과보고서 예시는 11장 사업제안서 예시와 동일한 사업의 결과보고서의 예시로서 2024년에 수행한 「여성노숙인 심리정서 회복 및 지역사회 자립생활 지원사업」의 결과보고서를 성과중심형 양식에 맞게 수정한 것이다. 필요한 경우 가상의 내용으로 가감하여 수정하였다. 자료의 공개를 허락한 열린여성센터 소장님 이하 직원 선생님께 감사의 인사를 드린다.

계획 대비 추진결과, 일정별 수행현황, 사업수행 인력 및 기타 투입인력에 대한 계획 및 결과를 작성한다. 기관 연계협력은 배분신청서에서 제시한 기관 연계협력 전략과 실제 진행된 내용을 작성한다. 덧붙여 사업참여자, 사업추진 내용, 기관 연계협력과 관련하여 계획 대비 결과에서 차이가 나는 내용과 원인에 대해 작성한다.

① 사업 참여자

1. 사업 추진 내용

1) 사업 참여자

(1) 참여대상 및 인원

구 분	계획 (사업계획서 내용 그대로 기재)	결과	달성률
핵심참여자			%
주변참여자			%

- (계획) 사업계획서에서 제시한 참여자별 대상 및 인원을 기입
- (결과) 실제 사업에 참여한 참여자 및 평균인원을 기입(실인원)
- (달성률) 결과 인원 ÷ 계획 인원 × 100

(2) 선정기준 및 모집방법

구 분	계획 (사업계획서 내용 그대로 기재)	결과
선정기준		
모집방법		

- (계획) 사업계획서에서 제시한 선정기준 및 모집방안을 기재
- (결과) 실제 선정기준 및 모집방법을 기재

먼저 사업 참여자 내용 중 참여 대상 및 인원에 대한 계획 및 결과는 핵심참여자와 주변참여자로 구분하고 배분신청서상 계획과 실제 사업에 참여한

참여자 및 평균인원(실인원)의 결과를 제시한다. 달성률은 계획 인원 대비 결과 인원에 대한 비율로 제시한다.

다음으로 선정기준 및 모집방법에 대한 사항도 배분신청서 상 계획과 실제 진행된 선정기준 및 모집방법을 기재한다. 제시된 양식에서 선정기준 및 모집방법의 계획은 배분신청서상 계획을 그대로 제시한다. 결과는 사업을 수행하면서 적용한 선정기준 및 모집방법을 제시한다. 일반적으로 사업을 착수한 후 사업 참여자의 인원이나 모집방법이 계획대로 진행되지 않을 수 있기 때문에 실제로 사업수행기관에서 변경하여 추진한 내용을 제시한다. 예를 들어 정해진 모집기간에 적절한 인원을 모집하지 못하거나 중도포기자가 발생되어 사업 중반에 추가 모집을 해야 될 경우가 있다면 결과에 그 내용을 작성하면 된다. 또한 모집방법의 결과를 제시할 때 구체적인 방법이나 수치를 제시할 수 있다면 제시하는 것이 바람직하다.

예시

1. 사업 추진 내용

1) 사업 참여자

(1) 참여대상 및 인원

구분	계획 (사업계획서 내용 그대로 기재)	결과	달성률 (%)
핵심참여자	• 열린여성센터 입소 여성노숙인, 지역사회 독립 노숙경험여성(열린여성센터 퇴소 후 지역사회 독립생활 여성) 15명	• 총 34명(열린여성센터 입소 여성노숙인 27명, 지역사회 독립 노숙경험여성 7명)	226.7
주변참여자	• 서대문구 보건소, 정신건강복지센터 정신건강 및 신체건강 전문강사 및 상담전문가 2명 • 열린여성센터 자원봉사자 10명	• 총 15명(서대문구 보건소, 정신건강복지센터 정신건강 및 신체건강 전문강사 및 상담전문가 2명, 열린여성센터 자원봉사자 13명)	125

(2) 선정기준 및 모집방법

구분	계획		결과
선정기준	1순위	열린여성센터 입소 여성노숙인	• 핵심참여자의 선정 기준은 계획대로 진행됨.
	2순위	지역사회 독립 노숙경험여성(열린여성센터 퇴소 후 지역사회 독립생활 여성	
	3순위	신청 기간 동안 사업 참여를 신청한 대상자	
	기타	신청 내용을 토대로 참여자선정위원회를 통해 최종 선발	
	서대문구 보건소, 정신건강복지센터 정신건강 및 신체건강 전문강사 및 상담전문가	개별 및 집단상담을 진행할 수 있는 전문자격을 갖춘 강사 및 상담전문가	• 주변참여자의 선정 기준은 계획대로 진행됨.
	열린여성센터 자원봉사자	3개월 이상 열린여성센터 자원봉사 활동 참여한 경험이 있는 자원봉사자	
모집방법	홍보전략	• 온라인 : 열린여성센터 및 서대문구 보건소 · 정신건강복지센터 홈페이지 및 SNS 공지 • 오프라인 : 사업 홍보 포스터 부착(열린여성센터, 서대문구 보건소 · 정신건강복지센터)	• 열린여성센터 입소인들에게 사업을 설명하고 홍보하여 참여자를 모집 • 지원주택에 입주한 독립생활인들에게 사업을 설명하고 홍보하여 참여자를 모집 • 서대문구 보건소 · 정신건강복지센터 홈페이지 및 SNS 공지
	참여희망자 접수	• 센터 내 참여희망자 유 · 무선 및 구두 접수를 통한 참여자 접수 • 참여자 상담을 통한 참여 의지 확인 및 상담	
	추가접수 (필요한 경우)	• 참여희망자 미달 및 중도참여포기자 발생 시 대기자 접수	

② 세부 사업별 추진 내용

2) 세부 사업별 추진 내용

(1) 계획 대비 추진결과

구 분	계획 (사업계획서 내용 그대로 기재)	결과

- (계획) 사업계획서에서 제시한 세부 사업별 시행방법, 시행 시기 및 횟수, 사업 진행 일정 등을 기재
- (결과) 실제 진행한 세부 사업별 시행방법, 시행 시기 및 횟수, 사업 진행 일정, 참여인원 등을 기재

(2) 일정별 수행현황

기간 세부 사업명	구분	XX. 1월	2월	3월	4월	5월	6월	7월	8월	9월	10월	11월	12월
	계획	○	○										
	결과		●	●									
	계획												
	결과												

- "(1) 계획 대비 추진결과" 항목에 준하여 계획상 세부 사업별 추진 일정과 실제 수행한 세부 사업별 추진 일정을 표시

(3) 사업수행 인력 및 기타 투입인력

성명	소속 및 직위	사업 내 역할분장	본 사업 참여기간	(본 사업 내용과 관련된) 주요 경력	비고 (사업 관련 전문자격, 전담인력 유형 등)
			(예) 2023.1.1.~ 2023.12.31	(예) – 아동보호전담기관/8년 – 학대아동쉼터/3년 – 종합사회복지관 지역복지팀/3년	
				(예) – 아동보호전담기관/3년 – 종합사회복지관 지역복지팀/2년	(인건비 지원받는 전담인력인 경우 ✓) □ 신규채용 □ 기존인력
				(예) – 미술심리치료 8년	(강사인 경우) 모금회 기준상 ( )급 강사

- 본 사업에 투입된 주요 인력에 대한 성명, 직위, 사업 내 수행역할, 사업 참여기간, 사업 내용과 관련된 주요 경력사항 및 전문자격 등 정보를 기재함
  – 주요 인력 : 총괄관리자(슈퍼바이저), 담당자(전담인력), 주요 외부전문인력(정기적으로 투입된 강사, 상담사 등. 단발성으로 투입된 외부전문인력은 기재 생략 가능)
  – (지원금액에 전담인력 인건비가 포함된 경우) '비고'란에 전담인력 유형을 ✓ 체크
  : 본 사업을 위해 신규채용된 경우인지, 기존 근무인력 중 본 사업을 위해 업무분장 조정된 경우인지
  – 강사의 경우 '비고'란에 모금회 강사비 지급기준상의 급수를 표기
- 본 사업기간 도중 담당자가 변경되었다면, 기존인력과 신규인력을 모두 누적 기재하고, 비고란에 변경(교체) 사유를 기재함.
  – 사업기간 도중 담당자 변경 시, "투입시작일~투입종료일"로 기재 (예: 2021.01.01.~2021.11.30.)
  – 사업 시작부터 현재까지 계속 투입 중이라면, "투입시작일~현재"로 기재 (예: 2021.01.01.~현재.)
- 필요에 따라 입력란 칸 추가 작성 가능

세부 사업별 추진 내용에 대한 계획 및 결과는 세부 사업별로 배분신청서에 제시한 계획과 실제 수행한 내용을 작성하고 각 세부 사업별로 사업기간

내 계획된 일정과 비교하여 실제 수행된 일정을 제시된 양식으로 작성한다. 먼저 세부 사업별 계획 대비 추진결과의 내용으로 계획에는 배분신청서에 제시한 사업별 시행방법, 시행시기 및 횟수, 사업 진행 일정 등을 기재하는데 배분신청서에 작성된 내용보다는 좀더 간략하게 제시한다. 결과에는 계획의 내용을 참고하여 실제 추진한 세부 사업별 시행방법, 시행 시기 및 횟수, 사업 진행 일정, 참여인원 등을 기재한다. 만일 사업 수행 중에 변경된 내용이 있다면 그 내용도 결과에 명확하게 기재해야 한다.

일정별 수행현황은 제시된 양식을 참고하여 각 세부 사업별 계획과 결과를 각각 다르게 표기하여 시각적으로 이해하기 쉽게 작성한다. 실제 사업 추진 시 일정상 계획보다 빠르거나 늦게 진행되는 경우가 발생되기 때문에 이 경우 진행된 일정을 표기하여 어떠한 세부 사업이 계획과 다르게 진행되었는지 확인할 수 있게 한다.

사업수행 인력 및 기타 투입인력에는 본 사업에 투입된 주요 인력에 대한 성명, 직위, 사업 내 수행역할, 사업 참여기간, 사업 내용과 관련된 주요 경력사항 및 전문자격 등 정보를 기재한다. 또한 사업기간 도중 담당자가 변경되었다면, 기존인력과 신규인력을 모두 누적 기재하고, 비고란에 변경(교체) 사유를 기재한다.

예시

2) 세부 사업별 추진 내용

(1) 계획 대비 추진결과

세부 사업명	계획	결과
심리치유 프로그램	① 집단상담 프로그램 • 내용: 심리정서 치유 및 대인관계 향상을 위한 집단상담 진행	① 집단상담 프로그램 • 내용: 심리정서 치유 및 대인관계 향상을 위한 집단상담 진행 • 대상: 열린여성센터 입소 여성노숙인 및 실무자 6명

<table>
<tr>
<td></td>
<td>• 대상: 열린여성센터 입소 여성노숙인 5명 내외
• 시기: 5월~9월
• 방법:
– 상담전문가를 활용하여 집단상담 6회기 진행
– 심리정서 문제 탐색 및 치유 상담
– 타인 이해 및 대인관계 향상 상담</td>
<td>(입소인 5명, 실무자 1명) (연인원 17명)
• 시기: 8월 17일~9월 7일
• 장소: 열린여성센터 프로그램실
• 횟수: 6회
• 강사: 김○○(주강사–서대문구정신건강센터 관장),
이○○(보조강사–서대문구정신건강센터 팀장)
• 방법:
– 정신건강사회복지 전문요원 강사가 진행하는 오픈 다이얼로그 방식으로 집단상담을 진행
– 개인의 심리정서 문제 탐색, 해결방법 모색
– 공동생활하는 입소인들에 대한 이해, 갈등 해결방법 함께 모색, 대인관계 향상 방법 모색

• 일시 및 주제
<table>
<tr><th>회기</th><th>일시</th><th>주제</th></tr>
<tr><td>1회기</td><td>8월 17일(토)
13:00~15:00</td><td>자기 고생 리스트 작성하고 공유하기</td></tr>
<tr><td>2회기</td><td>8월 17일(토)
15:00~17:00</td><td>공동생활의 어려움에서 무엇을 서로 도와주면 좋을지 함께 고민하기</td></tr>
<tr><td>3회기</td><td>8월 24일(토)
13:00~15:00</td><td>우리의 어려움을 함께 고민하기</td></tr>
<tr><td>4회기</td><td>8월 24일(토)
15:00~17:00</td><td>살얼음판에서 살아가는 방법에 대한 연구</td></tr>
<tr><td>5회기</td><td>9월 7일(토)
13:00~15:00</td><td>상처받은 말, 감동받은 말 공유하기</td></tr>
<tr><td>6회기</td><td>9월 7일(토)
15:00~17:00</td><td>내 감정의 사계절</td></tr>
</table>
</td>
</tr>
<tr><td colspan="3">(중략)</td></tr>
<tr>
<td>자립역량 강화 프로그램</td>
<td>② 독립생활 교육
• 내용: 자립생활 유지를 지원하기 위한 교육 진행
• 대상: 열린여성센터 입소 여성노숙인 5명 내외</td>
<td>② 독립생활 교육
• 내용: 자립생활 유지를 지원하기 위한 교육 진행
• 대상: 열린여성센터 입소 여성노숙인 8명(연인원 32명)
• 시기: 8월 16일(금)~8월 30일(금)
• 장소: 열린여성센터 프로그램실
• 횟수: 4회</td>
</tr>
</table>

<table>
<tr>
<td></td>
<td>• 시기: 8월~9월
• 방법:
– 전문강사를 활용하여 자립생활 유지에 필요한 교육 4회 진행
– 주택관리, 금전관리, 공과금 관리, 여가생활 등 교육</td>
<td>• 강사: 조○○(열린복지 지원주택 부장),
한○○(정리수납 전문강사),
이○○(금융교육 전문강사),
이○○(열린복지 지원주택 코디네이터)
• 방법:
– 전문강사를 활용하여 자립생활 유지에 필요한 교육 4회 진행
– 지원주택, 수납정리, 재활금융 경제교육, 1인 가구 지원서비스 등 교육
• 일시 및 주제
<table>
<tr><th>회기</th><th>일시</th><th>주제</th></tr>
<tr><td>1회기</td><td>8월 16일(금)
19:00~20:00</td><td>지원주택에 대한 이해</td></tr>
<tr><td>2회기</td><td>8월 17일(토)
19:00~20:00</td><td>주거생활 수납정리와 청소</td></tr>
<tr><td>3회기</td><td>8월 23일(금)
19:00~20:00</td><td>재활금융 경제교육</td></tr>
<tr><td>4회기</td><td>8월 30일(금)
19:00~20:00</td><td>1인 가구를 위한 주택, 근로, 지원서비스</td></tr>
</table>
</td>
</tr>
</table>

(2) 일정별 수행현황

세부 사업명 \ 기간		구분	24. 1월	2월	3월	4월	5월	6월	7월	8월	9월	10월	11월	12월
심리치유 프로그램	집단상담 프로그램	계획					○	○	○	○	○			
		결과					●	●	●	●	●			
	개별상담 프로그램	계획					○	○	○	○	○			
		결과					●	●	●	●	●	●		
	심리치유 워크숍	계획							○					
		결과							●					
건강증진 프로그램	신체건강 증진 교육	계획					○	○	○	○	○	○		
		결과						●	●	●	●	●		
	정신건강 증진 교육	계획					○	○	○	○	○	○		
		결과						●	●	●	●	●	●	

나눔활동 프로그램	지역사회 나눔활동	계획									○	○		
		결과									●			
	기부금 모금활동	계획										○	○	
		결과										●	●	
자립역량 강화 프로그램	주거생활 용품 지원	계획					○	○	○	○	○	○	○	
		결과					●	●	●	●	●	●	●	
	독립생활 교육	계획								○	○			
		결과								●	●			

(3) 사업수행 인력 및 기타 투입인력

성명	소속 및 직위	사업 내 역할분장	본 사업 참여기간	(본 사업 내용과 관련된) 주요 경력	비고 (사업 관련 전문자격, 전담인력 유형 등)
김배분	사무국장	사업 슈퍼바이저	2024.4.1.~ 2024.12.31	○○ 종합사회복지관 5년 열린여성센터 5년	
홍길동	사회복지사	사업 주 담당자	2024.4.1.~ 2024.12.31	열린여성센터 2년	

기관 연계협력도 배분신청서상 계획과 실제 진행된 결과에 대한 내용을 작성한다. 계획의 경우 배분신청서에 제시한 내용을 그대로 작성하면 된다. 결과의 경우 실제 진행된 기관별 연계협력의 내용을 기재한다. 만일 사업 수행 중 변경된 내용이 있다면 그 내용을 포함하여 작성한다.

예시

3) 기관 연계협력

기관명	세부 사업명	계획	결과
서대문구 보건소	신체건강증진 교육	• 본 기관 : 프로그램 수행 협조 요청, 전문강사 추천 협조 요청, 교통비 지급 • 협력기관: 신체건강증진 교육 전문강사 연계	• MOU 체결 • 보건소 홈페이지 홍보 • 신체건강증진 교육 전문강사 연계
서대문구 정신건강복지센터	심리치유(집단 및 개별 상담) 프로그램/ 정신건강증진 교육	• 본 기관 : 프로그램 수행 협조 요청, 상담전문가 추천 협조 요청, 교통비 지급 • 협력기관 : 정신건강증진 교육 강사 연계	• MOU 체결 • 보건소 홈페이지 홍보 • 집단상담 전문강사 연계 • 정신건강증진 교육 전문강사 연계
서대문구 사회복지협의회	지역사회 나눔활동 · 기부금 모금활동	• 본 기관 : 프로그램 수행 협조 요청 • 협력기관 : 사회복지박람회 플리마켓 참여 협조	• 사회복지박람회 플리마켓 참여 협조
서울특별시 사회복지협의회	독립생활 교육	• 본 기관 : 프로그램 수행 협조 요청 • 협력기관 : 독립생활 교육(정리수납, 금융교육, 지원주택 연계) 전문강사 연계	• 독립생활 교육(정리수납, 금융교육, 지원주택 연계) 전문강사 연계

④ 계획 대비 차이와 원인

4) 계획 대비 차이와 원인(해당 항목에만 기재)

구분	주요 차이 및 원인 (사유)
사업 참여자	
사업 추진 내용	
사업 수행인력	
기관 연계협력	

- 사업 참여자, 사업 추진 내용, 사업 수행인력, 기관 연계협력 전략과 관련하여 사업계획 대비 차이가 발생한 경우 아래의 내용을 참고하여 기재
  - 사업 참여대상 및 인원이 변경된 경우 그 이유는 무엇입니까?
  - 사업 추진일정이 지연되거나 사업 내용이 계획 대비 초과 또는 저조하게 진행된 내용은 무엇이며 이유는 무엇입니까?
  - 사업 수행인력(총괄관리자, 담당자)이 변경된 경우 그 이유는 무엇입니까?
  - 연계협력 기관이 새롭게 추가 되거나 당초 계획과 달리 협력을 진행한 경우 그 이유는 무엇입니까?
  - 그 외에 계획에 차질이 생겼거나 장애물이 발생했다면 그 내용과 이유는 무엇입니까?
- 계획 대비 차이가 없을 경우 "해당 없음"으로 기재

계획 대비 차이와 원인은 사업 참여자, 사업 추진 내용, 사업 수행 인력, 기관 연계협력 전략과 관련하여 배분신청서의 사업계획과 차이가 발생한 경우 그 내용과 원인을 작성한다. 앞서 각 세부 항목은 사업 참여자, 기관 상황, 지역사회 상황, 정책의 변화 등 다양한 요인으로 계획과 다르게 진행될 수 있다. 사업 참여자의 경우 참여 대상, 인원, 모집방법 등 계획과 다르게 결과에서 차이가 발생할 수 있다. 사업 추진일정의 경우에도 세부 사업별로 일정이 지연되거나 계획 대비 변경되는 내용이 있을 수 있다. 사업 수행인력에서도 총괄관리자나 담당자가 변경된 경우가 있다면 그 사유와 함께 작성한다. 기관 연계협력에서도 기관이 추가되거나 변경되는 경우가 발생한다. 이렇게 계획과 다르게 변경된 내용을 각 항목에 맞춰 작성하고 그 원인을 분석하여 제시할 필요가 있다. 예를 들어, 외부 활동이 포함된 프로그램의 경우 예상하지 못한 기후의 변화나 장소의 변경으로 인해 전체 일정이나 사업 내용이 변경될 수 있기 때문에 그 내용과 원인을 파악하여 제시한다. 이러한 내용을 잘 작성하기 위해서는 담당자의 주관적 기억이나 해석에 의존하지 않기 위해서 변경된 일정이나 내용과 원인에 해당될 수 있는 사항을 프로그램 일지 혹은 중간보고서 등 근거자료로 남겨 두는 것이 도움이 될 것이다.

예시

4) 계획 대비 차이와 원인(해당 항목에만 기재)

구분	주요 차이 및 원인 (사유)
사업 참여자	• 핵심참여자인 열린여성센터 입소 여성노숙인과 지역사회 독립 노숙경험 여성들의 참여가 늘어나 참여자 수가 증가함. • 주변참여자인 자원봉사자들의 참여가 늘어나 참여자 수가 증가함.
사업 추진 내용	자원봉사자들의 학사 일정 사정으로 기부금전달식이 지연되어 사업기간이 종료된 후인 12월 20일에 진행함(해당 예산은 사용하지 않고 반납함.)
사업 수행인력	해당 없음
기관 연계협력	해당 없음

(2) 목표 및 평가

결과보고서의 목표 및 평가는 산출목표와 성과목표로 구분하여 제시한다. 배분신청서의 사업계획에 목표 및 평가방법에 대한 계획을 참고하여 산출목표와 성과목표에 대한 평가결과를 제시한다.

① 산출목표

2. 목표 및 평가

1) 산출목표

세부 사업명	산출목표 (사업계획서 내용 그대로 기재)	결과	달성률
			%
			%

- (산출목표) 사업계획서에서 제시한 세부 사업별 산출목표를 기재
- (결과) 사업추진에 따른 산출목표별 산출물 기재. 계획 대비 결과에 차이가 발생한 경우, 관련 사유도 기재
- (달성률) 목표 대비 결과의 비율 기재

산출목표에 대한 평가는 수행된 사업의 목표 실적량을 채웠는가를 판단하는 것이다. 11장에서 제시하였듯이 산출목표는 논리모델에서 프로그램 활동의 직접적 생산물로서 일반적으로 프로그램 제공 횟수나 목표 인원수를 의미한다. 일반적으로 산출목표를 평가할 경우에는 해당되는 내용에 대한 수치세기를 활용해서 자료수집을 하고 목표 대비 평가로 분석한다(조성우 외, 2018: 285). 그리고 프로그램이 종료된 후 자료를 수집하는 것이 일반적이다.

공동모금회에서 제시된 양식에서는 세부 사업별로 산출목표와 결과를 제시하도록 되어 있다. 산출목표에는 배분신청서에 제시한 산출목표를 작성한다. 결과에는 사업 추진에 따른 산출목표별 산출물의 결과를 제시한다. 계획에서 산출목표로 프로그램을 제공한 총 횟수 혹은 시간, 프로그램에 참여한 참여자 실인원이나 연인원의 수를 제시하였다면 그에 맞춰 결과에도 수치세기 결과값을 동일하게 제시한다. 달성률은 목표 대비 결과의 비율을 기재한다.

예시

2. 목표 및 평가

1) 산출목표

세부 사업명	산출목표	결과	달성률
심리치유 프로그램	• 집단상담 프로그램 6회 진행 • 참여자 회기별 5명	• 집단상담 프로그램 6회 진행 • 참여자 회기별 6명 (연인원 17명)	100% (113%)
	• 개별상담 프로그램 총 30회 진행 • 참여자 3명	• 개별상담 프로그램 총 33회 진행 • 참여자 4명	110% (133%)
	• 심리치유워크숍 1회 진행 • 참여자 20명	• 심리치유워크숍 1회 진행 • 참여자 23명	100% (115%)
(중략)			
자립역량 강화 프로그램	• 주거생활용품 5명 지원	• 주거생활용품 5명 지원	100%
	• 독립생활교육 4회 진행 • 참여자 회기별 5명	• 독립생활교육 4회 진행 • 참여자 회기별 8명(연인원 32명)	100% (160%)

② 성과목표

2) 성과목표

성과목표 (사업계획서 내용 그대로 기재)	평가도구 및 방법 (사업계획서 내용 그대로 기재)	평가결과

• (성과목표, 평가방법) 사업계획서에서 제시한 성과목표와 평가방법을 기재
• (평가결과) 성과목표별 평가결과 기재. 계획 대비 결과에 차이가 발생한 경우, 관련 사유도 기재

성과목표는 수행된 사업을 통해 궁극적으로 달성하고자 하는 참여자 및 표적 대상물의 긍정적 변화에 대한 목표이다. 따라서 성과목표에 대한 평가

는 수행된 사업의 성패를 판단하는 매우 중요한 활동이다. 배분신청서의 사업계획에서 각 성과목표치, 성과지표, 자료수집방법, 측정시기 등에 대한 계획을 작성한다. 결과보고서의 성과목표와 평가도구 및 방법에도 사업계획에 작성된 내용을 요약하여 작성하면 된다. 이때 평가방법은 양적 평가방법이나 질적 평가방법 모두 가능하다. 이러한 성과목표에 대한 평가계획에 따라 사업 수행과정 혹은 종료 후 성과목표에 대한 평가를 수행한다.

9장에서 제시한 바와 같이 사회복지 현장에서 많이 활용되고 있는 평가방법은 단일집단 전후비교설계, 시계열설계, 비교집단설계, 실험집단 전후 비교설계 등 개인 혹은 집단을 대상으로 실험설계를 활용하는 방법이다. 일반적으로 사회복지 현장의 한계로 인해 엄격한 실험적 설계를 적용하기 어렵기 때문에 단일집단 전후비교설계나 시계열설계(단일사례설계), 비교집단설계 등 비실험적 설계나 유사실험설계를 많이 활용한다. 하지만 성과목표에 대한 결과를 적절하게 측정하기 위한 평가도구를 선택해야 한다든지 사전-사후검사와 같이 프로그램 수행 전과 후에 측정해야 한다든지 등 조사설계에 대한 지식을 바탕으로 자료수집 및 분석을 철저히 준비해야 한다. 또한 적절한 분석방법 및 통계에 대한 지식을 통해 수집된 양적 자료를 분석할 수 있어야 한다. 경우에 따라서는 예시와 같이 대응표본 T검정과 같은 집단평균 비교분석을 하기 위해서 이에 맞는 자료수집 및 통계프로그램에 의한 통계분석을 수행할 수 있어야 한다. 여기서 유의할 점은 단순히 사전검사에 비해 사후검사의 집단평균값이 긍정적으로 변화되었다고 해서 성과목표를 달성하였다고 결과를 제시할 수는 없다는 것이다. 즉 적절한 통계분석을 통해 “통계적으로 유의미한 수준으로” 변화가 있는지로 판단해야 한다. 예를 들어 “참여자의 자존감 향상”이라는 성과목표에 대한 평가결과로서 “사전사후 검사 결과 자존감 척도 평균 5% 향상”이라는 결과보다는 “사전사후 검사 결과 통계적으로 유의미한 수준에서 자존감 척도 평균의 향상”이라는 결과가 더 적절하다. 따라서 제시된 양식에서 평가결과는 성과목표에 대한 평가계획에 따라 평가를 수행한 결과로서 성과목표의 달성 여부를 명확하게 제시하도록 작성되어야 한다.

한편 질적 평가방법의 경우에도 참여자 개별 인터뷰, 초점집단인터뷰(FGI), 관찰, 프로그램 일지나 참여자가 생산한 결과물(소감문 등)에 대한 질적 분석을 통해 성과목표에 대한 평가를 수행할 수 있다. 일반적으로 평가결과는 질적 자료분석을 통해 프로그램 평가에 유용한 자료를 선별한 후 프로그램 성과목표와 관련된 의미를 찾아내서 해석하고 그 의미를 요약하는 문구를 통해 주제를 제시한다. 한편, 제시된 양식에는 질적 평가방법을 활용하더라도 지면의 한계로 평가결과의 근거가 될 수 있는 인터뷰 녹취록이나 관찰 내용을 충분히 기술하기 어렵다. 따라서 성과목표 달성 여부를 판단할 수 있는 주요한 내용을 중심으로 질적 평가의 결과를 요약적으로 제시해야 한다.

2) 성과목표

성과목표	평가도구 및 방법	평가결과
여성노숙인의 정신건강증진	• 성과지표 : 사전 · 사후 정신건강 척도 점수 감소 • 평가도구 : 한국판 일반정신건강 척도(KGHQ-30) • 평가방법 : 참여자 대상 사전 · 사후 척도검사 • 자료수집시기 : 4월, 11월	정신건강 척도 사전사후 설문조사를 한 결과 사전검사 평균 21.25점(표준편차 3.11)에서 사후검사 평균 10.74점(표준편차 2.78)로 나타나 대응표본 T검정 분석을 통해 통계적으로 유의미한 수준으로 평균값 감소(10.51점)를 보여 참여자 정신건강 수준이 향상된 것으로 평가됨.
여성노숙인의 신체건강증진	• 성과지표 : 사전 · 사후 신체건강행동 측정 척도 점수 증가 • 평가도구 : 신체건강행동 측정척도 • 평가방법 : 참여자 대상 사전 ·	신체건강행동 사전사후 설문조사를 한 결과 사전검사 평균 10.25점(표준편차 3.11)에서 사후검사 평균 25.74점(표준편차 2.78)로 나타나 대응표본 T검정 분석을 통해 통계적으로 유의미한 수준

	사후 척도검사 • 자료수집시기 : 4월, 11월	으로 평균값 향상(15.25점)을 보여 참여자 신체건강 수준이 향상된 것으로 평가됨.
여성노숙인의 자립역량 증진	• 성과지표 : 사업 참여 후 참여자 독립생활 적응 및 자신감 표출 • 평가방법 : 참여자 대상 개별 인터뷰 • 자료수집시기 : 11월	자립역량강화 프로그램에 참여한 여성노숙인들을 대상으로 개별 인터뷰 분석 결과, 주거지원사업, 공공주택의 종류에 대한 정보를 취득하여 독립할 주거를 탐색하고, 수납정리, 금전관리 등 경제교육을 통해 독립생활 유지에 필요한 생활기술을 배운 것으로 확인됨.

(3) 사업의 효과 및 향후 계획

3. 사업의 효과 및 향후 계획

1) 영향력 및 기여도

- 본 사업의 참여자 상황 또는 지역사회 변화에 기여한 부분에 대해 객관적 자료를 근거하여 기술
- 지역사회 파급 및 영향력 측면의 유의미한 성과를 기재(사업 확산, 성과 홍보 및 공유를 위한 노력 등)

2) 주요 성공 사례

- 참여자의 긍정적인 변화 등 구체적인 성공 사례에 대해 기재

3) 향후 계획

- 사업의 결과물에 대한 활용 및 향후 사업 수행 · 발전 방안(지속유지 전략)에 대해 제시

공동모금회 결과보고서의 사업의 효과 및 향후 계획은 영향력 및 기여도, 주요 성공 사례, 향후 계획에 대한 내용을 포함하고 있다. 각 항목에 대해 특별한 양식은 없으며 자유롭게 서술하도록 되어 있다. 먼저 영향력 및 기여도

는 해당 사업을 통해 참여자 혹은 지역사회의 긍정적 변화에 대해 작성한다. 우선적으로 참여자의 변화와 관련하여 핵심 참여자와 주변 참여자 모두 해당되며 앞서 성과 목표에 대한 평가 외에 참여자의 변화를 측정하거나 관찰한 결과를 제시한다. 더 나아가 사업 수행 기관 및 지역사회가 해당 사업을 추진하면서 경험한 변화에 대해서도 작성한다.

주요 성공 사례는 참여자 중 프로그램 참여 전후를 비교해서 특별히 성공적이라고 판단할 수 있는 사례를 제시한다. 주요 성공 사례는 사업기간 동안 중도탈락하지 않은 참여자 중 프로그램 참여 전과 후를 비교해서 긍정적 변화를 크게 경험한 사례로 선택하는 것이 좋다. 또한 성과목표의 성과지표 변화 혹은 인터뷰 및 관찰 등의 질적인 평가를 통해 구체적인 사례를 제시한다.

향후 계획은 사업의 결과물에 대한 향후 활용 및 사업에 대한 발전 방안에 대해 제시한다. 사업이 성공적으로 종료된 경우 공동모금회의 지원이 종료된 이후에도 지속적으로 사업을 진행하는 경우가 많다. 또한 사업 참여자들의 역량강화를 통해 다른 사업으로 확대할 수도 있다. 해당 사업의 경험을 기반으로 성과확산형과 같이 3년 장기 사업계획을 수립하거나 지자체 등 다른 재정원을 개발하여 지속하는 계획을 수립할 수도 있다.

3. 사업의 효과 및 향후 계획

1) 영향력 및 기여도

(1) 정신질환 및 신체질환으로 무기력한 삶에서 살아갈 힘을 얻고 회복하는 삶으로 변화됨.

심리치유워크숍에 참여한 여성노숙인들은 쉼과 힐링을 경험하고, 친밀감과 소속감을 느끼게 되어 만족해함. 또한 도무지 해결방법을 몰라 버겁기만 한 나의 여러 문제를 함께 해결하기 위해 노력해 줄 지지집단이 있다는 것을 확인하고 안도감을 느낌. 이로써 시설 생활에 적응하고, 실무진과 문제해결을 위한 협력 관계를 형성할 수 있게 됨.

개별상담 프로그램에 참여한 여성노숙인들은 불안하고 고통스러운 자신의 마음을 털어놓으면서 불안과 분노를 가라앉히고, 자신의 마음상태를 이해하고 심리문제를 해결하는 방법을 배우면서 무기력과 자살사고가 경감되었으며, 삶을 잘 살아낼 수 있겠다는 자신감을 얻음.

(2) 노숙을 이탈하여 다시금 지역사회 주민으로 살아갈 수 있는 기반을 갖춤.

LH매입임대주택, SH지원주택 등 공공주택에 입주자격을 취득한 여성노숙인 중에서 부채 상환으로 독립자금이 부족해 가전제품 마련이 어려운 분들에게 주거생활용품을 지원함. 또한 자립생활 유지를 지원하기 위해 주거생활관리, 금전관리, 주택관리 등 독립생활 교육을 진행함.
시설을 퇴소하여 독립할 수 있는 좋은 기회를 가졌음에도 독립자금이 부족해 시설 퇴소를 고민하던 여성노숙인들은 냉장고와 세탁기 등 가전제품, 프라이팬 등 생활용품을 지원받음으로써 독립생활에 커다란 도움을 받았다며 매우 만족해함. 또한 이러한 응원으로 독립생활을 잘 유지할 수 있는 힘을 얻었다며 감사해함.
그리고 독립생활 교육에 참여한 여성노숙인들은 주거지원사업, 공공주택의 종류에 대한 정보를 취득하여 독립할 주거를 탐색하고, 수납정리, 금전관리 등 경제교육을 통해 통해 독립생활 유지에 필요한 생활기술을 배움.

2) 주요 성공 사례

본 프로그램에 참여한 정**님은 근로의욕이 높아 구직활동을 열심히 하고, 취업도 했지만 조현병으로 일을 제대로 하지 못해 직장을 잃곤 함. 실직상태에서 불안과 혼란이 심해져 어머니와 갈등을 빚고 노숙생활을 하게 되어 열린여성센터에 입소함.
사회생활도 가족관계도 마음과는 달리 파국을 맞이한데다 도무지 해결할 방법을 알지 못해 우울감이 깊어져 자꾸만 죽고 싶은 마음만 든다며 힘겨워함.
자살사고가 너무 높아 이 문제를 해결하고자 개별상담에 참여함. 자신의 얘기를 전적으로 들어주는 상담사에게 자신의 얘기를 하면서 마음이 열렸고, 속내를 말하면서 그동안 쌓인 울분과 서러움을 쏟아낼 수 있어 시원했다고 함. 미래에 대한 불안으로 힘겨웠는데, 일상생활을 잘 관리하는 방법과 마음을 다스리는 방법을 배워 실천하면서 불안감이 완화되고, 자신의 삶을 스스로 잘 관리할 수 있겠다는 자신감도 생김.

3) 향후 계획

열린여성센터는 여성노숙인의 정신 및 신체건강증진, 자립역량 강화의 성과를 보인 본 프로그램을 진행하였던 노하우를 바탕으로 지속적인 사업공모 및 다양한 유관기관 연계를 통해 자립에 취약한 여성노숙인을 위한 프로그램을 개발 · 실시하여 지역사회 내 더불어 자립할 수 있도록 최선을 다할 계획임.

(4) 사업 및 예산변경 현황

4. 사업 및 예산변경 현황

구분	항목	신청일자 (문서번호)	변경 내용	변경금액	승인일자 (문서번호)
기관내부 변경내역					
모금회 승인내역					
합계				원	

• 본 사업과 관련하여 발생한 사업 및 예산 변경 내역을 기재
– (항목) 사업변경, 예산변경, 사업/예산변경 중 선택하여 기입
– (기관내부 변경내역) 기관 내부결재로 변경하고, 모금회에 사후 보고하는 건(아래 변경기준 참고)
  [500만원 이하 사업] 변경 금액 100만원 이하(누적금액) 또는 배분금의 50%(누적비율) 이하
  [500만원 초과 사업] 배분금의 20% 이하(누적비율) 또는 변경 금액 1천만원 이하(누적금액)
– (모금회 승인내역) 모금회에 사업/예산변경의 승인을 요청하여 승인된 건

사업 수행과정에서 여러 사정으로 당초 사업계획과 다르게 사업 내용이나 예산을 변경할 경우가 발생한다. 공동모금회 지침에 따르면 물가변동, 클라이언트 수의 증감 등의 사유로 기존 사업계획서의 사업목적 달성이 어렵고, 사업의 목적 달성을 위해 보다 효율적인 세부 프로그램을 개발 · 실시할 필요성이 있는 경우에 사업 및 예산 변경이 가능하며 모금회와 협의 후 공문 요청하고 최종 승인결과 통보사항 확인 후 사업 및 예산을 변경해야 한다(사회복지공동모금회, 2018: 57). 단 예산의 변동 없이 사업 실시시기 등 프로그램 내용만 일부 변경되는 경우에는 기관 내부결재로 변경 가능하다. 하지만 사업 변경으로 인해 당초 사업목적(목표) 및 기획의도 등이 변경되거나 인건비 또는 재산조성비(기자재 등) 관련 항목을 신설 또는 증액하는 경우에는

사업변경이 불가하다(사회복지공동모금회, 2018: 57).

따라서 모든 변경은 기관 내부 결재 또는 모금회 승인 요청 후 승인을 받은 후 진행되어야 한다. 공동모금회에서 제시된 양식에는 기관 내부 변경 내역과 모금회 승인 내역으로 구분되어 있으며 기관 내부결재의 변경 기준은 전체 사업 규모에 따라 일정 기준 이하의 경우로 한정하고 있다. 즉 기관 내부결재의 변경 기준 이상의 경우에는 모금회 승인을 요청하여 승인을 받아야 하는 것이다. 기관 내부결재 혹은 모금회 승인의 경우에 문서 결재로 진행되기 때문에 신청일자(문서번호), 변경 내용, 변경 금액, 승인일자(문서번호)를 기재한다. 해당 사항이 없는 경우에는 "해당 없음"으로 기재한다.

예시

3. 사업 및 예산변경 현황

<table>
<tr><th>구분</th><th>항목</th><th>신청일자
(문서번호)</th><th>변경 내용</th><th>변경금액</th><th>승인일자
(문서번호)</th></tr>
<tr><td rowspan="4">기관 내부
변경 내역</td><td>예산
변경</td><td>2024.7.30.
(열린2024-7.30)</td><td>집단상담 프로그램 회기 변경 및 강사비 조정</td><td>없음</td><td>2024.7.30.
(열린2024-7.30)</td></tr>
<tr><td rowspan="3">예산
변경</td><td rowspan="3">2024.7.30.
(열린2024-10.2)</td><td>개별상담 프로그램 회기 변경 및 강사비 증액</td><td>330,000원
증액</td><td rowspan="3">2024.7.30.
(열린2024-10.2)</td></tr>
<tr><td>집단상담 프로그램 다과비 감액</td><td>80,000원
감액</td></tr>
<tr><td>심리치유 워크숍 주유비 및 통행료 예산 감액</td><td>250,000원
감액</td></tr>
<tr><td>모금회
승인 내역</td><td>해당
없음</td><td></td><td></td><td></td><td></td></tr>
<tr><td colspan="4">합계</td><td>330,000원</td><td></td></tr>
</table>

(5) 중간점검 보완 요청사항 및 기타 전문 자문의견 반영 정도

예시

5. 중간점검 보완 요청사항 및 기타 전문 자문의견 반영 정도

연번	보완 요청사항	반영	미반영	결과

- (구분) 보완 요청 유형 구분을 선택하여 기재 (구분 예: 중간점검, 자문위원회, 기타 슈퍼비전)
- (보완 요청사항) 중간점검 및 자문회의 등을 통해 보완 요청받은 사항을 기입
- (반영/미반영) 보완 요청사항에 따른 반영, 미반영 여부를 해당 항목에 '✓' 체크
- (결과) 보완 요청사항 이행 결과를 기재
- 중간점검 생략 등으로 해당이 없을 경우 "해당 없음"으로 기재

공동모금회의 지원으로 사업을 추진하면서 중간점검이 필요한 경우 공동모금회의 평가위원이나 직원이 현장방문을 실시하거나 중간 회계정산자료를 요청할 수 있다. 만일 중간점검과정에서 사업과 관련해서 보완하도록 요청받은 사항이 있다면 그 내용과 사업의 반영 여부, 그리고 그 결과를 작성한다. 중간점검 생략의 경우 혹은 보완 요청사항이 없는 경우에는 "해당 없음"으로 기재한다.

예시

5. 중간점검 보완 요청사항 및 기타 전문 자문의견

연번	보완 요청사항	반영	미반영	결과
1	해당 없음			

(6) 기타 의견

6. 기타 의견

- 사업 진행, 인력 확보 및 배치, 예산 집행 등과 관련하여 의견이 있는 경우 기재
- 그 외에 모금회 협조 희망 사항 및 건의 사항이 있을 경우 기재

기타 의견은 사업 수행 기관 및 담당자가 사업 진행, 인력 확보 및 배치, 예산 집행 등과 관련하여 의견이 있는 경우 기재한다. 또한 모금회 협조 희망 사항 및 건의 사항이 있을 경우에도 작성한다. 사업을 수행하면서 현장에서 경험하게 된 장애요소나 사업 발전을 위해 필요한 제언이 있을 수 있다. 현장의 상황은 현장전문가가 가장 잘 인지하고 있기 때문에 공동모금회가 동일 및 유사 사업을 지원하기 위해 참고해야 할 사항을 작성한다.

예시

6. 기타 의견

이번 사업에 참여한 열린여성센터 입소 여성노숙인 및 지역사회 독립 노숙경험여성들은 다양한 프로그램을 통해 심리적 문제해결과 정신 및 신체건강 관리능력, 대인관계능력을 향상할 수 있는 기회를 갖게 됨. 이는 자활과 지역사회 독립에 긍정적인 영향을 주고 있음. 하지만 여성노숙인들의 문제는 중첩적이고 만성적이어서 효과성을 높이려면 장기간 지원이 필요함. 따라서 여성노숙인들 대상으로 하는 지원사업은 1년 단기간보다 2~3년 계획으로 지원해 주기를 요청함.

(7) 자체평가 항목

7. 자체평가 항목

구 분	내 용	yes	no	해당 없음
지원사업 관련 모금회 교육 참여 여부	수행기관 행정 · 회계교육			
	사업관련 간담회			
사업관련 문서 구비 현황	(전담인력이 있는 경우) 이력서, 근로계약서, 채용과정기록, 직무내역서, 원천징수영수증 등			
	사업관련 내부기안			
	프로그램별 계획서, 결과보고서			
	사업관련 각종 행사/회의록 및 결과보고(사진 자료 포함)			
	참여자 선정 및 관리 파일 등			
사업관련 기본 절차 준수	사업 및 예산변경 절차 준수			
	담당자/기관정보 등 변경 시 변경사항 통보			
보고서 제출 및 제출기한 준수	중간결과보고서 및 각종 요청자료 제출 여부			
	보고서 및 각종 요청자료에 대한 제출기한 준수 여부			
개인정보보호법 준수	결과보고서 및 증빙자료에 개인정보가 포함되어 있을 시, 해당 정보 주체자(참여자, 강사, 전담인력, 지원봉사자 등)에게 개인정보 수집 · 이용 · 제3자 제공에 대한 동의 완료 여부			

• 교육참여/자료구비/절차준수/자료제출여부 등 각각의 항목에 대해 yes, no, 해당 없음으로 '✓' 체크

자체평가는 공동모금회가 제시한 양식에 의거하여 사업 종료 시점에서 사업 수행 기관 및 담당자가 공동모금회의 지원받은 사업 진행과 관련하여 평가한 내용이다. 자체평가 항목은 크게 지원사업 관련 모금회 교육 참여 여부, 사업관련 문서 구비 현황, 사업관련 기본 절차 준수, 보고서 제출 및 제출기한 준수 등이다. 세부 내용으로 12개로 구성되어 있다. 각 세부 내용에 대해

yes, no, 해당 없음으로 '✓'로 체크한다. 사업을 수행하면서 반드시 실행하거나 준수해야 하는 내용으로 구성되어 있어서 대부분 yes로 체크하게 되어 있지만 미흡한 점이 있다면 사업 종료 전에 실행할 수 있도록 준비해야 한다.

예시

7. 자체평가 항목

구 분	내 용	yes	no	해당 없음
지원사업 관련 모금회 교육 참여 여부	수행기관 행정 · 회계교육	✓		
	사업관련 간담회	✓		
사업관련 문서 구비 현황	(전담인력이 있는 경우) 이력서, 근로계약서, 채용과정기록, 직무내역서, 원천징수영수증 등			✓
	사업관련 내부기안	✓		
	프로그램별 계획서, 결과보고서	✓		
	사업관련 각종 행사/회의록 및 결과보고(사진 자료 포함)	✓		
	참여자 선정 및 관리 파일 등	✓		
사업관련 기본 절차 준수	사업 및 예산변경 절차 준수	✓		
	담당자/기관정보 등 변경 시 변경사항 통보			✓
보고서 제출 및 제출기한 준수	중간결과보고서 및 각종 요청자료 제출여부	✓		
	보고서 및 각종 요청자료에 대한 제출기한 준수여부	✓		
개인정보보호법 준수	결과보고서 및 증빙자료에 개인정보가 포함되어 있을시, 해당 정보 주체자(참여자, 강사, 전담인력, 지원봉사자 등)에게 개인정보 수집 · 이용 · 제3자 제공에 대한 동의완료 여부	✓		

또한 별첨으로 주요 사업(행사 등) 진행 사진 또는 제작물(구입물) 사진 자료를 5장 내외로 첨부하고 간략하게 사진 설명을 기재한다. 제작물(구입물) 사진의 경우 사회복지공동모금회 지원표시 부착 사진을 포함해야 한다. 사진

파일을 첨부할 경우 결과보고서 전체 파일 용량이 커지기 때문에 20MB를 초과하지 않도록 유의해야 한다. 별첨 양식은 아래와 같다.

※ 별첨: 사진 자료(필수 활용)

1	사진 설명
(사진)	

3) 정산보고서

(1) 수입지출 총괄표

1. 수입지출 총괄표

항목	예산	집행액	잔액	집행률(%)	비고
합계					
지원금					
이자수입					
자부담					

사업 종료 후 제출해야 하는 보고서로 결과보고서 외에 정산보고서도 제출해야 한다. 정산보고서는 수입지출 총괄표와 예산집행 세부내역으로 구분되어 있다. 수입지출 총괄표에는 전체 사업 예산, 모금회 지원금, 이자수입, 자부담 항목으로 구분하여 예산, 집행액, 잔액, 집행률, 비고를 작성한다.

1. 수입지출 총괄표

<table>
<tr><th>항목</th><th>예산</th><th>집행액</th><th>잔액</th><th>집행률(%)</th><th>비고</th></tr>
<tr><td>합계</td><td>20,007,650원</td><td>19,526,460원</td><td>481,190원</td><td>97.6%</td><td></td></tr>
<tr><td>지원금</td><td>20,000,000원</td><td rowspan="2">19,526,460원</td><td rowspan="2">481,190원</td><td rowspan="2">97.6%</td><td rowspan="2"></td></tr>
<tr><td>이자수입</td><td>7,650원</td></tr>
<tr><td>자부담</td><td>0원</td><td>0원</td><td>0원</td><td>0%</td><td></td></tr>
</table>

(2) 예산집행 세부내역

2. 예산집행 세부내역

<table>
<tr><th rowspan="2">목</th><th rowspan="2">세목</th><th rowspan="2">세세목</th><th colspan="4">모금회 지원</th><th colspan="4">자부담</th></tr>
<tr><th>본예산</th><th>변경
예산</th><th>집행액</th><th>집행률
(%)</th><th>본예산</th><th>변경
예산</th><th>집행액</th><th>집행률
(%)</th></tr>
<tr><td colspan="3">총 계</td><td></td><td></td><td></td><td></td><td></td><td></td><td></td><td></td></tr>
<tr><td rowspan="2">인건비</td><td></td><td></td><td></td><td></td><td></td><td></td><td></td><td></td><td></td><td></td></tr>
<tr><td colspan="2">소 계</td><td></td><td></td><td></td><td></td><td></td><td></td><td></td><td></td></tr>
<tr><td rowspan="4">사업비</td><td rowspan="2"></td><td></td><td></td><td></td><td></td><td></td><td></td><td></td><td></td><td></td></tr>
<tr><td></td><td></td><td></td><td></td><td></td><td></td><td></td><td></td><td></td></tr>
<tr><td></td><td></td><td></td><td></td><td></td><td></td><td></td><td></td><td></td><td></td></tr>
<tr><td colspan="2">소 계</td><td></td><td></td><td></td><td></td><td></td><td></td><td></td><td></td></tr>
<tr><td rowspan="3">관리운영비</td><td></td><td></td><td></td><td></td><td></td><td></td><td></td><td></td><td></td><td></td></tr>
<tr><td></td><td></td><td></td><td></td><td></td><td></td><td></td><td></td><td></td><td></td></tr>
<tr><td colspan="2">소 계</td><td></td><td></td><td></td><td></td><td></td><td></td><td></td><td></td></tr>
<tr><td colspan="3">이자수입</td><td colspan="8">__________ 원
※ 모금회 지원금의 이자수입만 기재</td></tr>
<tr><td colspan="3">주요잔액발생/
초과집행 사유</td><td colspan="8"></td></tr>
</table>

예산집행 세부내역은 사업계획서상 예산내역을 기준으로 모금회 지원과 자 부담으로 구분하여 본예산, 변경예산, 집행액, 진행률, 이자수입, 주요 잔액발생 및 초과집행 사유를 작성한다. 본 예산은 조정계획서 제출로 확정된 최종 예산이며, 변경예산은 조정계획서 제출 이후, 사업을 시행하면서 발생한 사업/예산 변경으로 수정 적용된 최종 예산을 의미한다. 집행률은 변경예산 대비 집행액의 비율로 산출한다. 이자수입의 경우에는 모금회 지원금의 이자수입만 기재한다.

사업 종료 후 지원금(이자 수입 포함)의 잔액은 반납해야 하지만 잔액 반납 후 발생한 이자나 잔액 총액이 2,000원 미만인 경우 모금회에 반납하지 않고 기관의 잡수입으로 처리한다(사회복지공동모금회, 2018: 65). 마지막으로 모금회 지원액 및 자부담에서 잔액이 발생하거나 초과집행이 있는 경우 그 사유를 작성한다.

예시

2. 예산집행 세부내역

<table>
<tr><th rowspan="2">목</th><th rowspan="2">세목</th><th rowspan="2">세세목</th><th colspan="4">모금회 지원</th><th colspan="4">자부담</th></tr>
<tr><th>본예산</th><th>변경예산</th><th>집행액</th><th>집행률
(%)</th><th>본예산</th><th>변경
예산</th><th>집행액</th><th>집행률
(%)</th></tr>
<tr><td colspan="3">총계</td><td>20,000,000</td><td>20,000,000</td><td>19,526,460</td><td>97.6</td><td>0</td><td>0</td><td>0</td><td>0</td></tr>
<tr><td rowspan="10">사
업
비</td><td rowspan="3">심리치유
프로그램</td><td>집단상담
프로그램</td><td>3,532,500</td><td>3,452,500</td><td>3,450,000</td><td>99.9</td><td></td><td></td><td></td><td></td></tr>
<tr><td>개별상담
프로그램</td><td>3,180,000</td><td>3,510,000</td><td>3,499,500</td><td>99.7</td><td></td><td></td><td></td><td></td></tr>
<tr><td>심리치유
워크숍</td><td>3,500,000</td><td>3,250,000</td><td>3,242,080</td><td>99.7</td><td></td><td></td><td></td><td></td></tr>
<tr><td rowspan="2">건강증진
프로그램</td><td>신체건강
증진교육</td><td>997,500</td><td>997,500</td><td>994,000</td><td>99.6</td><td></td><td></td><td></td><td></td></tr>
<tr><td>정신건강
증진교육</td><td>1,687,500</td><td>1,687,500</td><td>1,659,140</td><td>98.3</td><td></td><td></td><td></td><td></td></tr>
<tr><td rowspan="2">나눔활동
프로그램</td><td>지역사회
나눔활동</td><td>225,000</td><td>225,000</td><td>100,500</td><td>44.7</td><td></td><td></td><td></td><td></td></tr>
<tr><td>기부금
모금활동</td><td>2,175,000</td><td>2,175,000</td><td>1,923,320</td><td>88.4</td><td></td><td></td><td></td><td></td></tr>
<tr><td rowspan="2">자립역량
강화
프로그램</td><td>주거생활
용품지원</td><td>3,500,000</td><td>3,500,000</td><td>3,499,920</td><td>99.9</td><td></td><td></td><td></td><td></td></tr>
<tr><td>독립생활
교육</td><td>960,000</td><td>960,000</td><td>915,500</td><td>95.3</td><td></td><td></td><td></td><td></td></tr>
<tr><td colspan="2">소 계</td><td>19,757,500</td><td>19,757,500</td><td>19,283,960</td><td>97.6</td><td></td><td></td><td></td><td></td></tr>
<tr><td rowspan="2">관
리
운
영
비</td><td>관리
운영비</td><td>관리
운영비</td><td>242,500</td><td>242,500</td><td>242,500</td><td>100</td><td></td><td></td><td></td><td></td></tr>
<tr><td colspan="2">소 계</td><td>242,500</td><td>242,500</td><td>242,500</td><td>100</td><td></td><td></td><td></td><td></td></tr>
<tr><td colspan="3">이자수입</td><td colspan="8">7,650 원 (※ 모금회 지원금의 이자수입만 기재)</td></tr>
<tr><td colspan="2">주요 잔액 발생/
초과집행 사유</td><td colspan="9">• 지역사회 나눔활동 예산에서 다과비 및 식사비 집행 금액이 적어 잔액 발생함.
• 기부금 모금활동 예산에서 기부 및 평가회의비 미집행으로 잔액 발생함.
• 잔액 전액 반납 진행</td></tr>
</table>

* 요 | 점 | 정 | 리

- 사회복지 프로그램 결과보고서는 사업이 종료된 시점에서 사업 수행기관의 내·외부 이해관계자들(stakeholders)에게 사업 수행과정과 결과에 대해 일정한 형식을 맞추어 보고하는 문서이다.
- 결과보고서를 통해 사업 수행 후 해당 사업의 목적을 달성하였는지를 객관적이고 체계적으로 확인할 수 있어야 한다.
- 결과보고서는 과장 없이 정확하고 가독성 있게 작성되어야 한다.
- 사업 수행과정에서 발생하는 모든 자료는 결과보고서의 근거 및 지원조직의 평가 증빙자료가 되기 때문에 잘 수집되어야 한다.
- 결과보고서의 사업 추진 내용에는 크게 사업 참여자, 세부 사업별 추진 내용, 기관 연계협력에 대한 계획 및 결과, 그리고 계획 대비 차이와 원인이 포함된다.
- 계획 대비 차이와 원인은 사업 참여자, 사업 추진 내용, 기관 연계협력 전략과 관련하여 배분신청서의 사업계획과 차이가 발생한 경우 그 내용과 원인을 작성한다.
- 결과보고서의 목표 및 평가는 산출목표와 성과목표로 구분하여 제시한다. 배분신청서의 사업계획에 목표 및 평가방법에 대한 계획을 참고하여 산출목표와 성과목표에 대한 평가결과를 제시한다.
- 성과목표에 대한 평가는 수행된 사업의 성패를 판단하는 매우 중요한 활동이며, 각 성과지표, 자료수집방법, 측정시기 등 평가계획에 따라 사업 수행과정 혹은 종료 후 성과목표에 대한 평가를 수행한다.
- 영향력 및 기여도는 해당 사업을 통해 참여자 혹은 지역사회의 긍정적 변화에 대해 작성한다. 또한 주요 성공 사례는 참여자 중 프로그램 참여 전후를 비교해서 특별히 성공적이라고 판단할 수 있는 사례를 제시한다.
- 사업 수행과정에서 발생하는 모든 변경은 기관 내부 결재 또는 모금회 승인 요청 후 승인을 받은 후 진행되어야 한다.
- 자체평가는 사업 종료 시점에서 사업 수행 기관 및 담당자가 공동모금회의 지원받은 사업 진행과 관련하여 평가한 내용이다. 자체평가 항목은 크게 지원사업 관련 모금회 교육 참여 여부, 사업관련 문서 구비 현황, 사업관련 기본 절차 준수, 보고서 제출 및 제출기한 준수 등이다.

- 정산보고서는 수입지출 총괄표와 예산집행 세부내역을 작성하여 제출한다. 예산집행 세부내역은 사업계획서상 예산내역을 기준으로 모금회 지원과 자부담으로 구분하여 본예산, 변경예산, 집행액, 진행률, 이자수입, 주요 잔액 발생 및 초과집행 사유를 작성한다.

연습문제

1. 사회복지 프로그램 결과보고서의 개념을 설명하여 보라.

2. 결과보고서 작성원칙 3가지를 설명하여 보라.

3. 결과보고서 작성 시 사업 참여자, 사업 추진 내용, 기관 연계협력 전략에서 사업계획 대비 차이가 발생할 수 있는 원인에 대해 예를 들어 설명하여 보라.

4. 성과목표에 대한 평가에서 자료수집 및 분석이 필요한 이유에 대해 설명하여 보라.

5. 질적 평가 수행 시 객관성을 높이기 위한 방법에 대해 설명하여 보라.

6. '프로그램 개발과 평가' 수업을 프로그램이라고 가정한다면 주요 성공 사례를 가상으로 작성하여 보라.

7. 사업 및 예산 변경이 발생하는 경우 어떠한 절차로 진행해야 할지 예를 들어 설명하여 보라.

8. 정산보고서에 포함되어야 할 내용을 설명하여 보라.

APPENDIX

부록

사회복지공동모금회 배분사업 신청양식(성과중심형)

1. 배분신청서 표준 양식(공통)
2. 신청기관 현황 표준 양식(공통)
3. 신청기관 신뢰성 점검표 양식(공통)
4. 프로그램: 성과중심형 사업계획서 표준 양식

1. 배분신청서 표준 양식(공통)

배분신청서[1)]

기 관 명			고유번호 (사업자등록번호)	
사 업 명	〈대상+목적+방법 : 부제〉			
사업 기본 정보	연차	___①1년차 ___②2년차 ___③3년차 ___④기타( )		
	대상 지역		사업수행 인력	명
	사업기간	년 월 일 ~ 년 월 일 (총 개월)		
사업 참여자[2)]	참여자 구분	___①아동/청소년 ___②노인 ___③장애인 ___④여성/다문화 ___⑤위기가정 ___⑥지역사회 ___⑦북한/해외		
	핵심 참여자		인원수	명

사업구분	모금회 지속가능발전목표(C-SDGs)
□ 기초생계 지원	□ 경제적 빈곤 퇴치 □ 영양 및 급식지원/기아종식
□ 교육/자립 지원	□ 교육 및 자립역량 강화 □ 양질의 일자리 만들기 □ 적정기술과 정보기술격차 해소 지원
□ 주거/환경 개선	□ 모두를 위한 깨끗한 에너지 □ 지속가능한 지역사회 인프라 구축 □ 지속가능한 생산과 소비 □ 기후변화와 대응 □ 해양생태계 보존 □ 육상생태계 보호
□ 보건/의료 지원	□ 신체·정서적 건강과 회복 □ 깨끗한 물과 위생
□ 심리/정서 지원	□ 신체·정서적 건강과 회복
□ 사회적 돌봄 강화	□ 사회적 배제 감소와 불평등 완화
□ 소통과 참여 확대	□ 성평등 □ 지속가능한 지역사회 인프라 구축 □ 사회적 약자의 권리증진
□ 문화 격차 해소	□ 사회적 배제 감소와 불평등 완화

성과목표	해당사항이 없을 경우에는 공란으로 표기					
주요 사업 내용	세부 사업명	주요 내용				
사 업 비	총 사업비	원	신청금액	원		
신청금액 세부내역	사업비	원 %	인건비	원 %	관리 운영비	원 %
담 당 자	성명		직통전화		E-mail	@
	직위		휴대폰		FAX	

위와 같이 2025년도 사업을 신청합니다.

2024년 월 일

기관대표자 : (인)

사회복지공동모금회장 귀하

---

1) 온라인 배분신청 시 온라인 배분신청 사이트(http://proposal.chest.or.kr)에서 작성

2) 기능보강 사업은 이용 대상자 기재

2. 신청기관 현황 표준 양식(공통)

신청기관 현황[3)]

기 관 명				대 표 자		
고유번호 (사업자등록번호)				전화번호		
E-mail				FAX		
홈페이지				설립연월일	년 월 일	
주 소		□□□□□				
직원 현황		총 명 (①+②)	상근 (①)		비상근 (②)	
			명		명	
기관 주요 사업	구분	____① 노인복지 ____② 영유아/아동복지 ____③ 장애인복지 ____④ 노숙인복지 ____⑤ 지역복지 ____⑥ 정신보건 ____⑦ 여성복지 ____⑧ 가족복지 ____⑨ 청소년복지 ____⑩ 다문화지원 ____⑪ 북한/해외지원 ____⑫ 기타( )				
	내용					
결산	세입	총 계	보조금수입	전입금	후원금수입	사업수입	기타수입
		원	원	원	원	원	원
	세출	총 계	인건비	관리운영비	사업비	재산조성비	기타지출
		원	원	원	원	원	원
예산	세입	총 계	보조금수입	전입금	후원금수입	사업수입	기타수입
		원	원	원	원	원	원
	세출	총 계	인건비	관리운영비	사업비	재산조성비	기타지출
		원	원	원	원	원	원
운영 법인 또는 단체	운영주체 성격	____① 사회복지법인 ____② 사단법인 ____③ 종교법인 ____④ 학교법인 ____⑤ 재단법인 ____⑥ 국가지방자치단체 ____⑦ 임의단체 ____⑧ 개인(신고) ____⑨ 법인(기타) ____⑩ 단체(기타)( ) ____⑪ 개인(기타) ( )				
	법인 (단체)명			대 표 명		
	고유번호 (사업자번호)			전화번호		
	홈페이지			설립연월일	년 월 일	
	주소	□□□□□				

※ 신청기관 조직도, 운영위원회 및 운영법인 이사회 명단은 별도 첨부

3) 온라인 배분신청 시 온라인 배분신청 사이트(http://proposal.chest.or.kr)에서 작성
※ 온라인 배분신청 사이트(http://proposal.chest.or.kr) 내 최신 기관정보 업데이트 요망

3. 신청기관 신뢰성 점검표 양식(공통)

신청기관 신뢰성 점검표[4)]

1. 귀 기관 · 시설 · 단체에서 **최근 3년 이내**(공모사업 : 공고일 기준/ 비공모사업 : 배분사업신청일 기준)에 **회계부정, 학대 및 성폭력 등 인권침해 사안**[사회복지사업법 제40조(시설의 개선, 사업의 정지, 시설의 폐쇄 등) 1항 4호 및 9호의 각목(아래 관련 법령 참조)], 또는 **이에 준하는 사안**이 발생하여 정부(경찰, 검찰 등) 및 지자체 등으로부터 형사 · 행정처분 받은 사실이 있다면 해당란에 V 체크해 주세요.
   ※ **조치 완료되지 않은 사건이나 처분이 확정되지 않은 현재 진행 중인 사건의 경우, 기간과 상관없이 작성**해 주세요.
   ※ 귀 기관 · 시설 · 단체의 사건으로 인해 운영법인이 대신 처분 받은 경우, '해당 있음'으로 작성해 주세요.
   ※ (신청기관이 운영법인인 경우) 귀 운영법인이 사건 당사자 기관이 아님에도 산하 기관 · 시설 · 단체의 사건으로 인해 대신 처분 받은 경우라면, '해당 없음'으로 작성해 주세요.
   ※ 인권침해 사건의 경우, 이용인(생활인)에 대한 시설장 또는 종사자의 인권침해 사건에 한해 작성해 주세요. (이용자 간, 종사자 간 사건은 제외)

V 체크	내용
	가. 해당 없음 (2번 문항 생략 후 하단에 최종 서명함)
	나. 해당 있음 (2번 문항부터 기재)

관련법령
○ 사회복지사업법 제40조(시설의 개선, 사업의 정지, 시설의 폐쇄 등) 1항 4호 중 회계부정 ○ 사회복지사업법 제40조(시설의 개선, 사업의 정지, 시설의 폐쇄 등) 1항 9호 중 성폭력범죄 또는 학대관련범죄 – 성폭력범죄 : 「성폭력범죄의 처벌 등에 관한 특례법」 제2조제1항제3호부터 제5호까지 「아동 · 청소년의 성보호에 관한 법률」 제2조제3호 – 아동학대관련범죄 : 「아동복지법」 제3조제7호의2 – 노인학대관련범죄 : 「노인복지법」 제1조의2제5호 – 그 밖에 대통령령으로 정하는 성폭력범죄 또는 학대관련범죄 ○ 「장애인복지법」 제2조 4항에 따른 장애인학대관련범죄 ○ 이 외의 학대 · 성폭력 관련 범죄와 관련한 법률

4) 온라인 배분신청 시 온라인 배분신청 사이트(http://proposal.chest.or.kr)에서 작성

2. 처분과 관련한 구체적인 내용을 작성해 주세요.

<table>
<tr><th>구분</th><th colspan="2">내용</th></tr>
<tr><td>발생시기/기간</td><td colspan="2">년 월 일 ~ 년 월 일</td></tr>
<tr><td rowspan="3">관련 사안 및 관련자</td><td>V 체크</td><td>내용</td></tr>
<tr><td></td><td>가. 회계부정: 사업비 횡령, 유용 (관련자 (V표시): ㅁ 시설장 ㅁ 종사자)</td></tr>
<tr><td></td><td>나. 인권침해: 이용자 학대, 성폭력 (관련자 (V표시): ㅁ 시설장 ㅁ 종사자)</td></tr>
<tr><td rowspan="4">사건종류</td><td>V 체크</td><td>내용</td></tr>
<tr><td></td><td>가. 회계부정 (내용 :)</td></tr>
<tr><td></td><td>나. 학대 (내용 :)</td></tr>
<tr><td></td><td>다. 성폭력 (내용 :)</td></tr>
<tr><td rowspan="6">처분내용</td><td>V 체크</td><td>내용</td></tr>
<tr><td></td><td>가. 행정처분</td></tr>
<tr><td></td><td>나. 형사처분</td></tr>
<tr><td></td><td>다. 기타(처분이 확정되지 않은 경우)</td></tr>
<tr><td colspan="2">내용</td></tr>
<tr><td colspan="2">■ 처분종류 :
■ 처분확정일자 :
■ 처분에 대한 조치이행 종료여부 : ㅁ 완료 ㅁ 진행중
■ 처분에 대한 조치이행 종료(예정)일자 :</td></tr>
</table>

※ 2개 이상의 처분이 있는 경우 표를 추가하여 작성 바랍니다.

※ 컨소시엄 사업인 경우, 컨소시엄 구성기관별로 각각 1부씩 작성하여, 첨부파일로 제출 바랍니다.

3. 2번의 기재사항과 관련하여 기관의 의견이 있는 경우 자유롭게 작성해 주세요.

상기 내용은 사실에 기반하여 작성되었으며, **작성 내용이 사실과 다른 경우 배분사업에 선정된 후에도 배분취소, 환수, 일정기간 지원중단 등의 조치가 있을 수 있음**에 동의합니다.

년 월 일

기관대표자 : (직인)

4. 프로그램_성과중심형 사업계획서 표준 양식

〈성과중심형〉 사업계획서

1. 사업명 : _____대상_____ _____목적_____ _____방법_____

• 대상, 목적, 방법과 관련된 정보를 담은 사업명을 적어주십시오.(슬로건은 부제(副題)로 병기해주세요)

2. 사업 내용 및 추진 전략

1) 사업 참여자 모집 전략

(1) 참여 대상 및 인원

핵심 참여자	
주변 참여자	

• 누가 이 사업에 참여합니까?
– (핵심 참여자) 성과를 측정하게 되는 대상은 누구이며, 인원은 몇 명입니까?
(이 사업에 참여하게 함으로써 누구의 변화를 이끌어내려고 하는 것입니까?)
– (주변 참여자) 성과측정 대상은 아니지만 핵심 참여자의 변화를 이끌어내는데 중요한 역할을 하는 사람은 누구이며, 인원은 몇 명입니까?

(2) 참여자 선정 기준

• 어떤 기준을 세워서 참여자를 모집하게 됩니까?

(3) 참여자 모집 방안

• 기준에 적합한 참여자를 어떻게 모집할 예정입니까?

2) 사업 내용 및 사업 집행 전략

(1) 세부 사업 내용

세부 사업명	활동 내용(수행방법)
	(시행방법, 시행 시기, 참여인원, 횟수 등 포함하여 작성)

- 아래 내용을 모두 포괄하되, 자유롭게 (질문순서에 상관없이) 표현해 주시기 바랍니다.
  - 전체 사업을 몇 개의 세부 사업으로 분류한다면 어떻게 구성될 수 있습니까?
  - 사업을 어떻게 추진할 것인지에 대하여 세부 사업별 시행방법, 시행 시기 및 횟수, 참여인원, 사업 진행 일정 등 구체적인 정보를 담아서 기술해 주시기 바랍니다.

  ※ 표는 예시이며, 사업에 맞게 양식 변경 가능

(2) 사업 진행 일정

주요내용 \ 기간		1월	2월	3월	4월	5월	6월	7월	8월	9월	10월	11월	12월
(세부 사업명)	(활동내용)												

- 세부사업명과 활동내용을 작성하고, 사업 추진 일정을 음영으로 표시하여 주시기 바랍니다.

  ※ 표는 예시이며, 사업에 맞게 양식 변경 가능

(3) 사업수행 인력

이름	소속/직위	사업 내 역할분장	(본 사업과 관련된) 주요 경력

- 사업에 직접 투입되는 주요 인력(슈퍼바이저, 주 담당자 등)의 이름, 소속/직위, 역할, 주요 경력을 작성해 주시기 바랍니다.
- 담당자가 미정인 경우 채용 자격기준을 작성해 주시기 바랍니다.

3) 기관 연계협력 전략

- 위의 사업 집행 전략과 관련하여, 지역사회 내(또는 그 범위를 넘어서) 어떤 기관들과 유기적인 협조관계를 가질 것인지에 대하여 아래 내용을 포함하여 기술해 주시기 바랍니다.
  - 협력 기관이 세부 사업에서 어떤 역할을 담당하게 되는지, 그 때 신청기관의 역할은 무엇인지, 이러한 협력체계는 어떤 절차를 통해 진행되는지 등

3. 예산편성

(단위 : 원)

<table>
<tr><th rowspan="2">목</th><th rowspan="2">세목</th><th rowspan="2">세세목</th><th rowspan="2">계</th><th rowspan="2">산출 근거</th><th colspan="5">예산조달 계획</th></tr>
<tr><th>신청금액</th><th>비율
(%)</th><th>자부담</th><th>비율
(%)</th><th>자부담
재원</th></tr>
<tr><td colspan="3">총 계</td><td></td><td></td><td></td><td></td><td></td><td></td><td></td></tr>
<tr><td rowspan="3">인건비</td><td></td><td></td><td></td><td></td><td></td><td></td><td></td><td></td><td></td></tr>
<tr><td></td><td></td><td></td><td></td><td></td><td></td><td></td><td></td><td></td></tr>
<tr><td colspan="2">소 계</td><td></td><td></td><td></td><td></td><td></td><td></td><td></td></tr>
<tr><td rowspan="3">사업비</td><td></td><td></td><td></td><td></td><td></td><td></td><td></td><td></td><td></td></tr>
<tr><td></td><td></td><td></td><td></td><td></td><td></td><td></td><td></td><td></td></tr>
<tr><td colspan="2">소 계</td><td></td><td></td><td></td><td></td><td></td><td></td><td></td></tr>
<tr><td rowspan="3">관리
운영비</td><td></td><td></td><td></td><td></td><td></td><td></td><td></td><td></td><td></td></tr>
<tr><td></td><td></td><td></td><td></td><td></td><td></td><td></td><td></td><td></td></tr>
<tr><td colspan="2">소 계</td><td></td><td></td><td></td><td></td><td></td><td></td><td></td></tr>
</table>

- 사업에 직접 투입되는 비용을 인건비, 사업비, 관리운영비로 구분하여 작성해 주시기 바랍니다.
  - (인건비) 해당사업을 직접적으로 수행하는 인력에게 투입되는 비용
  - (사업비) 프로그램 수행에 필요한 직접비용
  - (관리운영비) 프로그램의 수행에 필요한 간접비용(사업관리에 필요한 비용)
  - 예산수립 시 "별첨3. 예산편성기준표"를 참고하여 주시기 바랍니다.
- 세목은 세부 사업별로 구분하고 단위가 큰 경우 세세목으로 구분하여 작성하시기 바랍니다.
- 산출 근거는 실제 단가, 수량, 인원수, 건수, 횟수 등을 구체적으로 기록해 주시기 바랍니다.

4. 문제 의식(사업 필요성)

1) 사업계획 배경

- 왜 이 사업을 기획하게 되었습니까?
  - 귀 기관이 관심을 가지기 전에는 어떤 상태에 있었는지, 인근 다른 지역에도 유사한 상황이 있다면 어떻게 대응하고 있는지에 대해서도 서술해 주시기 바랍니다.

2) 기존 유사사업과의 차별성

- 기존의 시각이나 접근방식과 다른 점은 무엇입니까?

3) 신청기관의 강점

- 이 사업을 신청기관에서 수행해야 하는 이유에 대해 사전조사 내용, 관련 분야 수행 경험 등을 포함하여 기재해 주시기 바랍니다.
- 유사/동일 사업 수행경험(최근 3년 이내)이 있다면 아래의 표를 참고하여 기재해 주시기 바랍니다.

연도	수행기간	사업명	지원금액	지원기관 (정부, 민간)

5. 목표 및 평가

1) 산출목표

세부 사업명	산출목표	모니터링 방법

- 성과목표를 달성하기 위해 이끌어내야 하고 모니터링 해야 하는 산출목표는 무엇입니까?

2) 성과목표 및 평가방법

성과목표	평가 도구 및 방법	측정 시기

- (성과목표) 성과목표와 관련하여 아래 내용들에 대해 작성해 주시기 바랍니다.
  - 핵심 참여자의 어떤 부분을 어느 수준까지 변화시키는 것입니까?
  - 작성하고자 하는 성과목표가 이후에 기술되는 평가방법을 통해 달성여부를 알 수 있게 됩니까?
  - (성과라고 강조하고 싶은데) 양적으로 드러내기(수치화하기) 어려운 성과목표가 있다면 무엇입니까?
  - 앞서 기술하신 사업 내용과 성과목표를 논리적으로 연결하여 작성해 주십시오.
- (평가 도구 및 방법 / 측정 시기) 성과목표 달성 여부와 정도를 어떻게 평가하실 건가요?
  - 성과목표 달성 여부와 정도를 판단하기 위해 어떤 성과지표를 설정하실 건가요?
  - 제시된 성과목표에 대한 평가계획(자료수집방법, 측정시기 등)은 어떠한가요?
  - 수치화하기 어려운 성과목표가 있다면 어떤 평가방법을 통해 변화의 수준과 의미를 드러내실 건가요?

6. 사업종료 후 지향점

1) 사업 수행으로 인한 기대효과

- 이 사업이 성공적으로 수행된다면 기대되는 효과는 무엇입니까?

2) 사업 결과의 활용 계획

- 사업의 효과로 나타난 결과를 어떻게 활용할 계획입니까?
- 사업 결과를 통해 유사기관이나 지역사회에 꼭 알리고 싶은 이야기가 있다면 무엇입니까?

참고문헌

권지성 · 염태산 (2019). **사회복지실천 질적 평가방법론**. 고양: 공동체.

김상곤 · 최승희 · 안정선 (2012). **사회복지 프로그램 개발과 평가**. 서울: 학지사.

김용석 · 이은영 · 고경은 · 민은희 (2007). 한국어판 사회복지서비스 이용자 만족도 척도, **한국사회복지학**, **59**(4), 83-109.

김영종 (2013). **사회복지 프로그램 개발과 평가**. 서울: 학지사.

김창대 · 김형수 · 신을진 · 이상희 · 최한나 (2011). **상담 및 심리교육 프로그램 개발과 평가**. 서울: 학지사.

김학주 (2004). **사회복지프로그램 평가**. 서울: 집문당.

사회복지공동모금회 (2018). 사업수행안내자료.

사회복지공동모금회 (2024). 2025 배분사업안내.

성규탁 (1998). **사회복지행정론**. 파주: 법문사.

우수명 (2005). **TP 사회복지 Program 개발과 평가**. 서울: 인간과 복지.

우수명 (2018). **사회복지 프로그램 개발과 평가**. 고양: 지식공동체.

정무성 (2005). **사회복지프로그램 개발론**. 파주: 학현사.

정무성 · 정진모 (2001). **사회복지 프로그램개발과 평가**. 파주: 양서원.

조성우 · 안정선 · 최승희 · 김상곤 (2018). **사회복지 프로그램 개발과 평가**. 서울: 학지사.

최소연 · 오양래 · 김수린 · 이재완 · 김병년 · 박재은 (2018). **공동모금회 배분사업 성과측정을 위한 척도집**. 서울: 사회복지공동모금회.

최성재 · 남기민 (2006). **사회복지행정론**. 파주: 나남.

최일섭 · 이창호 (1993). **사회계획론**. 파주: 나남.

황성철 (2005). **사회복지 프로그램 개발과 평가**. 고양: 공동체.

McMurtry, S. L., & Hudson, W. W. (2000). The Client Satisfaction Inventory: Results of an initial validation study. *Research on Social Work Practice, 10*(5), 644-664.

Rossi, P., & Freeman, H. (1982). *Evaluation: A Systematic Approach*. Beverly Hills, CA: Sage.

York, R. O. (1983). *Human Service Planning: Concept, Tools & Methods*. Chapel Hill: The University of North Carolina Press.

이봉주
서울대 사회복지학과 졸업
미국 University of Chicago 사회복지학 박사
현 서울대학교 사회복지학과 교수

김기덕
서울대 사회복지학과 졸업
미국 Arizona State University 사회복지학 박사
현 순천향대학교 사회복지학과 교수

신원우
서울대 사회복지학과 졸업
서울대 사회복지학 박사
현 협성대학교 사회복지학과 교수

사회복지 프로그램 개발과 평가(3판)

1판발행 2014년 3월 10일 **1판 1쇄** ... 2019년 3월 10일 **1판 9쇄**
2판발행 2019년 9월 10일 **2판 1쇄** ... 2024년 3월 10일 **2판 8쇄**
3판발행 2025년 9월 10일 **3판 1쇄** ... 2026년 3월 10일 **3판 2쇄**

지은이 이봉주 김기덕 신원우
펴낸이 최용구 | **펴낸곳** 도서출판 **신정**
주소 (04316) 서울시 용산구 원효로 89길 19 (원효로1가)
전화 02)3211-4782, 0266(영업부), 3211-4783(편집부), 3211-4784(팩스)
이메일 sjbook2002@naver.com | **홈페이지** www.sjbook.co.kr
등록 2001년 5월 11일 제13-702호
기획마케팅 최용구 장만동 최충구 송대용 | **책임편집** 석기은 황가연 | **표지** SDY

ISBN 978-89-5912-944-7 93330
정가 24,000원